누적 판매량 60만 부 돌파*
상식 베스트셀러 918회 달성*

수많은 취준생이 선택한
에듀윌 상식 교재 막강 라인업!

1위
20. 2월

[월간] 취업에 강한 에듀윌 시사상식

1위
20. 1월

다통하는 일반상식 통합대비서

NEW

상식 통합대비 문제풀이집

1위
21. 1월

공기업기출 일반상식

기출 금융경제 상식

언론사 기출상식

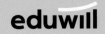

81개월 베스트셀러 1위![*]
Why 월간 에듀윌 시사상식

우수콘텐츠잡지
2021

업계 유일!
2020·2021 2년 연속 우수콘텐츠 잡지 선정!

Cover Story, 분야별 최신상식, 취업상식 실전TEST, 논술·찬반 등 취업에 필요한 모든 상식 콘텐츠 수록!

업계 최다!
월간 이슈&상식 부문 81개월 베스트셀러 1위!

수많은 취준생의 선택을 받은 취업상식 월간지 압도적 베스트셀러 1위!

업계 10년 역사!
『에듀윌 시사상식』 창간 10주년!

2011년 창간 이후 10년간 발행되며 오랜 시간 취준생의 상식을 책임진 검증된 취업상식 월간지!

하루아침에 완성되지 않는 상식, 에듀윌 시사상식 정기구독이 답!

정기구독 신청 시 10% 할인

매월 자동 결제
정가 ~~10,000원~~ 9,000원

6개월 한 번에 결제
정가 ~~60,000원~~ 54,000원

12개월 한 번에 결제
정가 ~~120,000원~~ 108,000원

· 정기구독 시 매달 배송비가 무료입니다.
· 구독 중 정가가 올라도 추가 부담 없이 이용하실 수 있습니다.
· '매월 자동 결제'는 매달 20일 카카오페이로 자동 결제되며, 6개월/12개월/무기한 기간 설정이 가능합니다.

정기구독 신청 방법

인터넷
에듀윌 도서몰(book.eduwill.net) 접속 ▶
시사상식 정기구독 신청 ▶
매월 자동 결제 or 6개월/12개월 한 번에 결제

전 화
02-397-0178
(평일 09:30~18:00 / 토·일·공휴일 휴무)

입금계좌
국민은행 873201-04-208883 (예금주 : 에듀윌)

정기구독 신청
바로가기

에듀윌 시사상식과
#소통해요

#소통하는 방법

방법 1

QR코드 스캔 접속

방법 2

http://eduwill.kr/62dF

인터넷 주소 입력으로 접속

더 읽고 싶은 콘텐츠가 있으신가요?
더 풀고 싶은 문제가 있으신가요?
의견을 주시면 콘텐츠로 만들어 드립니다!

- ☑ 에듀윌 시사상식은 독자 여러분의 의견을 적극 반영하고자 합니다.
- ☑ 읽고 싶은 인터뷰, 칼럼 주제, 풀고 싶은 상식 문제 등 어떤 의견이든 남겨 주세요.
- ☑ 보내 주신 의견을 바탕으로 특집 콘텐츠 등이 기획될 예정입니다.
- ☑ 보내 주신 의견이 채택되면 개별 연락 드려 소정의 선물을 드립니다.

취업에 강한

에듀윌
시사상식

SEP. 2021

09

CONTENTS

발행일 | 2021년 8월 25일(매월 발행)
편저 | 에듀윌 상식연구소
내용문의 | 02) 2650-3912
구독문의 | 02) 397-0178
팩스 | 02) 855-0008
ISBN | 979-11-360-0883-1
ISSN | 2713-4121

PART 02
분야별 최신상식

PART 03

취업상식 실전TEST

PART 04

상식을 넘은 상식

PART

01

Cover
Story

이달의 가장 중요한 이슈

2020 도쿄올림픽 결산
팬데믹 우여곡절 속 17일 열전 마무리

제32회 2020 하계 도쿄올림픽이 우여곡절 끝에 7월 23일 개막해 8월 8일 폐막했다. 코로나19로 1년 연기된 도쿄올림픽은 감염병 확산 방지를 위해 개회식부터 각 종목 대회와 폐막식까지 관중 없이 개최됐다. 개회식은 장례식을 연상하게 하는 침울한 분위기로 가라앉았지만 올림픽 50개 세부 종목의 픽토그램을 마임으로 표현한 공연은 참신하고 재미있었다는 평가를 받았다. 한국 선수단은 29개 종목에 233명이 출전해 금메달 6개, 은메달 4개, 동메달 10개를 수확하며 메달 순위 16위로 일정을 마쳤다. 한국이 하계올림픽에서 종합순위 10위권 밖으로 밀린 것은 2000년 시드니올림픽(12위) 이후 21년 만이다.

한국 선수단이 따낸 금메달 6개 중 4개는 양궁에서 나왔다. 양궁에서 안산은 한국 하계올림픽 첫 3관왕을 차지했다. 남자 펜싱 사브르 단체전 대표팀, 체조 남자 도마 신재환도 금메달을 목에 걸었다. 국민들은 메달이 없어도 육상 높이뛰기 우상혁, 수영 황선우 등 최선을 다한 선수들에게 아낌없는 격려와 찬사를 보냈다. 여자 배구 대표팀은 비록 메달 획득에 실패했지만 아시아 국가 중 유일하게 4강에 진출해 큰 박수를 받았다. 한편, MBC는 도쿄올림픽 개회식을 중계하면서 몰상식한 방송으로 국제 망신을 샀다. 개최국 일본은 역대 최다 메달을 기록했지만 코로나19 확진자 수가 대폭 늘었고 거액의 적자가 남았다.

코로나19 감염 확산 우려 속 무관중 올림픽 개막

▲ 2020 도쿄올림픽·패럴림픽 마스코트인 미라이토와(왼쪽)와 소메이티

제32회 2020 하계 도쿄올림픽이 우여곡절 끝에 7월 23일 개막해 8월 8일 폐막했다. 205개국에서 출전한 1만1000여 명의 선수들이 33개 종목에서 열전을 벌였다. 도쿄올림픽에서는 ▲서핑 ▲스케이트보드 ▲스포츠 클라이밍 ▲가라테 등 4종목이 새롭게 정식 종목으로 채택됐다.

2020년 7월 24일 개막할 예정이었던 도쿄올림픽은 코로나19가 전 세계로 확산하면서 개막 여부가 불투명했다. 국제올림픽위원회(IOC)와 일본 정부, 도쿄올림픽 조직위원회는 1년 후쯤 팬데믹이 진정될 것으로 예상하고 올림픽 연기 결정을 내렸다. 취소된 적은 있어도 연기된 올림픽은 처음이었다. 2020 도쿄올림픽이란 명칭은 경제적 손해를 피하기 위해 유지됐다.

연기 결정 후에도 개최까지 순탄하지 않았다. 개최일이 가까워질수록 지금이라도 도쿄올림픽을 취소해야 한다는 일본 국내외의 여론이 높았다. 코로나19 델타 변이 바이러스의 급속한 침투로 전 세계에서 확진자가 폭발적으로 증가하는 가운데 전 세계인들이 한 곳에 모이는 대형 이벤트는 감염

확산을 더욱 악화시키리란 우려가 제기됐다.

결국 도쿄올림픽은 감염병 확산 방지를 위해 개회식부터 각 종목 대회와 폐막식까지 관중 없이 개최됐다. 관중석이 텅 빈 메인 스타디움과 적막한 경기장은 코로나19 극복 메시지보다는 왜 굳이 올림픽을 개최해야 했는가라는 의문을 남겼다.

7월 23일 오후 8시 도쿄 신주쿠 국립경기장에서 열린 개회식은 무관중에 조 바이든 미국 대통령 등 주요국 정상이 대부분이 불참하며 초라한 잔치가 됐다. 개·폐회식 음악감독이었던 오야마다 게이고(원맨 밴드 코넬리우스)는 학창 시절 장애가 있는 학생에게 수년간 가혹행위를 했던 과거로 지탄을 받다가 개회식 나흘 전 음악감독직을 내려놨다.

개회식 하루 전에는 개·폐회식 연출 담당자 고바야시 켄타로가 과거 유대인 대학살을 콩트 소재로 삼은 영상이 SNS로 번져 비난을 받고 해임됐다. 올해 초에는 개·폐회식 총감독 사사키 히로시가 몸집이 큰 여자 연예인을 돼지로 분장시켜 개회식에 내보내자고 비하했다가 비난을 받고 사퇴했다. 일본에서는 "저주받은 올림픽"이란 한탄이 나왔다.

2011년 동일본대지진의 역경에서 회복해 부흥한 모습을 보여주겠다는 유치 당시 슬로건이 무색하게 개회식은 장례식을 연상케 하는 침울한 분위기로 가라앉았다. 군국주의 일본을 상징한다고 비판받는 ✦기미가요가 울려 퍼진 것도 논란을 불러일으켰다.

다만 올림픽 50개 세부 종목의 픽토그램(Pictogram : 그림문자)을 마임으로 표현한 공연은 참신하고 재미있었다는 평가를 받았다. 올림픽 개막을

상징하는 성화 점화자는 일본 국적의 혼혈 테니스 스타 오사카 나오미였다. 김연경(배구)과 황선우(수영)를 기수로 앞세운 대한민국은 103번째로 입장했다.

◆ 기미가요 (君が代)

기미가요는 일본 국가(國歌)로, '천황 통치가 천년만년 이어지리라'라며 일왕 치세가 영원하기를 염원하는 내용이다. 일본 전통 시를 토대로 1879년 작곡됐고 천황의 생일 축하로 처음 불리면서 일본 국가가 되었다. 기미는 일본어로 '君(군)'을 뜻하며 기미가요에서는 천황을 지칭한다. 제2차 세계대전 패전 후 일본은 군국주의의 상징이었던 기미가요를 폐지했다. 이후 1999년 국가로 다시 지정해 학교 입학식 등에서 불리고 있지만 여전히 논란이 되고 있다.

역대 취소된 올림픽

구분		사유
하계 올림픽	1916년 독일 베를린 올림픽	제1차 세계대전으로 취소
	1940년 일본 도쿄올림픽	제2차 세계대전으로 취소
	1944년 영국 런던올림픽	제2차 세계대전으로 취소
동계 올림픽	1940년 일본 삿포로 올림픽	중일전쟁으로 개최권 반납
	1944년 이탈리아 코르티나담페초올림픽	제2차 세계대전으로 취소

양궁·펜싱 빛났다...한국 금6·은4·동10

도쿄올림픽에서 한국 선수단은 29개 종목에 233명이 출전해 금메달 6개, 은메달 4개, 동메달 10개를 수확하며 메달 순위 16위로 일정을 마쳤다. 한국이 하계올림픽에서 종합순위 10위권 밖으로 밀린 것은 2000년 시드니올림픽(12위) 이후 21년 만이다.

▲ 양궁 3관왕을 차지한 안산이 7월 30일 도쿄올림픽 양궁 여자 개인전 시상식을 마친 뒤 금메달을 들어 보이고 있다.

태권도, 유도, 레슬링, 사격 등 한국의 전통적 강세 종목의 국제 경쟁력이 상대적으로 떨어졌고 일부 종목으로의 메달 편중이 더 심해졌다는 점은 되짚어 봐야 할 부분이다.

한국 선수단이 따낸 금메달 6개 중 4개는 양궁에서 나왔다. 7월 24일 첫 주자로 나선 '막내 듀오' 안산(20)과 김제덕(17)이 이번 올림픽에서 처음 도입된 양궁 ▲혼성 단체전 금메달을 목에 걸었다. 한국 양궁 대표팀은 ▲여자 단체전(강채영·안산·장민희)과 ▲남자 단체전(김우진·김제덕·오진혁)까지 제패했다.

한국은 양궁 단체전이 도입된 1988년 서울올림픽을 시작으로 이번 도쿄올림픽까지 9개 대회 연속 36년 동안 단 한 번도 여자 단체전에서 금메달을 놓친 적이 없다. 단일 종목 9연패는 미국 남자수영 400m와 케냐 남자 육상 3000m 장애물만이 달성한 대기록이다. 인맥·학맥 등에 좌우되지 않고 오로지 치열한 선발전과 점수로만 국가대표를 선발하는 한국 양궁의 공정한 운영 시스템은 다른 종목은 물론 사회 각 분야에 귀감이 됐다.

혼성 단체전과 여자 단체전에 이어 ▲여자 개인

전까지 석권한 안산은 한국 하계올림픽 역사상 최초 단일대회 3관왕을 차지하며 이번 대회 최고의 스타로 떠올랐다. 동계올림픽에서는 2006년 토리노 대회 쇼트트랙에서 안현수와 진선유가 3관왕을 차지한 바 있다.

김정환(38)·구본길(32)·오상욱(25)·김준호(27)로 구성된 ▲남자 펜싱 사브르 단체전 대표팀은 유럽의 강호 독일과 이탈리아를 연거푸 제압하고 금메달을 목에 걸었다. 여자 펜싱 에페 단체전에서 은메달, 여자 사브르 단체전에서 동메달, 남자 펜싱 에페 단체전에서도 동메달이 쏟아졌다.

체조에서는 신재환(23)이 ▲남자 도마에서 8명 중 1위를 차지하며 2012년 런던대회 도마의 양학선 이후 한국 체조 사상 두 번째 금메달을 선사했다. 1996년 애틀랜타올림픽 남자 기계체조 도마 은메달리스트인 여홍철의 딸인 여서정(19)은 이번 도쿄 올림픽 여자 도마에서 동메달을 목에 걸며 한국 최초 부녀 올림픽 메달리스트로 이름을 남겼다.

태권도에서는 올림픽 사상 처음으로 종주국 한국이 금메달 없이 짐을 쌌다. 다만 은메달 1개(이다빈), 동메달 2개(장준·인교돈)로 자존심을 지켰다. 태권도는 21개국이 32개 메달을 골고루 나눠 가지며 스포츠 약소국의 희망으로 떠올랐다. 올림픽 정신에 부합하는 스포츠의 세계화가 충분히 이뤄졌다는 점에서 긍정적인 평가를 받고 있다.

전웅태(26)는 근대 5종으로 올림픽 출전 57년 만에 동메달로 첫 시상대에 서는 쾌거를 이뤘다. 근대 5종이란 에페 펜싱, 200m 자유수영, 장애물 승마, 3000m 레이저런(레이저 총 사격과 육상의 복합경기)으로 이루어진 다섯 가지 부문의 기록을 종합

적으로 겨루는 스포츠다.

배드민턴 김소영(29)·공희용(25)은 동메달로 배드민턴 강국의 체면을 세웠고 개최국이자 종주국 일본이 9개 금메달을 쓸어간 유도에서는 조구함(은메달), 안창림·안바울(동메달)이 선전했다. 사격에서는 김민정(24)이 여자 25m 권총에서 은메달을 쏘았다.

한편, 도쿄올림픽에서는 25개의 세계신기록이 쏟아졌다. 조정과 수영에서 각각 6개나 세계신기록이 나왔고 육상과 사이클에서는 각각 3개씩 세계신기록이 작성됐다. 이 밖에 사이클, 사격, 역도, 스포츠 클라이밍 종목에서도 세계신기록이 수립됐다.

2020 도쿄올림픽 한국 메달 획득 현황

구분	종목	이름
금메달 (6개)	양궁	▲혼성 단체(안산·김제덕) ▲여자 단체(강채영·안산·장민희) ▲남자 단체(김우진·김제덕·오진혁) ▲여자 개인(안산)
	펜싱	남자 사브르 단체(김정환·구본길·오상욱·김준호)
	기계체조	도마(신재환)
은메달 (4개)	펜싱	여자 에페 단체(강영미·송세라·이혜인·최인정)
	태권도	여자 +67kg(이다빈)
	유도	남자 −100kg(조구함)
	사격	여자 25m 권총(김민정)
동메달 (10개)	펜싱	▲남자 사브르 개인(김정환) ▲남자 에페 단체(권영준·마세건·박상영·송재호) ▲여자 사브르 단체(김지연·서지연·유지수·최수연)
	태권도	▲남자 −58kg(장준) ▲남자 +80kg(인교돈)
	유도	▲남자 −66kg(안바울) ▲남자 −73kg(안창림)
	기계체조	여자 도마(여서정)
	배드민턴	여자 복식(김소영·공희용)
	근대 5종	남자(전웅태)

펜싱 세부 종목

종목	에페(Epee)	플뢰레 (Fleuret)	사브르(Sabre)
공격권	별도의 공격권 없이 먼저 찌르는 선수가 득점	먼저 공격적 자세를 취한 선수에게 공격권이 주어짐	먼저 공격적 자세를 취한 선수에게 공격권이 주어짐
공격 형태	찌르기만 가능	찌르기만 가능	베기와 찌르기 모두 가능
유효 타깃	모든 신체 부위	팔을 제외한 상체	팔을 포함한 상체

메달 없어도 최선 다한 선수들에 열광… MBC는 국제 망신

▲ 도쿄올림픽 남자 높이뛰기 우상혁이 8월 1일 결선에서 한국신기록 2.35m를 성공한 후 환호하고 있다.

우리 국민들은 편협한 내셔널리즘(nationalism : 국가주의)에서 탈피해 메달의 색이나 개수에 연연하지 않고 스포츠 자체를 즐기며 최선을 다한 선수들에게 아낌없는 격려와 찬사를 보냈다. 메달은 따지 못했지만 주목할 만한 성과를 낸 선수들도 큰 관심을 받았다.

육상 높이뛰기 우상혁(25)은 한국신기록인 2.35m로 당당히 4위에 올랐다. 시종일관 밝은 모습으로 경기하며 메달이 좌절된 후에도 미소를 잃지 않은 우상혁의 긍정 에너지는 깊은 인상을 심어줬다. 우하람(23)은 다이빙 남자 3m 스프링보드에서 4위를 차지하며 역대 올림픽 한국 최고 성적을 거두었다.

황선우(18)는 도쿄올림픽을 통해 박태환의 뒤를 잇는 한국 수영의 간판스타로 자리 잡았다. 황선우는 남자 자유형 200m 예선에서 1분44초62를 기록하며 2010년 박태환이 수립한 종전 한국기록(1분44초80)을 갈아치웠다. 자유형 100m 준결승에서는 47초56으로 아시아기록까지 수립하며 결승까지 진출해 5위를 기록했다. 아시아 선수가 올림픽 수영 자유형 100m에 진출한 것은 1956년 멜버른 대회 이후 65년 만이다. 국가대표 은퇴를 앞둔 배구 여제 김연경이 마지막까지 투혼을 불사른 여자 배구는 비록 메달 획득에 실패했지만 아시아 국가 중 유일하게 4강에 진출해 큰 박수를 받았다.

성숙한 관중 문화와 선수들의 선전이 어우러진 축제에 공영방송은 찬물을 끼얹었다. **MBC는 도쿄올림픽 개회식을 중계하면서 몰상식한 방송으로 국제 망신을 샀다.** MBC는 선수단 입장 과정에서 해당 나라의 특징을 설명하는 사진을 띄웠는데 우크라이나에 체르노빌 핵발전소 사고 현장 화면을 띄웠다. 아이티에는 비극적인 내전 사진을 쓰는가 하면 엘살바도르는 비트코인, 루마니아는 드라큘라, 노르웨이는 연어였다. 마셜제도 설명에는 "한때 미국의 핵실험장"이라는 모욕적인 문구를 추가했다.

MBC는 야구 대표팀의 이스라엘과의 경기 도중에 경기 종료라는 자막을 다는가 하면, 김연경이 "더 뿌듯하네요"라고 대답하는 화면 자막에 "축구, 야구 졌고 배구만 이겼는데?"라고 처리했다. 자막만 보면 김연경이 다른 종목을 깎아내렸다는 오해를 받을 수 있는 상황이었다. 또한 케냐 출신 특별귀화 마라톤 선수 오주한이 통증으로 기권하자 해설위원이 "찬물을 끼얹네"라고 막말을 하는 등 MBC는 대회 내내 얼빠진 모습을 보였다.

2020 도쿄올림픽 메달 순위

순위	국가	금	은	동	합계
1	미국	39	41	33	113
2	중국	38	32	18	88
3	일본	27	14	17	58
4	영국	22	21	22	65
5	러시아올림픽위원회(ROC)*	20	28	23	71
6	호주	17	7	22	46
7	네덜란드	10	12	14	36
8	프랑스	10	12	11	33
9	독일	10	11	16	37
10	이탈리아	10	10	20	40
16	대한민국	6	4	10	20

* 러시아는 도핑 문제로 2022년 말까지 국가 차원 국제대회 출전이 금지돼 러시아올림픽위원회(ROC, Russia Olympic Commitee athletes)란 명칭으로 출전

日, 잔치는 끝나고 거액 계산서 도착

도쿄올림픽은 8월 8일 폐막했다. 폐막식은 음울한 분위기로 지적받은 개회식보다 더 큰 혹평을 받았다. 일본 전통문화와 접목한 다양한 퍼포먼스가 이어졌지만 길고 지루한 상황과 이해할 수 없는 퍼포먼스에 앉아서 휴대전화를 만지작거리거나 숙소로 이탈하는 선수들이 보였다. 도쿄패럴림픽은 8월 24일 개막해 9월 5일 폐막할 예정이다.

개최국 일본은 도쿄올림픽에서 금메달 27개, 은메달 14개, 동메달 17개 등 역대 최다 메달 수(종합 3위)를 기록했지만 일일 신규 코로나19 확진자수가 올림픽 시작 전보다 4배 가까이 폭증했다. 변이 바이러스 확산과 함께 축제 분위기 속에 방역 조치가 느슨해진 결과로 해석된다.

도쿄올림픽을 자신의 치적으로 내세우려던 아베 신조 전 일본 총리는 이미 작년 9월 사임했고 스가 요시히데 총리에게 거액의 계산서가 도착했다. 일본 언론은 도쿄올림픽의 총비용을 약 4조엔(41조원)으로 추산했다. 올림픽이 연기돼 비용은 눈덩이처럼 불어났지만 무관중 정책으로 티켓이나 관광 수입 등 경제 효과가 전무하고 일부 스폰서 기업도 발을 뺀 상황에서 이는 고스란히 적자로 남았다.

도쿄도의 부담 금액은 1조4519엔으로 도쿄 도민 한 사람이 올림픽 개최를 위해 대략 10만3929엔(108만원)을 지불한 셈이다. 아사히 신문이 올림픽 막바지인 8월 7~8일 실시한 여론조사에서 스가 내각 지지율은 28%로 작년 9월 내각 출범 이후 처음으로 30% 아래로 추락했다. 일본에서 총리 지지율 20%대는 총리 교체나 내각 총사퇴로 갈 수 있는 위험 수위로 인식된다.

주요 스포츠 국제대회 개최 예정지

구분	연도	개최 예정지
하계올림픽	2024년	프랑스 파리
	2028년	미국 로스앤젤레스(LA)
동계올림픽	2022년	중국 베이징
	2026년	이탈리아 밀라노·코르티나담페초
국제축구연맹(FIFA) 월드컵	2022년	카타르
	2026년	캐나다·멕시코·미국
하계아시안게임	2022년	중국 항저우
	2026년	일본 아이치·나고야
	2030년	카타르 도하
	2034년	사우디아라비아 리야드
동계아시안게임	2021년	미정

유럽연합(EU), 탄소국경세 도입
세계는 탄소 전쟁 중...한국 산업계 타격 우려

유럽연합(EU)과 미국이 온실가스 배출량을 파격적으로 줄이기 위한 조세 제도 도입을 검토하고 있다. EU 집행위원회는 지난 7월 역대 온실가스 순배출량을 대폭 감축하는 '핏 포 55(55에 맞추기)'안을 포함한 '2050 탄소 중립' 정책 패키지를 발표했다. 그 일환으로 온실가스 배출이 많은 업종을 겨냥해 탄소국경세를 매기기로 했다. 탄소국경세는 유럽보다 탄소를 많이 배출하거나 탄소 규제가 느슨한 국가나 생산 시설에서 만들어져 유럽으로 수입되는 상품은 그에 상응하는 관세를 부과하는 제도다. 미국에서도 민주당 하원의원들이 탄소국경세 도입 방안을 공동 발의하며 비슷한 움직임이 이어지고 있다.

서구 선진국들의 탄소국경세 도입 방침이 보호무역 수단으로 작용될 가능성도 있다. 선진국들이 환경 문제를 이유로 관세 장벽을 높여 개발도상국의 경제 발전을 견제하는 것 아니냐는 것이다. EU와 미국에서 탄소국경세가 도입되면 한국 철강 업체의 부담이 늘어날 가능성이 커진다. 한국은행 조사국에 따르면 EU와 미국이 탄소국경세를 동시에 부과할 경우 우리나라 수출이 연간 1.1% 감소할 것이라는 연구 결과가 나왔다. 이에 대한 대응이 절실한 가운데 정부는 '2050 탄소중립'을 위한 실행방안을 8월 5일 제시했다. 온실가스 순배출량을 2050년까지 최대 100% 감축한다는 목표다.

유럽연합(EU) 탄소국경세 도입

유럽연합(EU)과 미국이 기후변화에 대응하고자 온실가스 배출량을 파격적으로 줄이기 위한 조세 제도 도입을 검토하고 있는 가운데 우리나라 기업과 경제도 저탄소 체제로 빠르게 전환하지 않으면 적지 않은 타격을 입을 수 있다는 지적이 나온다.

EU 집행위원회는 지난 7월 역내 온실가스 순배출량을 대폭 감축하는 '◆핏 포 55(55에 맞추기)'안을 포함한 '2050 탄소 중립' 정책 패키지를 발표했다. 그 일환으로 온실가스 배출이 많은 업종을 겨냥해 탄소국경세를 매기기로 했다. 그 첫 번째 과세 대상이 되는 품목은 ▲철강 ▲시멘트 ▲비료 ▲알루미늄 ▲전기 등 5개다.

탄소국경세는 EU 집행위가 제안한 탄소국경조정제도(CBAM, Carbon Border Adjustment Mechanism)의 줄임말로써, 유럽보다 탄소를 많이 배출하거나 탄소 규제가 느슨한 국가나 생산 시설에서 만들어져 유럽으로 수입되는 상품은 그에 상응하는 관세를 부과하는 제도다. EU는 유럽 바깥에서 생산한 해당 품목에 대해선 탄소배출량에 따라 수입업자가 인증서를 사도록 했다. 2023년부터 본격적으로 과세를 시작해 2026년에는 모든 품목으로 확대하는 방안을 검토 중이다.

EU 집행위는 유럽 내에서 발전 분야와 항공업계 등에 적용되고 있는 **탄소배출권거래제**(ETS, Emissions Trading System)를 강화하면서 그동안 면제 대상이었던 철강 업계 등에도 탄소배출권을 구입하도록 강제하겠다는 방침을 세웠다.

◆ 핏 포 55 (Fit For 55)
핏 포 55는 EU 집행위원회가 지난 7월 14일 발표한, 탄소 배출 감축을 위해 구체적인 실행안을 담은 정책 패키지로서 온실가스 순배출량을 2030년까지 1990년 기준 최소 55%로 줄인다는 목표다. 여기에는 기존 탄소배출권거래제(ETS) 적용 대상인 전력, 철강, 화학 등에 해운, 육상 운송 및 건축물 분야를 추가하고 항공 분야 탄소 배출 할당량을 단계적으로 축소하는 내용이 들어갔다. 또한 2026년까지 유럽 외 지역으로부터 수입되는 철강 등의 제품에도 탄소 배출 비용 부과, 탄소국경조정제도(CBAM·탄소국경세) 도입, 그린수소 생산, 2035년부터 내연기관차 출시 중지 등이 포함됐다.

탄소국경세는 ETS로 통합되어 수입품에 내포된 탄소 배출량을 측정하고 이와 연계해 관세를 부과하는 방식으로 적용될 예정이다. 2023년부터는 탄소국경세가 적용되는 품목을 수입하는 수입업자가 사전에 연간 수입량에 해당하는 양의 탄소배출권을 구매해야 한다. 이는 수입품에 내포된 이산화탄소 1톤당 배출권을 의미하며, 배출권 가격은 유럽 탄소시장과 연계되어 시행 첫 3년간은 EU 탄소배출권 주간 평균가로 판매된다.

EU 탄소국경세 주요 내용 (자료 : 전국경제인연합)

구분	내용
인증서 구매	2023년부터 탄소국경조정제도(CBAM) 적용 품목(역외 생산 제품의 탄소 배출량)에 대해 수입업자는 연간 수입량에 따른 인증서 구매
대상 품목	▲철강 ▲시멘트 ▲비료 ▲알루미늄 ▲전기
구매 수량	해당 품목 탄소배출량에 비례해 구매
구매 단가	주간 EU 탄소배출권 증가의 평균가
감면	CBAM 대상 수입품이 원산지 국가에서 배출권 가격을 지불한 경우(유상할당 업종) 감면 요청 가능
비용 추산치	철강 부문 연간 최대 3390억원(CBAM 인증서 구매 발생 비용)

미국도 탄소국경세 도입 검토...
세계는 '탄소 전쟁' 중

사실상 관세 인상 효과를 내는 탄소국경세 도입은 EU만의 상황이 아니다. 미국에서도 비슷한 움직임이 이어지고 있다. 7월 19일(현지시간) 미국 언론에 따르면 미 민주당 소속 하원의원들이 탄소국경세 도입 방안을 공동 발의했다. 중국 등 탄소배출 규제가 느슨한 나라로부터 제품을 수입할 때 해당 제품을 만들 때 발생한 탄소배출량에 따라 세금을 부과한다는 내용이다.

이 같은 미국판 탄소국경세는 EU와 마찬가지로 철강·시멘트·천연가스·석유·석탄 등 탄소 배출이 많은 산업 부문을 규제 대상에 포함시킬 것으로 전망된다. 미국 언론은 이 법안이 통과되면 내년 최대 160억달러(약 18조원)에 이르는 세수가 추가로 생길 수 있다고 추산했다.

인류가 직면한 최대의 위협인 기후 가열 문제를 해결하기 위해 탄소를 줄여야 할 필요성은 자명하다. 그러나 EU와 미국 등 서구 선진국들의 탄소국경세 도입 방침이 '◆사다리 걷어차기'라는 지적도 있다. 탄소국경세 도입 등 핏 포 55가 EU의 보호무역 수단으로 작용될 가능성도 있다.

선진국은 탄소 배출이나 지구 가열을 신경 쓰지 않고 산업화에 성공했고 이를 기반으로 신재생 에너지 비중을 높이는 등 친환경 에너지 기술에서 앞서가고 있다. 그런 선진국들이 환경 국제 무역에서 관세 장벽을 높여 개발도상국의 경제 발전을 견제하는 것 아니냐는 것이다.

탄소국경세 도입이 중국을 압박하기 위한 전략이라는 해석도 있다. 중국은 화력발전 비중이 큰 세계 최대 탄소배출국으로 평가된다.

◆ 사다리 걷어차기

사다리 걷어차기는 선진국이 자신들의 경제 발전 과정에서 어김없이 보호무역주의와 높은 관세율, 국가 주도의 산업진흥책을 시행했으면서 개발도상국에는 자유무역을 강요하는 행태를, 높이 올라간 뒤 경쟁자가 올라올 수 있는 사다리를 걷어차는 위선적 행동에 비유한 것이다. 케임브리지대 경제학과 교수인 장하준이 저서 『나쁜 사마리아인들』과 『사다리 걷어차기』에서 여러 사례를 들며 주장한 개념이다.

EU·미국 탄소국경세 도입 시
한국 산업계 타격 우려

탄소국경세가 도입되면 한국 철·철강·비철금속 업체의 부담이 늘어날 가능성이 커진다. 한국 철강 업체의 EU 수출 비중이 큰 만큼 한국 산업계에 미칠 타격이 우려된다. 한국무역협회 자료에 따르면 작년 우리나라 철·철강의 EU 수출액은 15억 2300만달러, 수출 물량은 221만368톤으로 집계됐다. 비철로 분류되는 알루미늄 수출액은 1억 8600만달러, 수출 물량 5만2658톤에 달했다.

전국경제인연합회는 이 같은 수출 물량을 고려할 때 한국산 철강제품을 수입하는 EU 업체가 탄소국경세로 부담해야 할 금액이 연간 최대 3390억 원에 이를 것으로 추산하고 있다. 한국 업체가 이 금액을 직접 부담하는 것은 아니지만 **탄소국경세 도입에 따른 연쇄 효과로 EU 업체가 단가 인하를 요구하거나 수출량을 줄이면 한국 업체에 고스란히 부담이 넘어온다.**

한국은행 조사국이 7월 29일 발표한 '주요국 기후변화 대응정책이 우리 수출에 미치는 영향' 보고서에 따르면 **EU와 미국이 탄소국경세를 동시에 부과할 경우 우리나라 수출이 연간 1.1% 감소할 것이라**는 연구 결과가 나왔다.

특히 탄소국경세는 우리 수출제품의 직접적인 가격경쟁력 저하 및, 탄소국경세의 영향을 크게 받는 중국 등 주요 교역국에 대한 ◆**중간재** 수출의 간접적 감소 등을 통해 우리 수출에 부정적 영향을 미칠

◆ 중간재 (中間財)

중간재는 가공생산품 가운데 최종 소비자가 아니라 생산자가 생산과정에 투입물로 사용하는 재화를 말한다. 원료는 가공이 이루어지지 않은 투입물을 지칭하는 데 비해 중간재는 통상적으로 가공을 거친 제품이라는 점에서 다르다. 또한 생산에 활용되는 가공생산품 가운데 생산수단으로 사용되는 기계류나 공구 등은 투자재, 제품 생산에 투입물로 사용되는 것은 중간재로 구분하는 것이 일반적이다.
한국의 중국 수출 중 중간재 비중은 통관 기준으로 2019년 77.4%(1054억달러)로 압도적이다. 석유화학, 철강, 반도체 등 한국의 주력 산업 대부분이 중간재다. 한국이 중간재를 수입하면 중국이 이를 가공해 완제품으로 만들어 수출하는 구조다. 따라서 미중 간 무역 분쟁 등으로 중국의 미국 수출이 줄면 한국의 중간재 수출도 타격을 받을 수 있다.

것으로 예상됐다. 산업별로 살펴보면 탄소집약도가 높고 수출 비중이 큰 운송장비, 금속제품, 화학제품 수출은 물론 중국으로의 중간재 수출 감소 등으로 반도체 등 전기전자 제품까지 부정적 영향이 불가피하다는 분석이다.

탄소국경세가 우리 경제에 미치는 부정적 영향을 최소화하기 위해 기업과 정부가 단기 대응을 마련하면서 신성장동력을 발굴하고 친환경 시장을 확대할 수 있는 기회로 활용할 필요가 있다는 지적이 나온다.

온실가스 순배출량 2050년까지 최대 100% 줄인다

정부도 탄소 대책에 발 벗고 나섰다. 정부는 '2050 탄소중립'을 위한 에너지·산업 등 사회 각 분야의 구체적인 실행방안을 8월 5일 제시했다. 2050년까지 석탄·LNG 발전을 전부 중단하거나 최소화하고 재생에너지를 대폭 늘림으로써 2018년 기준 6억8630만 톤에 달하던 **온실가스 순배출량을 2050년까지 96.3~100% 감축한다는 목표다.**

대통령 직속 2050 탄소중립위원회는 이날 2050 탄소중립 실현을 위한 3개 시나리오 초안을 공개했다. 시나리오에는 전환(에너지), 산업, 수송, 건물, 농축수산, 폐기물 등 온실가스를 발생시키는 주요 부문의 감축 계획이 담겼다. 탄소중립위의 시나리오 1안이 이행되면 2050년 온실가스 순배출량은 1540만 톤으로 2018년에 비해 96.3% 준다. 2안의 경우에는 97.3% 감축된 1870만 톤의 온실가스만이 배출된다. 3안은 온실가스 순배출량 0, 이른바 '넷제로(net zero : 실질적인 온실가스

배출량을 0이 되도록 하는 상태) '를 제시하고 있다.

3가지 시나리오에서 원전 비중은 6.1~7.2%로, 2018년의 23.4%보다 크게 줄지만, 시나리오별 차이는 크지 않다. 탄소중립위는 철강업의 경우 기존 고로를 모두 전기로로 전환하고, 석유화학·정유업의 경우 전기가열로 도입, 바이오매스 보일러 교체를 통한 산업 부문 온실가스 감축 계획을 제시했다.

아울러 ▲그린리모델링 확산·제로에너지빌딩 인증대상 확대·개인 간 잉여전력 거래제 도입(건물) ▲영농법 개선·식단 변화 및 대체가공식품 확대(농축수산) ▲1회용품 사용 제한·재생원료 사용(폐기물) 등의 내용을 담았다.

어어서 탄소중립위는 산림 등의 온실가스 흡수량이 2050년에 줄어들 것으로 보고 강화된 산림대책 필요성을 강조했다. 또 온실가스 활용 기술인 CCUS(Carbon Capture, Utilization and Storage·이산화탄소 포집 및 저장)에 대한 투자를 통한 온실가스 흡수량 증대를 제안했다. 최종안은 탄소중립위와 국무회의 의결을 거쳐 10월 말에 발표된다.

한편, 내년 초 발간 예정이었던 ✦IPCC(기후변화에 관한 정부 간 패널) 보고서 초안이 유출됐다. 8월 12일(현지시간) 영국 가디언에 따르면 환경운동단체인 '과학자반란(Scientist Rebellion)' 스페인 지부가 IPCC 6차 평가보고서 일부를 공개했다. 이들은 각국 정부가 공식 보고서에서 내용을 자의적으로 수정해 기후변화의 심각성을 약화시킬 것을 우려해 유출을 강행했다고 설명했다.

유출된 초안은 2050년까지 넷제로에 도달하려면 향후 10년 안에 온실가스 배출량을 절반으로 줄여야 한다는 내용이 담겼다. 세계 각국은 2015년 파리기후변화협약을 통해 지구 기온이 산업화 시기 이전보다 1.5도 이상 오르지 않도록 억제하겠다는 목표를 설정한 바 있다.

초안은 환경변화로 가치가 급감해 화석연료가 **좌초자산**(시장의 환경 변화 등 예상하지 못한 이슈로 자산 가치가 하락해 상각하거나 부채로 전환되는 자산)이 되는 문제가 심각해질 수 있다면서 9~12년 내 화력·가스발전소의 완전 금지를 제안했다.

또한 고소득자의 소비패턴이 큰 **탄소발자국**(상품 생산·유통·소비에서 배출되는 온실가스 총량)과 연계된다면서 소득 상위 1%가 탄소배출의 50%를 차지한다는 사례를 제시하고 선진국 부유층의 생활습관 변화를 촉구했다.

✦ IPCC (Intergovernmental Panel on Climate Change)

IPCC(기후변화에 관한 정부 간 패널)는 기후변화와 관련한 전 지구적 위험을 평가하고 국제적 대책을 마련하기 위해 세계기상기구(WMO)와 유엔환경계획(UNEP)이 1988년 공동으로 설립한 국제 협의체다. 기후변화에 대한 영향과 국제적 대응 방안을 제시하고 유엔 기후변화 협약의 의제 실행 여부를 점검하며 평가 보고서를 발행하는 것이 주요 임무다. IPCC는 인간 활동과 지구 온난화 사이의 연관성에 대한 인식을 제고하고 광범위한 컨센서스(consensus : 의견 일치)를 형성하는 데 기여한 공로로 앨 고어 전 미국 부통령과 함께 2007년 노벨 평화상 수상자로 선정됐다.

PART
02

분 야 별
최신상식

9개 분야 최신이슈와 핵심 키워드

'댓글 조작 공모' 김경수
징역 2년 확정...지사직 박탈

댓글 조작 혐의 징역 2년·공직선거법 위반 무죄
*드루킹 여론조작 사건에 연루된 혐의로 재판에 넘겨진 김경수(사진) 경남도지사에게 징역 2년이 확정됐다. 지난 7월 21일 대법원 2부는 **댓글 조작 혐의**(컴퓨터 등 장애 업무 방해죄)로 **기소된 김 지사의 상고심**(3심)에서 징역 2년을 선고한 원심을 확정했다. 공직선거법 위반 혐의에 대해서는 무죄가 확정됐다.

이날 상고심에서 김 지사 측은 **킹크랩**(댓글 조작 자동화 프로그램)의 존재에 대해 부인했지만, 재판부는 인정하지 않았다. 재판부는 "원심 판단에 자유심증주의(증거의 증명력을 법관의 자유판단에 맡기는 주의)의 한계를 벗어나거나 공모 공동정범의 성립 등에 관한 법리오해, 이유모순, 판단누락 등의 잘못이 없다"고 판시했다.

대법원은 공직선거법 위반 혐의와 관련해서는 김 지사 측의 김동원(드루킹) 씨에 대한 일본 센다이 총영사직 제안이 지방선거 댓글 작업 약

드루킹 여론조작 사건

드루킹 여론조작 사건은 '드루킹'이라는 닉네임을 쓴 김동원 씨가 문재인 대통령에게 유리한 방향으로 첨단 기술을 이용해 댓글 조회 수를 조작하다가 인사청탁이 받아들여지지 않은 시점부터 여당에 불리한 방향으로 정치 댓글을 조작한 사건이다. 이 사건은 2018년 1월 네이버 뉴스 댓글 조작 의혹이 제기되면서 수면 위로 떠올랐다. 또, 드루킹이 보안 메신저인 '텔레그램'을 통해 김경수 당시 더불어민주당 의원과 수백 건의 메시지를 주고받은 정황이 확인됐다.

속에 대한 대가라는 특검 측의 주장을 받아들이지 않았다. 재판부는 지방선거 후보자가 특정돼야 선거운동과 관련한 이익 제공 행위를 처벌할 수 있다는 원심 판단은 잘못됐다고 지적했다. 그러면서도 센다이 총영사 제안이 지방선거와 관련 있다고 볼 증거가 부족하다고 본 원심 판단은 잘못이 없다며 무죄 판단을 유지했다.

2년 3개월 만에 재수감

김 전 지사는 7월 26일 오후 창원교도소에 수감됐다. 김 전 지사가 1심에서 징역 2년을 선고받고 법정 구속된 후 77일 만인 2019년 4월에 보석이 허가돼 석방되고부터 2년 3개월 만의 재수감이다.

김 전 지사는 이날 승용차를 타고 교도소 안으로 들어간 뒤 잠시 뒤 나와 "끝까지 함께 하지 못해 송구하다. 법원의 판결이 내려진 이상, 제가 져야 할 짐은 온전히 제가 지고 가겠다"는 마지막 메시지를 전했다.

이어 "진실을 밝히지 못했다고 해서, 있는 그대로의 진실이 바뀔 수 없다는 점을 다시 한번 분명하게 말씀드린다"며 "외면당한 진실이지만, 언젠가는 반드시 제자리로 돌아올 것을 확신한다"고 말했다.

한편, 수감된 김 전 지사는 경남도지사직이 박탈되고 2년의 형을 살고 나온 후에도 5년간 선거에 출마할 수 없다. **선출직 공무원은 공직선거법 위반 혐의로 벌금 100만원 이상의 형, 일반 형사 사건으로 금고 이상의 형이 확정되면 당선 무효가 된다.**

청와대 "입장이 없는 게 입장"

문재인 대통령의 최측근인 김 전 지사가 유죄 판결을 받자 문 대통령의 입장 표명을 요구하는 야권의 목소리가 커지고 있는 가운데, 청와대는 "입장이 없는 게 입장"이라고 선을 그었다.

더불어민주당은 대법원의 판결을 존중한다면서도 김 전 지사가 억울하게 이용당했다는 의견을 냈다. 한편, 김 전 지사는 노무현 전 대통령의 마지막 비서관으로, '친문 적자'로 불리며 유력한 대선 잠룡으로 거론되던 인물이었다.

국회의원직 상실 요건은?

▲선거법 위반으로 징역 또는 100만원 이상의 벌금선고 ▲선거사무장이나 회계책임자가 정치자금법 위반으로 300만원 이상의 벌금형 선고 시 국회의원의 당선은 무효된다. 형사사건의 경우 국회의원이 금고 이상의 형(집행유예 포함)을 받으면 의원직을 상실한다. 또한 국회는 의원의 자격을 심사해 징계할 수 있는데, 국회 본회의에서 국회 재적의원 3분의 2 이상의 찬성이 있을 경우 제명(구성원 자격 박탈)이 가능하다.

세 줄 요약

❶ 드루킹 여론조작 사건에 연루된 혐의로 재판에 넘겨진 김경수 경남도지사에게 징역 2년이 확정됐다.

❷ 김 전 지사는 7월 26일 오후 창원교도소에 수감됐다. 수감된 김 전 지사는 경남도지사직이 박탈되고 2년의 형을 살고 나온 후에도 5년간 선거에 출마할 수 없다.

❸ 문재인 대통령의 최측근인 김 전 지사가 유죄 판결을 받자 문 대통령의 입장 표명을 요구하는 야권의 목소리가 커지고 있는 가운데, 청와대는 "입장이 없는 게 입장"이라고 선을 그었다.

윤석열, 대권 도전 선언 한 달 만에 '국민의힘' 입당

▲ 윤석열 전 검찰총장

지난 6월 29일 대권 도전을 선언한 야권의 유력 대권 주자 윤석열 전 검찰총장이 대권 도전 선언 한 달 만인 7월 30일 국민의힘에 전격 입당했다. 윤 전 총장은 이날 여의도 국민의힘 당사에서 당 대외협력위원장인 권영세 의원을 만나 입당 원서를 제출했다.

윤 전 총장은 "정권 교체를 위해서는 제1야당에 입당해 정정당당하게 초기 경선부터 시작해가는 것이 도리"라며 "그렇게 함으로써 국민의힘이 국민에게서 더 높고 보편적인 지지를 받을 수 있는 것으로 생각해 오늘 입당을 결심했다"고 밝혔다.

윤 전 총장은 이어 "제1야당인 국민의힘이 주축이 돼서 정권 교체가 이뤄질 수밖에 없다고 생각했다"며 "제가 본선에 나간다면 국민의힘에서 (기호) 2번을 달고 나갈 수밖에 없다는 이야기는 오래전부터 드렸다"고 말했다.

당초 8월 중 입당 결단을 내리겠다고 언급한 바 있는 윤 전 총장이 이날 급히 입당한 데 대해서는 "입당 관련 불확실성을 계속 갖고 가는 게 혼선과 누를 끼치는 것 아닌가 그런 생각이 들었다"며

"결심한 지는 몇 시간 안 된다"고 설명했다.

국민의힘에 입당하면 정치적 외연 확장이 어려울 것이라는 일각의 관측에 대해 윤 전 총장은 "(입당) 이후에는 더 넓은 국민들의 지지를 받기 위한 노력을 안 할 거냐, 그런 건 아니기 때문에 (언제 입당하든) 마찬가지"라고 반박했다. 그러면서 "당원이 됐으니 이제 스스로 당의 외연을 넓히고, 종전에 해왔던 것보다 더 많은 국민의 지지를 받아내기 위해 변해야 할 것은 변하고, 노력하겠다"고 다짐했다.

이준석 국민의힘 대표가 지방을 방문하고 김기현 원내대표가 휴가 중인 이날 '기습 입당'을 결심한 것을 두고는 "당 지도부와 교감을 가져왔기 때문에 (문제 될 게 없다)"라며 "입당 인사라든지 이런 것은 다음 주에 하면 되는 것"이라고 말했다.

기습 입당에 국힘 지도부는 뿔났다

국민의힘 지도부는 기습적으로 입당한 윤 전 총장에 대해 비판을 쏟아냈다. 일각에서는 신입 당원인 윤 전 총장에 대해 국민의힘 지도부가 '군기'를 잡는 것이 아니냐는 분석도 나왔다.

이 대표는 라디오 인터뷰에서 윤 전 총장의 기습 입당을 두고 "형식에 있어 굉장히 아쉬운 부분이 있긴 하다. 일정을 급하게 변경했더라도 다시 상의를 했어야 한다"고 지적했다. 김 원내대표 역시 라디오에서 "갑작스럽게 전격 입당하는 바람에 이상한 모습이 연출됐다"고 불편한 기색을 숨기지 않았다.

한편, 윤 전 총장은 8월 2일 입당 후 처음으로 당 지도부와 정식 상견례를 가졌다. 이 대표는 윤 전

총장의 기습·입당에 대해 불편한 기색을 보인 바 있으나, 이날 상견례 자리에서는 각자 정권교체 의지를 확인하며 우호적인 분위기가 연출됐다.

윤석열 '쩍벌·페미니즘·부정식품' 논란... 1일 1구설?

윤석열 전 검찰총장의 언행이 연일 논란의 대상이 되며 '1일 1구설'이라는 말이 나오고 있다. 윤 전 총장은 공식적인 자리에서도 다리를 심하게 벌리고 앉아 '쩍벌남(공공장소에서 다리를 쩍 벌리고 앉아 옆 사람에게 피해를 주는 남자)'이란 비판을 받았다.

'건강한 페미니즘' 발언도 도마 위에 올랐다. 윤 전 총장의 "페미니즘이란 것도 건강한 페미니즘이어야지. 이게 선거에 유리하고 집권 연장하는 데 악용돼선 안 된다"는 발언을 두고 여권에서는 "여성 혐오로 표를 구걸한다"는 비판이 쏟아졌다.

'부정식품' 발언도 논란을 샀다. 윤 전 총장은 검사 시절 상부의 부정식품 단속 지시가 내려오면 내심 불편했다며 (경제학자) 프리드먼은 먹어서 병에 걸려 죽는 식품이면 몰라도 없는 사람은 부정식품보다 아래도 선택할 수 있게, 싸게 먹을 수 있게 해줘야 한다고 했다"고 밝혔다. 이에 여권에서는 "가난한 국민이 불량식품을 먹고 살지 않도록 돌보는 것이 국가의 의무"라고 비판했다. 국민의힘에서도 선택의 자유를 강조한 발언이지만 부적절했다는 비판이 나왔다.

▲ 문재인 대통령

문 대통령은 이날 청와대에서 열린 민생경제장관회의에서 코로나19 위기 대응을 위한 적극적인 재정 역할을 강조하면서 "2022년 정부 예산도 확장적으로 편성하기 위해 재정 당국과 부처들이 함께 논의하라"고 지시했다. **코로나19 위기 극복을 위해 2021년 편성된 본예산 558조원보다 더 많은 재정이 필요하다**는 것이다.

문 대통령은 소상공인과 취약계층의 코로나19 위기 극복을 위한 적극적이고 신속한 재정 역할 그리고 장기적인 대책을 당부했다. 문 대통령은 "방역 상황으로 민간 경제활동에 어려움이 커질수록 정부가 적극적 재정 운영으로 민생의 버팀목이 되어 주어야 한다"며 "추경도 코로나19 확산 상황을 감안해 규모가 늘었고 피해계층 지원이 대폭 확대됐다. 지금부터는 속도이며 절박한 소상공인 피해 지원에 최우선을 두고 신속하게 집행하기 바란다"고 지시했다.

문 대통령 "2022년 예산도 확장 편성"

문재인 대통령이 7월 29일 코로나19로 인해 고통받는 취약계층을 위한 34조9000억원 규모의 2차 추가경정예산(추경)의 신속한 집행을 정부 부처에 당부했다. 아울러 민생경제 회복을 위한 재정 역할을 강조하며 2022년 본예산의 *확장적 재정 편성을 주문했다.

문 대통령은 신속한 추경 집행을 통한 재정 역할과 더불어 ▲코로나19 취약업종 및 청년·여성·여성 등 취약계층을 위한 일자리 대책 ▲양극화 방지 대책 및 고용·사회안전망 강화 ▲취약계층을 위한 정책서민금융 확대 ▲성실 상환 신용불량자에 대한 지원 방안 ▲추석 명절에 대비한 생활물가 안정 ▲폭염 대책 등을 연달아 주문했다.

아울러 "정부는 코로나19 피해가 큰 계층을 더욱 두텁게 지원하는 공정한 회복, 격차를 줄이는 포용적 회복, 일자리의 회복까지 이루는 완전한 회복을 위해 최선을 다해야 한다"고 강조했다.

홍남기 경제부총리는 2차 추경의 신속한 집행과 적극적 재정 운용을 통해 코로나19 재확산에 따른 민생경제 충격을 최소화하는 데 총력을 기울일 것이라 보고했다.

취약계층 금융부담 경감을 위해 정책서민금융을 연간 9조~10조원 수준으로 확대하고 추석 물가 안정을 위해 8월에도 계란 1억 개를 수입하는 등 서민물가 안정을 위해 선제적으로 대응해 나가겠다고 했다.

권칠승 중소벤처기업부 장관은 8월 17일 소상공인 희망회복자금 지원대상의 70%인 130만 명 이상에 신속지급하고 중저신용자 소상공인을 위한 긴급자금도 8월 중 지급하겠다고 했다. 손실보상금의 신속한 지급을 위한 손실보상심의위원회도 법 시행일인 10월 8일부로 개최해 빠르게 지급한다는 계획이다.

˙확장적 재정 (擴張的財政)

확장적 재정이란 정부가 경기를 부양하기 위해 정부 지출을 증가시키고 세율을 인하하는 재정 정책이다. 확장적 재정 정책을 시행하면 일반적으로 정부 지출과 함께 민간 소비와 투자가 증가해 총수요가 증가한다. 총수요가 증가하면 생산량이 증가하고 생산량 증가는 고용 확대로 이어져 실업률을 감소시킨다. 그러나 확장적 재정 정책을 시행하면 세입이 감소하고 지출이 증가해 적자재정이 발생해 정부의 재정 건전성이 악화한다.

재정정책(財政政策)·통화정책(通貨政策)

재정정책은 정부의 재정지출 또는 조세의 크기를 변경함으로써 경제안정화를 꾀하는 정책이다. 통화정책은 중앙은행이 통화량, 이자율 등을 변화시킴으로써 경제안정화를 꾀하는 정책을 말한다. 중앙은행이 시중에 유통되는 통화량을 조절하는 방법으로는 공개시장운영, 지급준비율·재할인율 조정 등이 있다.

▌이낙연−이재명, 백제 발언·盧탄핵 난타전

▲ 이재명 경기도지사(왼쪽)와 이낙연 전 민주당 대표가 악수하고 있다.

더불어민주당 대선 경선이 무르익으면서 대표 대선 주자들이 본격적으로 신경전을 벌였다. 이재명 경기도지사와 이낙연 전 민주당 대표는 7월 25일 '누가 지역주의를 조장하느냐'를 두고 전면전을 벌였다.

불과 하루 전까지 노무현 전 대통령 탄핵 책임론을 두고 다퉜던 주자들이 '노무현 정신'의 핵심 가치인 지역주의 타파와 거리가 먼 논쟁에 불을 붙인 셈이다. 이 지사와 이 전 대표는 서로에게 책임을 떠넘기며 사과를 요구했고, 정세균 전 국무총리는 이 지사의 후보 사퇴를 요구했다. 경선 후 처음으로 후보 사퇴 요구까지 나오면서 종일 험악한 분위기가 이어졌다.

발단은 이 지사의 7월 22일 한 언론 인터뷰 발언이다. 이 지사는 당시 인터뷰에서 "(이낙연 전 대표가) 약점이 많은 후보라는 건가"라는 질문에 "(이 전 대표가) 당 대표 출마하시면서 (경기도에) 오실 때 제가 진심으로 꼭 잘 준비하셔서 대선 이기시면 좋겠다, 이 말씀 드렸다"면서 "그 말씀을 드렸던 이유는 한반도 5000년 역사에서 백제, 호남이 주체가 돼서 한반도 전체를 통합한 예가 한 번도 없다"고 말했다.

이 지사는 이어 "당시에 이 대표는 전국에서 매우 골고루 득표, 지지를 받고 계셔서 이 분이 나가서 이길 수 있겠다, 이긴다면 이건 역사다, 내가 이기는 것보다 이분이 이기는 게 더 낫다, 실제로 그렇게 판단했다"면서 "진심으로 잘돼서 이기시면 좋겠다, 이렇게 그때 말씀드렸다"고 했다.

하지만 이 지사는 "그 후로 지지율이 많이 바뀌었다"며 "지금은 우리가 이기는 게 중요한 상황이 됐고 진짜 현실적으로 이길 카드는 제일 중요한 게 확장력이다. 전국에서 골고루 득표 받을 수 있는 후보이고, 더 받을 수 있는 게 저"라고 말했다.

이낙연 캠프 배재정 대변인은 논평을 통해 이 지사가 '호남 불가론'을 펼쳐 지역감정을 조장했다고 몰아붙였다. **경북 안동 출신인 이 지사가 호남 출신 후보들의 한계와 불가론을 내세웠다는 것이다.** 이 전 대표도 직접 페이스북에 글을 써 "한반도 5000년 역사를 거론하며, 호남 출신 후보의 확장성을 문제 삼았다"며 "영남 역차별 발언을 잇는 중대한 실언"이라고 지적했다.

정 전 총리도 가세해 이 지사의 사과와 후보 사퇴를 촉구했다. 정 전 총리는 국회 기자회견에서 "결코 용납할 수 없다"며 "(이 지사가) 특정 지역 불가론이라고 명시적으로 말하진 않았지만 '지역적 확장성'이라고 말한 것은 자신이 어느 지역 출신이어서 확장성이 있다고 직접적으로 얘기한 것"이라고 지적했다.

반면 이 지사는 페이스북에서 이 전 대표를 직접 거론하며 "인터뷰에서 저는 실력, 신뢰, 청렴을 인정받아 전국적 확장력을 가진 제가 민주당 후보로서 본선 경쟁력이 크다는 말씀을 드렸을 뿐 이 후보님 측이 주장하는 것처럼 지역주의 조장 발언을 한 적이 없고, 인터뷰 기사에도 그런 내용은 전혀 없다"고 반박했다.

이재명 캠프 선거대책위원회도 긴급 기자회견을 열고 "김대중·노무현의 정신을 훼손하는 망국적 지역주의를 이낙연 캠프가 꺼내 들어 지지율 반전을 노리다니, 참으로 충격적"이라면서 이 전 대표에게 대국민 사과와 캠프 인사들에 대한 조치를 요구했다.

'막장' 치달은 이-이 신경전

급기야 이 지사 측은 이 전 대표가 조국 전 법무부 장관의 대척점에 선 최성해 전 동양대 총장과 찍은 사진을 공개하며 "어떤 사이인지 밝혀라"고 공세를 가했다. 이는 강성 친문 지지층의 반감을 일으키려는 의도를 해석된다. 이 전 대표 측은 이 지사가 조직폭력배와 함께 찍은 사진을 제시하며 맞불을 놓았다.

이 지사 측은 8월 8일 **네거티브**(negative : 음해성 발언이나 행동) 중단을 발표하고 이 전 대표 측이 환영한다는 입장을 밝혔다. 그러나 이튿날 이 전 대표는 라디오 인터뷰를 통해 "이 지사의 개인 홍보에 국민 세금이 들어가고 있다"며 이 지사가 현직(경기도지사)을 유지하는 것이 문제가 있다고 지적하는 등 과열 양상은 계속됐다.

삼국통일 (三國統一)

신라는 당나라와 나·당 동맹을 맺고 660년 백제를, 668년 고구려를 멸망시키고 삼국을 통일했다. 그러나 백제와 고구려가 멸망한 후, 당은 한반도 전체를 지배하려는 야심을 드러냈다. 이에 신라는 당군을 몰아내기 위해 나·당 전쟁을 전개하였다. 고구려 부흥 운동을 지원하고, 매소성과 기벌포에서 당 침략군을 완전히 물리치고 삼국 통일을 이룩할 수 있었다(676).

신라의 삼국 통일은 그 과정에서 중국 세력인 당의 도움을 받았고, 대동강 이남 지역으로 한정되었다는 점에 한계가 있다. 그럼에도 이는 우리 민족이 이룬 최초의 통일로, 새로운 민족 문화를 이루는 중요한 계기가 되었다는 데 의의가 있다. 특히 신라가 당의 침략을 물리치고 통일을 완수한 것은 삼국통일의 자주적 성격을 보여준다고 평가된다.

이재명 1호 공약 발표
"전환적 공정 성장 추진"

이재명 경기도지사는 7월 18일 대선 후보 1호 공약으로 '전환적 공정 성장'을 내놨다. •기본소득 후퇴가 아니냐는 지적을 감수하고 1호 공약으로 '성장 해법'을 택했다.

그는 저성장의 원인을 불공정과 양극화에서 찾았다. 출마선언문에서도 "누군가의 부당이익은 누군가의 손실"이라며 불평등과 양극화가 자원 배분과 경쟁의 효율을 떨어뜨려 성장동력을 훼손한다고

진단했다. '공정'을 달성하면 우상향 성장경제로 전환할 수 있다는 주장이다.

경제적 공정을 실현하기 위해 우선 하청기업과 납품업체, 대리점과 가맹점, 소상공인 등 갑을관계에서 '을'의 위치에 있는 경제적 약자들에게 단체 결성 및 협상권을 부여하겠다고 했다. 다만 단체 행동권은 "아직 도입하기 이르다는 지적이 있다"며 제외했다.

또 불법행위에 징벌 배상을 도입하고, 공정거래위원회 권한을 대폭 강화하겠다고 밝혔다. 이와 함께 정부 주도의 대대적 투자로 에너지·디지털·바이오 산업 육성 및 기후에너지부, 대통령 직속 우주산업전략본부, 데이터전담부서 설치도 공약했다.

이 지사의 대표 정책 브랜드인 **기본소득**은 전 국민에게 연 100만원, 청년은 추가 100만원을 얹어 연 총 200만원으로 설계했다. 약 59조원(전 국민 52조원+청년 7조원)의 재원은 먼저 재정 구조개혁으로 25조원, 각종 조세 감면 제도 축소로 25조원을 확보해 증세 없이 시작한다는 구상이다.

이후 기본소득의 효과를 증명하고 기본소득 탄소세와 기본소득 토지세(국토보유세 신설)를 도입한다는 게 이 지사의 구상이다. 또한 '부동산 불로소득 차단'으로 수익을 내는 게 불가능한 구조를 만들고, 무주택자는 누구나 30년 이상 살 수 있는 '기본주택' 100만 호를 공급하겠다는 공약을 내걸었다.

한편, 이 지사의 공약에 야권 대선주자들은 맹폭을 가했다. 유승민 전 의원은 "이 지사는 갈수록 허경영 국가혁명당 명예대표를 닮아간다"며 "말

만 들어도 **유토피아**가 떠오른다. 좋은 집에서 평생 살게 해준다는데 도대체 무슨 돈으로 기본주택을 짓겠다는 건지에 대해선 한마디도 없다"고 비판했다. 원희룡 전 제주도지사는 "임대주택 이름을 기본주택으로 바꿔치기해 팔아먹는다. 국민을 원숭이 취급하고 있다"고 비판했다.

기본소득 (basic income)

기본소득은 국가가 국민들에게 최소한의 인간다운 삶을 누리도록 조건 없이, 즉 노동 없이 지급하는 소득이다. 재산의 많고 적음이나 근로 여부와 관계없이 모든 사회구성원에게 생활을 충분히 보장하는 수준의 금액을 지급하는 것으로서 무조건성·보편성·개별성의 특징을 가진다.

기본소득은 주로 핀란드, 네덜란드 등 북유럽 국가에서 도입이 활발하게 논의되고 있다. 스위스에서는 정부가 매달 성인에게 2500프랑(약 300만원), 18세 미만 어린이 및 청소년에게는 625프랑(약 78만원)씩 기본소득을 지급하는 방안에 대해 2016년 6월 찬반 투표가 이뤄졌으나 76.9%의 반대로 무산된 바 있다. 이어 핀란드가 실험에 도입했지만 2019년 1월 중지하겠다는 방침을 밝혔다.

유토피아 (utopia)

유토피아는 현실에는 결코 존재하지 않는 이상적인 사회를 의미한다. 영국의 사상가 토머스 모어가 1516년에 만들어낸 말로, 라틴어로 쓰인 그의 저작 『유토피아』에서 유래되었다. 유토피아는 그리스어의 'ou(없다)'와 'topos(장소)'를 조합한 말로서 '어디에도 없는 장소'라는 뜻이다.

종로 한복판 '쥴리' 벽화 논란...
"표현의 자유" VS "인신공격"

서울 종로구 한 중고서점에 등장한 이른바 '쥴리 벽화'를 두고 표현의 자유 논란이 끊이지 않았다. 벽화를 설치한 건물주는 **자신의 사유재산을 이용한 풍자에 불과하므로 표현의 자유**라는 주장이지만, 일

▲ 서울 종로구의 한 서점 외벽에 그려진 대권 주자 윤석열 예비후보의 부인 김건희 씨를 비방하는 내용의 벽화가 논란이 됐다.

각에서는 '저질 인신공격'이며 **명예훼손죄**로 처벌해야 한다는 비판을 쏟아냈다.

쥴리 벽화는 종로구 관철동에 있는 한 중고서점 외벽에 그려졌다. 그림에는 '쥴리의 남자들'이라는 문구와 '2000 아무개 의사, 2005 조 회장, 2006 아무개 평검사, 2006 양검사, 2007 BM 대표, 2008 김 아나운서, 2009 윤서방 검사'라는 글이 적혀있다. 또 다른 벽화에는 '쥴리의 꿈! 영부인의 꿈!'이라는 문구와 함께 금발 여성이 그려져 있다.

벽화에 언급된 '쥴리'라는 여성은 윤석열 전 검찰총장의 부인 김건희 씨를 지칭한 것으로 보인다. 인터넷에 떠도는 이른바 '윤석열 X파일'에서 제기하는, 김 씨가 과거 유흥업소에서 쥴리라는 예명으로 활동했다는 음모론을 그림으로 표현한 것이다.

관련 벽화를 설치한 건물주 여 모 씨는 7월 29일 언론과의 인터뷰에서 "벽화는 헌법이 보장한 표현의 자유 영역에 있다"며 "쥴리가 직접 등장하기 전까지는 철거할 생각이 없다"고 밝혔다. 여 씨는

현재 "김 씨 본인은 자신이 줄리가 아니라며 부정하고 있는데 누구 명예가 훼손됐다는 말이냐"며 명예훼손에 해당하지 않는다며 주장했다.

그러나 정치권에서는 유력 대권 주자의 배우자라는 이유만으로 심한 모욕을 당했다는 지적이 나왔다. 국민의힘 서울 송파병 당협위원장인 김근식 경남대 교수는 "친문(친재인) 인사가 종로 한복판에 억지스러운 '사유지의 횡포'를 자행하고 있다"며 "바로 옆 건물에 스피커를 달아서 이재명 지사의 형수 욕설을 계속 틀고 벽에 여배우 스캔들을 풍자하는 벽화를 그리면 뭐라 할까"라고 꼬집었다.

여당 내에서도 자제를 촉구하는 목소리가 나왔다. 여당 유력 대권 주자인 이재명 경기도지사 캠프는 이날 남영희 대변인 명의로 낸 논평에서 **"줄리 벽화는 금도**(禁度 : 넘지 말아야 할 선)**를 넘은 표현"**이라고 지적했다. 더불어민주당 소속 김상희 국회부의장 또한 이날 페이스북에 쓴 글에서 "정치와 무관한 묻지마식 인신공격은 자제해야 한다"라고 촉구했다.

이종훈 정치 평론가는 "미국 같은 나라에서는 벽화를 통해 상대 정당 인사를 공격하거나, 자신의 지지를 표명하는 모습이 보편적이다"라며 "문제는 서구와 우리나라 국민들의 정서에 차이가 있고, 또 국내에는 명예훼손법이 있는 만큼 환경이 다르다는 것"이라고 말했다. 그는 **"지지자들 개인의 표현의 자유를 존중하되, 그 표현이나 발언을 함에 있어서 시민들이 스스로 책임을 지는 자세가 필요하다"**고 조언했다.

한편, 문제의 벽화를 둘러싸고 여야 지지자들은 충돌했다. 보수 야권 지지자들은 차로 벽화를 가리거나 벽화에 여당 인사를 비판하는 그림이나 문구를 덧칠하고 이에 여권 지지자들이 반발하며 난장판이 벌어졌다. 건물주는 흰 페인트를 덧칠해 벽화를 지우기로 했다.

°명예훼손죄 (名譽毀損罪)

명예훼손죄는 공연히 사실 또는 허위의 사실을 적시하여 사람의 명예를 훼손함으로써 성립하는 죄다. 여기서 말하는 '공연성'이란 불특정 또는 다수인이 인식할 수 있는 상태를 의미한다. 또한 '사실의 적시'라 함은 사람의 사회적 가치 내지 평가를 저하하는 데 충분한 사실을 지적하는 것을 말한다.

즉 현행법상 허위가 아닌 사실을 말해도 명예훼손죄의 처벌을 받을 수 있다. 다만 사자(死者 : 죽은 사람)에 대한 명예훼손은 진실을 지적하는 한 죄로 되지 않는다. 또한 사자 명예훼손죄는 절대적 친고죄(親告罪 : 범죄의 피해자 기타 법률이 정한 자의 고소가 있어야 공소를 제기할 수 있는 범죄)로서 사자의 친족 또는 자손이 고소권자로 규정된다.

▌원희룡, 대선 위해 제주지사직 사퇴

▲ 원희룡 제주도지사가 사퇴를 밝히고 대권 도전을 선언했다. (원희룡TV 캡처)

국민의힘 대권 주자인 원희룡 제주도지사가 8월 1일 지사직을 사퇴하며 본격적인 대선 준비에 나선다고 밝혔다. 원 지사는 이날 사임 기자회견을 통해 "도민과 국민의 삶을 지키기 위한 정권교체에 나서 도지사직을 사임하게 됐다"고 설명했다.

원 지사는 "정권교체만이 대한민국의 성장엔진을 되살리고 국민통합을 이룰 수 있다"며 "정권 교체를 위해 모든 것을 다 던져야 한다는 정치적 책임을 느끼고 있다"고 말했다. 그는 그러면서 "제주 제2공항을 비롯해 마무리 짓지 못한 일들에 대해 안타까움도 있다"며 "제2공항은 정권교체를 통해 반드시 추진할 것임을 약속하겠다"고 강조했다.

한편, 대선 경선은 제주도지사 현직을 유지하면서도 가능하지만 원 지사는 도지사직을 접고 경선에 전념하기로 해 대선 출마를 선언한 현직 지사로서는 처음으로 현직을 사임했다.

원 지사의 사임에 따라 제주도는 구만섭 행정부지사의 대행 체제로 전환된다. 원 지사는 당초 7월 지사직 사퇴를 할 예정이었지만, 코로나19 확진자 급증으로 방역 상황을 고려해 사퇴를 미뤘던 것으로 알려졌다. 한편, 원 지사는 7월 25일 서울 여의도의 한 카페에서 비대면 온라인 방식으로 대선 출마를 선언하고, 이틀 뒤인 27일 당 경선관리위원회에 예비후보로 등록했다.

제20대 대통령선거 주요 일정

일정	내용
2021.07.12.	예비후보자 등록 신청
2022.02.13.~2022.02.14.	후보자 등록 신청
2022.02.15.	선거기간 개시일
2022.02.23.~2022.02.28.	재외투표소 투표
2022.03.09.	투표

금융위원장에 고승범, 인권위원장에 송두환

▲ 고승범 금융위원장 후보자(왼쪽)·송두환 국가인권위원장 후보자

문재인 대통령은 8월 5일 **장관**급인 **금융위원회 위원장 후보자에 고승범 한국은행 금융통화위원**을, **국가인권위원회 위원장 후보자에 송두환 법무법인 한결 대표 변호사**를 각각 지명했다.

고승범 금융위원장 후보자는 서울대 경제학과와 행시 출신으로, 금융위 금융정책국장, 금융서비스국장, 사무처장, 상임위원 등 주요 자리를 거쳤고 현재 한국은행 금융통화위원으로 활동 중이다. 송두환 인권위원장 후보자는 서울대 법학과와 사법시험 출신으로, 판사 생활을 거쳐 민주사회를위한변호사모임(민변) 회장, 헌법재판소 재판관을 역임했다.

박수현 청와대 국민소통수석은 송 내정자에 대해 "시민의 정치적 자유 등 기본권 확대, 사회적 약자 인권 보호 등에 앞장서 왔다는 평가를 받고 있다"고 밝혔다. 고 내정자에 대해서는 "거시경제와 금융 전반에 대한 풍부한 식견과 경제·금융 위기 대응 경험 등을 바탕으로 코로나19 대응 금융 지원, 가계부채 관리, 금융산업·디지털금융 혁신, 금융소비자 보호 등 금융 현안에 차질 없이 대응할 것을 기대한다"라고 말했다.

문 대통령은 6명의 차관급 인사도 함께 단행했다. 문 대통령은 행정안전부 차관에 고규창 행안부 기획조정실장, 행안부 재난안전관리본부장에 이승우 행안부 재난협력실장, 산업통상자원부 제2차관에 박기영 산자부 기획조정실장, 산자부 통상교섭본부장에 여한구 청와대 신남방·신북방비서관을 각각 내정했다.

˚장관 (長官)

장관이란 중앙행정기관의 장(長)으로, 행정 관리를 책임지며 국무회의에 참석하는 공무원을 말한다. 장관은 대통령의 국정운영을 보좌하며, 국무회의 등을 통하여 국정에 두루 참여하고, 소관영역에 관한 정책결정의 중심에 서며, 부처의 내부관리를 담당하는 역할을 한다.

장관은 국무위원을 겸하고 있으나, 법적인 지위는 구분된다. 국무위원은 국무회의의 구성원이지만, 장관은 국무회의에서 심의한 사항을 집행하는 행정집행기관이다. 장관은 국무위원으로서 국무회의에 참여하는 경우에는 법적으로 대통령·국무총리와 동등한 지위에 있지만, 행정각부의 장으로서는 대통령은 물론 그 상급 행정관청인 지휘·감독을 받는다.

또한 국무위원은 담임(擔任)사항에 한계가 없지만, 장관은 담임사항에 일정한 한계가 있다. 장관은 국무위원 중에서 국무총리의 제청으로 대통령이 임명하며, 반드시 국회 동의를 거칠 필요는 없다.

◑ **기출tip** 2019년 매일경제 필기시험에서 장관에 대한 내용을 묻는 문제가 출제됐다.

20년 이상 된 61개 법정인증제도 손본다...KS·KC도 개선

정부가 만들어진 지 20년 이상 된 61개 법정인증제도를 전면 심사해 정비한다. KS(한국산업표

준)·KC(안전인증) 중 세계 수준에 못 미치는 규제도 손본다. 산업통상자원부는 8월 5일 김부겸 국무총리 주재로 열린 제130회 국정현안조정점검회의에서 이런 내용의 '기업 활력 및 수출진흥을 위한 기술규제 혁신방안'을 발표했다.

우선 총 211개의 법정인증제도 중에서 20년 이상 된 61개 인증제도를 심층 심사한다. 인증제도 목적이 타당한지, 제도 유지가 필요한지 등을 꼼꼼히 따져 실효성이 낮다고 판단되면 과감히 폐지하거나 민간인증으로 전환을 추진한다. 20년 이상 된 인증에는 대기전력 저감 프로그램, 택시미터기검정, 기계식 주차장 안전도인증, 수산물 품질인증 등이 있다.

산업부는 국제표준화기구(ISO)와 국제전기기술위원회(IEC) 등의 국제기준에 맞지 않게 운영되는 국내 기술규제도 손질에 나선다. 먼저 국가기술표준원이 담당하는 KS표준, KC기술기준 가운데 국내외 기술규제 차이로 인해 수출경쟁력 저하가 우려되는 KS 121종, KC 19종을 2023년까지 정비한다.

산업부는 2023년까지 기술규제 개선을 통해 인증비용 경감, 수출 확대 기여 등으로 1조7500억원의 경제 효과와 8200여 명의 일자리 창출 효과를 기대한다고 밝혔다. 문승욱 산업부 장관은 "기술규제는 제품의 신뢰도를 높이고 기술개발을 촉진해 기업에 활력을 주기도 하지만, 과도한 기술규제는 기업에 부담을 주는 양날의 칼과 같다"며

"국내 기술규제를 글로벌 수준에 맞춰 개선해 우리 기업의 기술경쟁력이 향상될 수 있도록 하겠다"고 말했다.

국내 주요 인증마크

구분	내용
NT마크	국내에서 최초로 개발된 신기술로 제조된 상품에 부여하는 신기술 인증마크
KT마크	국내에서 제조되는 상품 중 기술이나 성능이 우수한 제품에 부여하는 마크
GD마크	디자인이 우수한 상품에 부여되는 디자인 분야 정부인증마크
KC마크	안전·보건·환경·품질 등 분야별 인증마크를 국가적으로 단일화한 인증마크
KS마크	한국표준협회가 시험을 거쳐 산업표준이라고 인정하는 제품·서비스·농수축산물 가공식품에 부여하는 인증마크

문재인 대통령, '문재인 케어' 4년 성과 보고

지난 8월 12일 문재인 대통령은 이른바 '**문재인 케어**'로 불리는 건강보험 보장성 강화 정책 발표 4주년을 맞아 지금까지의 성과를 평가하고 추가 대책을 발표했다. 문 대통령은 이날 **문재인 케어 도입 4년간 선택진료비 폐지와 건강보험 보장 확대 등으로 3700만 명이 9조2000억원의 의료비 부담을 덜었다고** 설명했다. 특히 개인 질환은 물론 코로나19 예방과 진단·치료에 있어서도 건강보험의 역할이 컸다고 평가했다.

그러면서 의료서비스 세분화에 맞춰 건강보험 보장 범위를 더 늘리겠다고 밝혔다. 문 대통령은 "가계의 의료비 부담을 더욱 줄여주기 위해서는 건강보험의 보장성이 더욱 강화되어야 한다"라고

말하며, 이를 위해 올 4분기부터는 갑상선과 부비동 초음파 검사에, 내년에는 중증 심장질환과 치과 신경치료까지 건강보험에서 지원하겠다고 밝혔다.

나아가 어린이들을 위한 전문 진료시설도 크게 늘린다는 방침을 내놓았다. 문 대통령은 또 소득이 낮을수록 재난적 의료비를 더 많이 받을 수 있도록 소득수준별 지원비율을 조정하고, 하반기엔 지역 중증환자들을 위한 거점병원도 지정하겠다고 말했다.

문재인 케어

문재인 케어는 문재인 정부가 2017년 7월 시행한 건강보험 보장성 강화 정책을 말한다. 이는 문 대통령이 후보 시절부터 내세웠던 대표적인 공약으로, 건강보험 보장률을 높여 가계의 병원비 부담을 낮추기 위한 국민 의료비 부담 완화 정책이다. 미용·성형·라식같이 생명과 크게 상관없는 의료행위 외에는 모두 건강보험을 적용하고, 환자의 부담이 큰 3대 비급여(특진·상급병실·간병)를 단계적으로 해결하는 방안을 담고 있다. 문재인 정부는 "병원비 걱정 없는 든든한 나라를 만들겠다"며 31조원을 투자해 건강보험 보장률을 2017년 62.7%에서 2022년까지 70%로 끌어 올리는 것을 목표로 하고 있으나, 실제로 시행 후 3년간 보장률은 1.6%p 올라간 것으로 알려졌다.

국민의힘 '여혐·온라인폭력 옹호' 파문 확산

국민의힘이 '여성혐오 옹호' 비판에 휩싸였다. '당의 입'인 양준우 대변인이 양궁 국가대표 안산 선수에게 쏟아진 혐오 발언과 온라인 폭력을 옹호했다는 지적이 이어졌다. 이 사안에 '입장을 밝히지 않는다'는 입장을 이어오던 이준석 국민의힘 대표

▲ 양준우 국민의힘 대변인 (양준우 페이스북 캡처)

는 진중권 전 동양대 교수와 온라인 설전을 벌이며 불쾌감을 표시했다.

양 대변인이 7월 30일 자신의 SNS에 올린 글이 발단이 됐다.

양 대변인은 이 글에서 "논란의 핵심은 '남혐(남성혐오) 용어 사용', 래디컬(radical : 급진적) 페미니즘에 대한 비판에 있다"면서 "논란의 시작은 허구였으나, 이후 안 선수가 남혐 단어로 지목된 용어들을 사용한 것이 드러나면서 실재하는 갈등으로 변했다"고 했다. 양 대변인은 이준석 대표의 공약인 토론배틀을 통해 대변인으로 선발됐다.

이에 진 전 교수가 '안 선수에게 폭력의 원인을 돌렸다'면서 "여성혐오를 정치적 자양분 삼는 자들은 공적 영역에서 퇴출되어야 한다"고 지적하자, 양 대변인은 "마찬가지로 남성혐오를 자양분 삼아 커온 자들 역시 퇴출되어야 한다"고 맞받았다.

진 전 교수는 전날 올린 글에서도 "공당의 대변인이 여성혐오의 폭력을 저지른 이들을 옹호하고 변명하고 나서는 황당한 사태"라고 적었다. 진 전 교수는 이어 "뉴욕타임스에서 (여성혐오를 하는) 그런 남성들을 정치적으로 이용하는 정치인이 있다고 분석했는데 굳이 누구라고 말하지 않겠다"고 이 대표를 겨냥했다.

진 전 교수의 게시글에 이 대표가 댓글을 달며 논란은 확산했다. 이 대표는 이 글에 "적당히 좀 하라"며 "대변인들에게 특정 의견을 주장하라는 지시는 안 한다"는 댓글을 달았다. 진 전 교수가 편의점 GS25 포스터의 '남혐 코드' 논란 때와 달리 '선택적 침묵'을 하는 게 아니냐는 취지로 댓글을 달자, 이 대표는 "GS25는 홍보물을 만든 기업이니까 그런 거고 이준석은 이 사건에서 무슨 이유로 끌어들인 거냐"고 답했다.

정치권 '여혐' 설전

이 대표는 장혜영 정의당 의원이 수차례 이 사안에 대한 입장 표명을 요구한 데 답하지 않는 것을 두고는 "애초에 이준석이 한마디도 안 했는데 정의당에서 '입장을 밝혀라'라고 하는 게 난센스"라고 했다.

여권은 양 대변인을 비판하면서 화살을 이 대표에게 돌렸다. 더불어민주당 대선 주자인 이재명 경기지사 측 권지웅 부대변인은 논평을 내고 "안산 선수에 대한 온라인 폭력에 힘을 실어주는 내용으로 읽힐 만한 부분(이 있다)"이라면서 "국민의힘과 이 대표 역시 침묵만 할 게 아니라 이 같은 폭력이 다시 벌어지지 않도록 동참해달라"고 했다.

웅앵웅, 오조오억 무슨 뜻이기에?

일부 누리꾼들은 안산 선수가 과거 SNS에서 '웅앵웅', '오조오억' 등의 단어를 사용했다며 해당 단어들이 남성을 혐오하는 사이트들의 이용자들이 쓰는 용어라며 사과를 요구하고 있다. '웅앵웅'은 2016년 한 트위터리안이 한국 영화에서 대사 소리가 안 들린다며 "웅앵웅 초키포키"라고 한 것이 시초가 되어 온라인 커뮤니티에서 널리 쓰인 신조어다.

'웅앵웅 초키포키'는 할리우드 배우 토마스 맥도넬이 자신의 트위터에 그대로 옮겨 화제를 모았으며, 해당 내용이 SBS 뉴스에 담겨 '밈화'되기도 했다. 그러던 2020년 일부 커뮤니티에서 '남성들은 말할 때 논리력이 떨어진다'는 의미로 '웅앵웅'을 사용하면서부터 남성혐오 표현이라는 주장이 일었다.

'오조오억'은 Mnet '프로듀스 101' 당시 한 연습생을 응원하던 누나 팬들의 "너는 10점 만점에 오조오억점이야"에서 시작해 케이팝 팬들의 유행어로 등장했고 광고나 예능방송 등에 광범위하게 쓰였던 단어다. 그러나 여성 중심 커뮤니티에서 "남성이 저지른 성범죄는 오조오억번"이라는 식으로 사용하자 일부 남성들은 해당 단어에 반감을 갖기 시작했다.

이밖에도 '허버허버'는 무엇가를 급하게 먹는 행위를 표현한 인터넷 신조어인데 어느 여성 중심 커뮤니티 이용자 남자친구가 음식을 급하게 허버허버 먹는다고 희화화한 글로 인해 일부에서 남성혐오 단어라고 주장하기 시작했다.

2022년 초까지 용산 미군기지 4분의 1 반환

▲ 미군 용산기지

한국과 미국이 2022년 초까지 서울 용산 미군기지 반환 대상 면적의 25%를 반환하는 데 노력하기로 합의하면서 30년 넘게 추진돼온 서울 용산기지 전체 반환 시점의 구체적 시점이 언제가 될지 주목된다.

정부는 이날 2022년 초까지 용산기지의 어느 지역을 반환받을지 구체적으로 밝히지 않았다. 일단

미군이 '사용하지 않는 구역'부터 돌려받는 쪽으로 협의하고 있다는 설명이다. 연합사가 기지의 북쪽 '메인 포스트'에 위치한 점을 고려하면 학교, 운동장, 장교 숙소 등이 있던 '사우스 포스트' 쪽을 주로 돌려받게 될 것으로 보인다.

기지 반환 협상의 첨예한 관심사인 오염 정화 문제와 관련해서는 앞선 사례들과 마찬가지로 양국 간 협의를 이어갈 방침이다. 양국은 오염관리 기준 개발, 공동 오염조사 절차 마련, 환경사고 시 보고 절차와 공동조사 절차 개선 방안을 지속해서 협의하는 한편, 환경오염과 관련해 고질적인 문제로 작용했던 [•]한미주한미군지위협정(SOFA·소파) 개정도 모색할 계획이다.

[•]한미주한미군지위협정 (SOFA, Status of Forces Agreement)

한미주한미군지위협정(SOFA·소파)이란 주한미군의 지위를 규정한 협정이다. 일반적으로 국제법상 외국 군대는 주둔 국가의 법률질서에 따라야 하지만, 주둔하는 나라에서 수행하는 특수한 임무의 효율적 수행을 위해 쌍방 법률의 범위 내에서 일정한 편의와 배려를 제공하게 된다. 이때 해당 국가와 외국 군대 간에 행정협정을 체결해 이를 보장하는데, 이에 따라 맺어진 협정이 소파다.

미국은 한국, 일본 등 40여 개 국가와 소파를 체결하고 있는데 유독 한미 소파 조항이 다른 나라보다 과도하게 한국에 불평등하다는 지적을 받았다. 2000년 2차 개정 시 '한국인 고용원의 우선고용 및 가족 구성원의 취업에 관한 양해각서', '환경보호에 관한 특별양해각서'가 추가되었지만 소파 불평등 문제는 여전히 숙제로 남았다.

일례로 2015년 주한미군은 생물학 테러에 이용되는 살아있는 탄저균을 배달했지만 아무리 위험한 물질을 미군이 해외에서 들여와도 우리 군은 이를 조사할 권한이 없었다.

이재용 삼성전자 부회장 가석방

경제상황 고려 VS 재벌 특혜

국정농단 공모 혐의로 수감 중인 이재용(사진) 삼성전자 부회장에 대한 *가석방*이 결정됐다. 8월 9일 박범계 법무부 장관은 "이재용 삼성전자 부회장이 가석방 대상에 포함됐다"고 발표했다. 박 장관은 이 부회장의 석방에 대해 **"코로나 장기화 경제상황을 고려했다"**고 말했다.

이 부회장은 광복절을 맞아 8월 13일 가석방으로 풀려났다. 지난 1월 18일 국정농단 사건 파기 환송심에서 징역 2년 6개월의 실형을 선고받고 재수감된 지 207일 만이다. 경제 단체들은 이 부회장의 가석방을 일제히 환영했다. 대한상공회의소는 "삼성전자가 반도체 등 전략 산업 선점 경쟁에서 국가 경제 발전에 힘써주길 기대한다"고 밝혔다. 전국경제인연합회는 "투자와 일자리 창출에 (삼성이) 적극 나서야 한다"고 당부했다.

반면 노동계와 시민단체들은 이 부회장 가석방이 재벌 총수에 대한 특혜라고 비판했다. 전국민주노동조합총연맹(민노총)과 한국노동조합총

*가석방 (假釋放)

가석방은 수형 중에 있는 사람의 행장(行狀 : 몸가짐과 품행)이 양호하고 개전의 정이 뚜렷하여 나머지 형벌의 집행이 불필요하다고 인정되는 경우 조건하에 임시로 석방하는 제도다. 법무부 예규에 따르면 형기의 60% 이상을 채운 수감자는 가석방 대상이 된다.

연맹(한국노총)은 '삼성공화국'이라고 반발했고 참여연대는 "사법 정의에 대한 사망 선고"라고 비판했다.

삼성전자 2분기 사상 최대 매출 신기록

이 부회장이 부재한 상황에서 7월 29일 삼성전자는 올해 2분기 기준 사상 최대 매출인 63조6700억원, 영업이익 12조5700억원을 달성했다고 밝혔다. **반도체 슈퍼사이클**(초호황기)**을 타기 시작한 반도체 사업부문**(DS) **활약**이 컸다. DS사업부문은 2분기 매출 22조7400억원, 영업이익 6조9300억원을 올렸다.

삼성전자 측은 "2분기 메모리반도체 출하량 및 시장가격 상승폭이 예상보다 높았다"라며 "30년 만의 기록적인 미국 텍사스주 한파로 1분기 가동을 멈췄던 오스틴 공장이 현재 정상화돼 이익이 증가했다"고 말했다. 제품별 매출이나 이익을 공개하지 않지만 **파운드리** 사업도 2분기 역대 최대 매출을 달성한 것으로 알려졌다.

"하반기 폴더블 대세화 총력, 비스포크도 기대"

스마트폰 사업을 담당하는 **IT·모바일 부문**(IM)은 2분기 매출 22조6700억원, 영업이익 3조2400억원을 달성했다. TV, 가전제품 사업을 맡고 있는 **소비자가전 부문**(CE)은 매출 13조4000억원, 영업이익 1조600억원을 올렸다. 두 사업부문 모두 전년 동기 대비 매출 및 영업이익이 상승했다.

삼성전자는 3분기 '폴더블 대중화'에 총력을 기울인다는 계획이다. 삼성전자는 8월 11일 '삼성 갤럭시 언팩 2021' 온라인 행사를 열고 **폴더블 스마트폰 신제품인 갤럭시 Z폴드3과 플립3** 등을 공개했다.

CE 사업부문도 5월 글로벌 시장에 본격 출시한 **비스포크**(삼성전자의 맞춤형 가전 브랜드)가 하반기 실적 상승을 이끌어 줄 것이라 기대하고 있다. 하반기 성수기에 들어서는 TV 시장에서도 네오 QLED(Quantum dot Light-Emitting Diodes), 초대형 등 고부가 TV 판매를 확대해 시장 리더십을 더욱 강화하겠다는 계획이다.

삼성전자는 미래 신성장동력 확보를 위한 적극적인 인수합병(M&A)도 예고했다. 삼성전자는 2016년 자동차 부품 기업인 하만 인수 이후 대규모 M&A가 없었다. 삼성전자 측은 "인공지능(AI), 5G, **전장**(電裝 : 차량용 정보·오락장치, 디스플레이, 통신장비 등 자동차에 탑재되는 전자 장비를 통틀어 이르는 말) 등 새 성장 동력으로 삼고 있는 사업 영역에 대해 적극적으로 검토하고 있다고 밝혔다.

*파운드리 (foundry)

파운드리는 반도체산업에서 주로 반도체 설계만 전담하고 생산은 외주를 주는 업체로부터 반도체 설계 디자인을 위탁받아 생산하는 기업이다. 주로 특수 용도의 고부가 가치의 반도체를 생산한다. 파운드리의 원래 뜻은 주형에 쇳물을 부어 금속, 유리제품을 찍어 내는 주조공장을 의미한다. 반도체 칩의 제조설비는 관리에 많은 비용이 들며 새로운 제조기술을 개발하는 데도 막대한 연구비용이 필요하다. 따라서 대규모로 반도체 칩을 제조하는 업체가 아니면 반도체 제조설비를 직접 보유하기 어렵다. 이처럼 제조설비를 보유하고 있지 않은 업체의 요구로 반도체 칩의 제조를 부담하는 기업이 파운드리다.

🖐 세 줄 요약

❶ 이재용 삼성전자 부회장이 가석방됐다.

❷ 이 부회장이 부재한 가운데 삼성전자는 2분기 사상 최대 매출을 기록했다.

❸ 삼성전자는 3분기에 폴더블 대중화에 총력을 기울인다는 계획이다.

피치, 한국 신용등급 AA- 유지...
등급 전망 '안정적'

FitchRatings

국제신용평가사 피치(Fitch)가 7월 22일 한국의 국가신용등급과 전망을 현재 수준인 'AA-(안정적)'로 유지한다고 밝혔다. 이로써 S&P, 무디스(Moody's)에 이어 피치까지 3대 신평사 모두 올해 우리나라 신용등급을 역대 최고 수준으로 유지했다.

피치는 코로나19의 효과적 관리와 수출 호조에 따른 경기 회복이 한국의 신용도를 지지할 것이라고 평가했다. 다만 고령화 상황에서 늘어나는 국가채무는 재정운용상 위험 요인이 될 수 있다고 지적했다.

이번 평가는 6월 30일부터 7월 8일까지 실시한 연례협의 결과를 반영했다. 한국의 신용등급은 강

세계 3대 신용평가기관 주요국 신용등급 [2021년 7월 기준/국가 뒤 (-)는 부정적 등급전망, (+)는 긍정적 등급전망]

구분	등급	Moody's	S&P	Fitch
투자등급	AAA(Aaa)	독일, 네덜란드, 덴마크, 노르웨이, 스웨덴, 스위스, 룩셈부르크, 미국, 캐나다, 호주, 뉴질랜드, 싱가포르	독일, 네덜란드, 덴마크, 노르웨이, 스웨덴, 스위스, 룩셈부르크, 리히텐슈타인, 캐나다, 호주, 싱가포르	독일, 네덜란드, 덴마크, 노르웨이, 스웨덴, 스위스, 룩셈부르크, 미국(-), 호주(-), 싱가포르
	AA+(Aa1)	핀란드, 오스트리아	미국, 핀란드, 오스트리아, 홍콩, 뉴질랜드	캐나다, 핀란드, 오스트리아
	AA(Aa2)	**한국**, 프랑스, 아부다비, 아랍에미리트	**한국**, 프랑스, 아부다비, 대만(+), 벨기에, 영국	뉴질랜드(+), 프랑스(-), 아부다비, 마카오
	AA-(Aa3)	영국, 벨기에, 체코, 홍콩, 마카오, 대만(+)	체코, 아일랜드	**한국**, 영국, 벨기에(-), 체코, 홍콩, 대만, 아랍에미리트
	A+(A1)	일본, 중국, 칠레(-), 사우디아라비아(-)	일본, 중국	중국, 아일랜드
	A(A2)	아일랜드, 폴란드	칠레, 스페인(-)	일본(-), 사우디아라비아(-)
	A-(A3)	페루, 말레이시아	말레이시아(-), 폴란드, 사우디아라비아	스페인, 폴란드, 칠레
	BBB+(Baa1)	스페인, 태국, 멕시코(-)	페루, 필리핀, 태국	페루(-), 말레이시아, 태국
	BBB (Baa2)	인도네시아, 필리핀	이탈리아, 포르투갈, 인도네시아(-), 멕시코(-)	필리핀(-), 인도네시아, 러시아, 포르투갈
	BBB-(Baa3)	이탈리아, 포르투갈(+), 러시아, 인도(-)	러시아, 인도	이탈리아, 인도(-), 멕시코
투기등급	BB+(Ba1)	모로코(-), 파라과이	모로코	모로코, 파라과이
	BB(Ba2)	브라질, 남아공(-)	그리스(+), 베트남(+), 파라과이	그리스, 베트남(+)
	BB-(Ba3)	그리스, 베트남(+)	브라질, 피지(-), 남아공	브라질(-), 터키, 남아공(-)
	B+(B1)	피지(-)	터키	이집트, 케냐(-)
	B(B2)	터키(-), 캄보디아, 이집트	몽골, 이집트, 우크라이나	몽골, 우크라이나
	B-(B3)	몽골, 파키스탄, 우크라이나	파키스탄	파키스탄

한 대외건전성, 경제 회복력, 양호한 재정여력과 북한 관련 지정학적 위험, 고령화로 인한 구조적 도전을 균형 반영한 결과다.

피치의 2021년 한국 경제성장률 전망치는 4.5%다. 최근 코로나19 확진자 증가에 따라 사회적 거리두기가 강화됐지만, 백신보급 가속화와 2차 추가경정예산안(추경) 등에 힘입어 소비회복세는 하반기에도 지속될 것으로 봤다.

정부는 이번 피치의 발표와 관련해 **우리 경제의 견고한 펀더멘탈**(거시경제지표)**과 강한 회복력에 대한 대외의 신뢰와 긍정적 시각을 다시 한번 보여준 결과**라고 평가했다. 특히 코로나19 이후 피치가 영국, 캐나다, 프랑스, 일본, 미국 등 18개 선진국의 등급 또는 전망을 하향조정했고 하향된 등급·전망이 지금까지 회복되지 않았다는 점을 고려할 때 이번 결과가 의미 있는 성과라고 봤다.

"국가채무 증가는 위험 요인"

피치는 한국의 재정이 개선될 전망이지만, 국가채무 증가는 재정운용상 위험 요인이라고 지적했다. 2차 추경이 재원을 추가세수로 충당하고 추가 적자국채 발행을 하지 않으며, 국채를 일부 상환하면서 중단기 재정지표는 기존 전망보다 개선됐다. 피치의 한국 GDP 대비 국가채무비율 전망은 기존 2021년 47.8%에서 47.1%로, 2024년의 경우 58%에서 54%로 개선됐다.

피치는 "한국의 건전한 재정관리 이력은 국가채무 증가압력을 완화하는 요인이며, 재정준칙은 재정관리를 더욱 강화할 수 있는 기반이 될 것"이라며 "다만, **고령화에 따른 지출 압력이 있는 상황에서 국가채무 증가는 재정운용상 위험 요인이 될 수 있으**

며, 위험의 향후 전개는 재정지출에 따른 생산성 및 잠재성장률 제고 효과에 따라 달라질 것"이라고 밝혔다.

피치는 최근 한국은행이 통화 긴축 신호를 보내고 있는 것과 관련해 기준금리는 2021년 1차례, 2022년 2차례 각 25bp(1bp는 0.01%p)씩 인상할 것으로 예상했다.

또 가계부채와 관련해서는 저금리, 주택공급 부족 등에 따라 부동산 가격이 상승하고 가계부채 증가세가 이어졌지만, 가계·기업 건전성, 정책대응 등으로 그에 따른 위험은 비교적 잘 억제됐다고 평가했다.

북한과의 긴장 수위도 안정세며, 대규모 순대외채권, 경상흑자 지속, 충분한 외환보유액 등 견조한 대외건전성이 코로나19 상황 중에도 변함없이 유지되면서 국제금융시장 변동에 대한 완충을 제공했다는 게 피치의 평가다.

서울 아파트 전세, 임대차법 시행 이후 최고 상승률

서울 아파트 전셋값이 작년 7월 *임대차 3법 시행 직후 수준으로 오르며 약 1년 만에 가장 높은 상승률을 기록했다. 수도권도 6년 3개월 만에 가장 높은 수준으로 오르는 등 전세난 심화가 현실화됐다.

한국부동산원은 7월 넷째 주(26일 기준) 서울 아파트 전셋값이 0.16% 올라 지난주(0.15%)보다 상승 폭이 커졌다고 7월 29일 밝혔다. 이는 새 임대차법 시행 직후인 작년 8월 첫째 주(0.17%) 이후 약 1년 만에 가장 높은 상승률이다.

서울 아파트 전셋값 상승률은 작년 2~5월 0.05 ~0.01% 수준을 보이다가 새 **임대차법 시행 이후 전세 품귀가 심화**하면서 **오르기 시작**했다. 특히 지난 6월부터 강남발 재건축 이주 수요와 방학 이사철 등 요인으로 물량이 달리며 다시 오름폭을 키우고 있다.

부동산원은 "재건축 2년 실거주 규제 철회 영향이 있거나 신규 입주 물량이 있는 지역은 매물이 증가하며 상승 폭이 소폭 축소됐지만, 나머지는 인기 학군이나 정비사업 이주 수요가 있는 지역을 중심으로 상승세가 이어졌다"고 말했다.

목동 학군이 있는 양천구가 0.24%에서 0.29%로 상승 폭을 키우며 가장 높은 상승률을 기록했고, 노원·동작·서초구(0.23%), 송파구(0.22%), 관악구(0.21%), 영등포구(0.18%) 등의 순으로 올랐다.

부동산원은 '**재건축 실거주 의무 2년**' 규제가 백지화된 **강남구 대치동 은마 아파트**와 마포구 성산동 **성산시영** 등 일부 재건축 단지에서 전세 매물이 일부 나온 것으로 파악됐지만, 물량이 많거나 가격이 크게 조정되는 상황은 아니라고 설명했다.

수도권 아파트 전셋값도 0.25%에서 0.28%로 오름폭이 커지며 2015년 4월 셋째 주(0.30%) 이후 6년 3개월 만에 가장 높은 상승률을 기록했다. 경기가 0.29%에서 0.35%로 상승 폭을 확대했고, 인천은 0.35%에서 0.29%로 상승 폭을 줄였다.

---

*임대차 3법

임대차 3법이란 2020년 7월부터 전면 시행된 전월세신고제·전월세상한제·계약갱신청구권제 등을 핵심으로 하는 부동산 임대차 관련 법안을 통칭한다. ▲전월세신고제로 전월세 계약 시 실거래 신고가 의무화되고 ▲전월세상한제로 재계약 시 임대료 인상률을 연 5% 이내로 제한하며 ▲계약갱신청구권으로 전세 계약 갱신(2년)을 임대인에게 요구할 권리를 보장하게 된다. 하지만 이 제도로 임대를 과세 목적으로 활용 시 세입자에게 세 부담을 주고, 인상 제한으로 임대 매물 감소가 우려되며, 미리 인상분을 앞당겨 받는 부작용으로 전셋값이 인상될 수 있다는 우려가 현실로 나타났다.

▌카뱅, 단숨에 '금융 대장주' 등극

카카오뱅크(이하 카뱅) 공모주 일반 청약에 58조원 가까운 *증거금이 모였다. 청약 참여자는 186만 명을 넘었다. 7월 27일 카뱅 청약 마감 결과 증권사 4곳에 들어온 청약 증거금은 총 57조7891억원으로 잠정 집계됐다.

카뱅 증거금은 중복 청약이 가능했던 SK아이이테크놀로지(80조9000억원)나 SK바이오사이언스(63조

6000억원)에는 미치지 못하는 규모이며 청약 최종 통합 경쟁률은 181.1 대 1로 집계됐다. 카뱅 청약은 증권사별로 50% 이상은 균등배정 방식으로 공모주를 나눠주고 나머지 비례 배정물량은 신청한 주식 수와 증거금 규모에 따라 배분하는 방식으로 진행됐다.

균등배정물량은 현대차증권이 6주로 가장 많았다. KB증권이 5~6주, 하나금융투자와 한국투자증권이 각각 4~5주, 3~4주였다.

카뱅 공모주 청약에서 1인당 최대 배정주식 수는 2600주를 웃돌았다. 한 사람이 170억원에 달하는 증거금을 납입한 것으로 나타났다. 8월 1일 카카오뱅크가 금융감독원에 제출한 증권발행실적 보고서에 따르면 청약자 1명이 배정받은 최대 주식 수는 2662주로, 모두 11명이 최대 주식을 배정받았다.

일반 청약을 마무리한 카카오뱅크는 8월 6일 유가증권 시장에서 상장한 첫날 은행 대장주로 등극했다. 카뱅은 이날 시초가 대비 29.98%(상한가) 오른 6만9800원에 거래를 마쳤다. 카카오뱅크의 시초가는 공모가 3만9000원보다 37.69% 높은 5만3700원이었다.

카뱅은 이날 종가 기준으로 시가총액 33조원을 넘어서 상장기업 시총 규모 11위에 올랐다. 은행주 시총 1위이던 KB금융지주와의 격차는 12조원에 달한다. 고평가됐다는 논란에도 투자자들이 단순한 은행이 아닌 금융 플랫폼 기업으로 카뱅의 성장 가능성에 주목한 결과다. 올해 3월 말 기준 카카오뱅크 이용자는 1600만 명이고 월간 활성이용자(MAU : 실제 서비스 이용 고객)도 1330만 명에 이른다.

증거금 (證據金)

증거금이란 주식 또는 파생상품거래에서 결제를 이행하기 위한 보증금을 말한다. 주식의 증거금 비율은 종목별로 다르게 정해져 있다. 증거금은 특히 파생상품거래에서 중요한 의미를 가진다. 예를 들어 선물 결제는 미래 결제의 약속이기 때문에 시장 상황에 따라 가격 변동이 심하다. 이로 인해 결제 불이행이 되면 시장이 혼란스러워질 수 있기 때문에 계약 이행을 위해 미결제약정을 갖고 있는 투자자로 하여금 선물가격이 손해가 될 경우를 대비하기 위해 증거금을 납부하도록 하고 있다. 코스피200 주가지수선물의 경우, 거래를 시작할 때 약 15%의 개시증거금을 내고 매일 일일정산을 하는데 계좌의 잔고가 유지증거금수준(10%)에 미달하면 추가로 돈을 납부해야 한다. 이를 추가증거금이라 한다.

'밈 주식' 열풍 이끈 로빈후드, 상장 첫날 8% 하락

미국 '개미'(초보 투자자)들의 주식 투자 열풍을 이끈 온라인 증권사인 로빈후드의 주가지수가 상장 첫날 8% 하락했다. 규제 당국의 조사·벌금에 따른 규제 리스크와 이례적인 공모 방식이 영향을 미친 것으로 보인다.

7월 29일(현지시간) 나스닥에 상장한 로빈후드는 공모가인 38달러에서 출발해 8.4% 떨어진 34.82

달러에 거래를 마쳤다. 종가 기준 첫날 시가총액은 291억달러(약 33조4000억원)으로 집계됐다.

개미들의 '성지'로 불리면서 2021년 미국 **기업공개**(IPO, Initial Public Offering) 대어로 꼽혔던 로빈후드로서는 자존심을 구긴 셈이다. 올해 미국 증시에서 IPO에 나선 기업들이 상장 첫날 평균 39% 상승한 것과 비교하면 더욱 실망스러운 성적이다.

로빈후드는 거래 수수료가 없고 가입과 사용이 편리해 미국 초보 투자자들이 선호하는 주식거래 플랫폼이다. 이용자 평균 연령이 31세로 대부분 소액 투자자들이다. 코로나19로 집안에 갇힌 MZ세대가 주식 투자에 몰려들면서 급성장했다. 2020년에는 연간 745만달러의 순이익을 거두면서 2015년 서비스 시작 이후 첫 흑자 전환에 성공했다.

2021년 들어서도 게임스톱과 AMC엔터테인먼트 등 •**밈 주식** 열풍을 주도하며 상승세를 이어갔다. 지난 3월 기준 고객 계좌 수는 1800만 개로, 1년 전 720만 개에서 150% 이상 급증했다.

상장 첫날 주가가 하락한 것은 증권감독 당국의 조사로 인한 규제 리스크 때문인 것으로 풀이된다. 2021년 초 게임스톱 주식을 두고 개미들과 공매도 세력이 힘싸움을 벌일 때 로빈후드는 개인투자자들의 매수를 제한해 사실상 헤지펀드를 도와줬다는 의혹을 받았다.

이와 관련해 샌프란시스코 연방지검과 증권거래위원회(SEC)는 로빈후드를 포함한 증권사에 자료 제출을 요구했다. 지난 6월 미 금융산업규제국(FINRA)은 빈번한 서비스 중단 사태와 고객에 대한 잘못된 정보 제공 등을 이유로 로빈후드에 5700만달러의 벌금과 1260억달러의 배상금 지급을 명령했다.

로빈후드의 이례적인 공모 방식이 주가 하락에 영향을 미쳤다는 분석도 있다. '금융 민주화'를 강조해온 로빈후드는 이번 IPO 과정에서 최대 35%에 달하는 공모주 물량을 로빈후드 앱 사용자에게 할당해 화제를 모았다.

일반적으로 미국에서는 물량의 대부분을 기관 투자자들이 가져간다. 개인 투자자들의 몫은 1~2%에 불과하다. 개인 투자자들이 이익을 실현하기 위해 상장과 동시에 주식을 매도할 우려가 높다고 보기 때문이다. 뉴욕타임스는 "로빈후드가 자사 앱을 통해 물량의 거의 3분의 1을 개인들에게 할당하기로 결정해 IPO의 예측불가능성이 확대됐다"고 평가했다.

˙밈 주식 (meme stock)
밈 주식이란 온라인상에서 입소문을 타 개인투자자 눈길을 끄는 주식을 뜻하는 신조어다. 밈이란 인터넷 커뮤니티, SNS에서 퍼지는 글·이미지·동영상 등 콘텐츠를 뜻한다. 코로나19로 개인투자 열풍이 불면서 신세대의 '밈 문화'가 금융 투자에게까지 영향력을 미치고 있다. 미국에서는 게임 유통주 '게임스톱'과 가상화폐 '도지코인'이 온라인상에서 '밈'화 되면서 높은 인기를 끌자 미국 언론은 도지코인과 게임스톱에 대해 '밈 주식'이라는 별칭을 붙였다.

김범수 카카오 의장, 이재용 제치고 한국 최고 부자 등극

지난 7월 29일(현지시간) 블룸버그 통신의 보도에

▲ 김범수 카카오 이사회 의장 (자료 : 카카오)

따르면 카카오 창업자인 김범수 의장이 이재용 삼성전자 부회장을 제치고 한국 최고 부자에 등극했다.

블룸버그 억만장자지수에 따르면 **김 의장의 순자산은 134억달러**(약 15조4000억원)로, 12억달러(13조9000억원)를 가진 **이 부회장을 제치고 국내 1위를 차지했다.**

어린 시절 여덟 가족이 단칸방에 살았을 정도로 이른바 '흙수저'였다고 알려진 김 의장은 자수성가한 기업인이다. 블룸버그 역시 김 의장이 이 부회장 등 수십 년간 한국 경제를 지배해온 재벌 총수들을 제치고 1위를 차지했다는 점에 주목했다.

서울대 산업공학과를 졸업하고 온라인 게임 웹사이트 '한게임'을 창업했던 김 의장은 지난 2006년 카카오의 전신인 '아이위랩'을 세우고 4년 뒤 카카오톡 메신저를 출시해 말 그대로 대박을 쳤다.

그 후 카카오는 모바일 메신저를 넘어 결제, 금융, 게임, 차량호출 등으로 사업영역을 넓히는 등 주가를 크게 끌어올렸다. 특히 지난해부터 발발한 코로나19 사태를 계기로 비대면 서비스 수요가 폭발적으로 증가하며 주가가 크게 올랐다.

김 의장은 주가 고공행진에 힘입어 올해 들어서만 재산을 60억달러(약 6조9000억원) 이상 축적한 것으로 집계됐다. 카카오 주가는 올해에만 91% 급등했다. 올해 들어 김 의장의 재산이 더 크게 불어난 것은 카카오 자회사들의 잇단 기업공개(IPO)에 대한 투자자들의 기대감 덕분이라고 블룸버그는 분석했다.

한편, 최근 김 의장은 **마이크로소프트**(MS) **창업자인 빌 게이츠 부부와 워런 버핏 버크셔해서웨이 회장이 시작한 자발적 기부 운동인 '더 기빙 플레지'에 참여해 재산의 절반 이상을 기부하기로 공식 서약한** 바 있다. 전 세계 대부호들의 재산 사회환원 약속인 더 기빙 플레지에 참가하기 위해서는 자산이 10억달러 이상이고 재산 절반 이상의 사회 기부를 서약해야 한다.

세계 최고 부자는 누구?

블룸버그 억만장자지수(2021년 8월 2일 기준)에 따르면 세계 최고 부자는 아마존 창립자인 제프 베이조스(미국)다. 2위는 일론 머스크(미국), 3위는 베르나르 아르노(프랑스), 4위는 빌 게이츠(미국), 5위는 마크 저커버그(미국)다.

세계 부자 순위는 미국의 경제 전문지 '포브스'가 매년 발표하는 세계 개인 자산 순위와 미국의 경제 뉴스지 '블룸버그'에서 제공하는 억만장자지수를 통해 확인할 수 있다. 다만, 현재 금융 시스템에서 한 개인의 자산을 구체적이고 완벽하게 파악할 수는 없기 때문에, 세계 최고 부자 순위는 각각의 매체에서 지정한 기준에 따라 추산한 것일 뿐이다.

가령, 포브스와 블룸버그는 몇몇 국가의 왕족, 귀족, 독재자, 범죄자 등의 비공식 재산을 집계하지 않고 있다. 특히 독재자처럼 국고와 사유재산의 경계가 모호한 경우에는 추산이 어렵다. 상장된 기업의 오너인 경우 일정 수준 이상의 주식을 보유하고 있으면 공시할 의무가 있어, 이들의 주식 보유량에 따른 주식 재산을 비교적 정확하게 추산할 수 있는 것이다.

┃ 취업자 중 자영업자 비중 역대 최저

우리나라 전체 취업자 중 자영업자가 차지하는 비중이 역대 최저 수준으로 떨어진 것으로 나타났다. 코로나19 4차 대유행으로 음식점·숙박업소 등 대면 서비스 업종의 고용 여건이 악화한 결과다.

8월 5일 통계청 고용동향에 따르면 지난 6월 자영업자는 558만 명으로 전체 취업자 2763만7000명 가운데 20.2%로 나타났다. 이는 관련 통계를 집계하기 시작한 1982년 7월 이하 가장 낮은 수준이다.

자영업 비중은 올 상반기 전체적인 고용 회복세에도 불구하고 정체됐다. **전체 취업자는 코로나19 사태로 3월부터 줄곧 감소세를 나타내다가 지난 3월 증가세로 돌아섰다.** 그러나 자영업자는 작년 3월부터 올해 5월까지 15개월 연속 감소세를 보이다가 올해 6월에서야 증가세로 전환했다. 전체 취업자는 2.2% 증가한 반면 자영업자는 0.5% 늘어나는 데 그쳤다.

지난 6월 기준 자영업자 가운데 고용원이 있는 자영업자는 128만 명(전체 취업자의 4.6%), 고용원이 없는 자영업자는 430만 명(15.6%)으로 나타났다. 특히 고용원이 있는 자영업자 수는 8만3000명 줄

어 31개월 연속 감소세가 지속됐다. 이들의 감소폭이 큰 것이 취업자 중 자영업자 비중을 낮추는 데 주로 작용했다.

자영업자 "방역 기준 형평성 어긋나" 반발

한편, 정부가 수도권 4단계·비수도권 3단계 거리두기를 8월 9일부터 22일 자정까지 2주 더 연장한 가운데 종교시설 등 일부 다중이용시설은 방역 조치가 완화되면서 자영업자들은 방역 기준의 형평성에 어긋난다며 반발했다.

8월 4일 전국자영업자비상대책위원회는 "확진자 수에 따른 자영업 규제 일변도의 방역 방식에서 치명률 기반 방역수칙 전환과 업종별 확진자 수 발생 비율 분석을 통한 방역수칙 재정립을 요구한다"고 강조했다.

독감 수준으로 떨어진 코로나19 치명률

지난 7월 20일 중앙방역대책본부 발표에 따르면 코로나19 월별 치명률은 작년 12월 2.70%에서 독감(인플루엔자)과 유사한 0.24%로 반년여 만에 크게 떨어졌다. 중증화율도 4월 이후 감소해 2%대를 유지하고 있다. 방역 당국은 치명률이 높은 고령자 등을 위주로 코로나19 백신 접종이 이뤄지며 치명률이 줄었다고 보고 있다. 이같은 사례와 마찬가지로 영국, 미국 등 백신 접종을 적극적으로 진행한 국가들도 코로나19 변이 바이러스로 확진자가 급증했지만 사망자는 적게 나오고 있다.

이처럼 치명률이 낮아지면서 방역을 풀고 일상으로 복귀해야 한다는 주장도 나온다. 독감처럼 코로나19도 공존하는 체제로 방역 정책을 전환함으로써 궤멸 상태에 빠진 자영업자와 서비스 업종, 공연예술계 등을 되살려야 한다는 것이다. 그러나 변이 바이러스의 전파력이 강하고 20대에서 사망자가 나오는 등 아직 긴장을 풀기 이르다는 의견도 있다. 일상으로의 빠른 복귀를 위해서는 철저한 방역과 빠른 백신 접종 속도, 치료제 개발 등이 모두 필요하다.

신세계그룹, 스타벅스코리아 최대 주주 올라

이마트는 스타벅스커피코리아 지분 17.5%를 미국 스타벅스 본사로부터 추가 인수한다고 7월 27일 공시했다. 인수금액은 4742억원이다. 이번 인수로 이마트는 기존 지분 50%를 포함해 모두 67.5%를 보유하게 됐다. 나머지 지분 32.5%는 싱가포르 *국부펀드*인 싱가포르 투자청(GIC)이 인수한다.

한국법인 최대 주주에 오르며 신세계는 스타벅스 국내 판매 권한을 사실상 독점하게 된다. 신세계그룹은 "향후 한국 시장에서 새로운 성장을 위한 다양한 논의 끝에 추가 지분 인수를 결정했다"라면서 "지분 인수 후에도 한국 스타벅스 운영은 기존대로 유지될 것"이라고 설명했다.

이마트가 스타벅스커피코리아의 독자 운영에 나서면서 추후 계열사와의 협력 강도를 더욱 높일 것으로 보인다. 또 지분율은 67.5%까지 늘리면서 스타벅스커피코리아의 배당도 더 많이 받을 수 있게 될 전망이다.

스타벅스커피코리아는 신세계그룹의 이마트와 스타벅스 미국 본사인 스타벅스커피 인터내셔널이 50% 씩 합작해 설립한 회사다. 스타벅스는 1999년 7월 이화여대 앞에 매장을 열면서 한국에 진출했으며 지난해 12월 기준 국내에 1500개 매장을 두고 있다. 스타벅스커피코리아는 지난해 1조9284억원의 매출을 올리며 국내 진출 이후 최대 실적을 기록했다.

한편, 신세계그룹은 연초 SK텔레콤으로부터 프로야구단 SK와이번스를 1000억원에 인수해 SSG랜더스로 탈바꿈한 데 이어 온라인 패션 플랫폼인 W컨셉, 상반기 인수·합병(M&A) 시장 최대어로 꼽힌 이베이코리아 등을 잇달아 품었다. 스타벅스코리아까지 더하면 올해 들어서 M&A에 약 4조원을 투자했다.

˚국부펀드 (SWF, Sovereign Wealth Fund)

국부펀드는 정부가 외환보유고와 같은 자산을 가지고 주식, 채권 등에 출자하는 투자펀드다. 정부가 소유하고 직접 운영하는 투자기관인 셈이다. 국부펀드는 자금의 원천에 따라 ▲상품에 기초한 국부펀드와 ▲비상품에 기초한 국부펀드로 나뉜다. 전자의 대표적 예는 아랍에미리트(UAE)의 아부다비 펀드로서, 원유로 벌어들인 오일머니가 자금의 원천이다. 후자의 대표적 예로는 싱가포르의 테마섹홀딩스와 싱가포르 정부투자공사가 운영하는 펀드가 있다. 우리나라의 국부펀드는 2005년 설립된 한국투자공사(KIC, Korea Investment Corporation)이다.

승자의 저주 (winner's curse)

승자의 저주란 경쟁에서는 이겼지만 승리를 위해 과도한 비용을 지출함으로써 도리어 위험에 빠지는 상황을 뜻하는 말이다. 승자의 저주는 1950년대 미국 텍사스주의 해양 석유채굴권 경매에서 과도하게 달아오른 경매 분위기로 인해 낙찰가가 실제 가치보다 과도하게 결정된 사례에서 유래했다.

◐ **기출tip** 2019년 경인일보 필기시험에서 승자의 저주를 묻는 문제가 출제됐다.

삼성전자, 세계 반도체 1위 업체 재탈환

삼성전자가 인텔을 제치고 세계 1위 반도체 회사로 도약했다. 2017년부터 2018년까지 반도체 슈퍼 사이클 이후 1위 자리 재탈환에 처음 성공한 것이다. 메모리 반도체 호황으로 당분간 삼성전자 위상이 견고할 것이란 전망에도 우려의 목소리는 작지 않다. 반도체 위탁생산(파운드리) 중심으로 인텔이 투자 속도전에 나서면서 언제든지 순위가 뒤바뀔 수 있기 때문이다. 세계 최고의 종합반도체 기업 자리를 차지하려는 삼성과 인텔 간 정면 대결의 승패는 결국 투자에 달린 것으로 분석됐다.

8월 2일 업계에 따르면 삼성전자는 지난 2분기 매출과 영업이익에서 모두 인텔을 제치고 전 세계 반도체 시장 1위를 차지했다. 삼성전자 반도체 부문 매출은 22조7400억원, 영업이익은 6조9300억원을 각각 기록했다. 같은 기간 인텔의 매출은 22조5400억원(196억달러), 영업이익은 6조3000억원(55억4600만달러)이었다. 이로써 삼성전자는 2018년 4분기 이후 10분기 만에 인텔에 내준 반도체 왕좌를 재탈환했다.

삼성전자 반도체 사업은 코로나19 팬데믹에 따른 비대면 수요 확대로 서버와 PC 중심의 메모리 수요가 폭발하면서 호실적을 달성했다. 메모리 출하량은 업계 추정치를 상회했고, D램과 낸드 가격

또한 높아 매출 및 영업이익 증대에 크게 기여했다. 특히 첨단 공정 비중을 확대해서 원가 절감에 성공한 것도 실적 개선에 긍정적 영향을 미쳤다.

글로벌 반도체 시장에서 삼성전자의 위상은 당분간 유지될 것으로 전망된다. 삼성전자는 반도체 생산 능력 면에서 인텔보다 우위를 점하고 있다. 또 메모리 시장 성장세가 인텔 주력인 중앙처리장치(CPU)보다 앞설 것이란 단기 전망도 삼성전자에는 호재로 작용한다. 시장조사업체 가트너에 따르면 올해 세계 메모리 판매량은 33% 증가가 전망되지만 CPU는 4% 성장에 그칠 것으로 보인다.

그러나 장기적 관점에서 삼성전자의 반도체 왕좌 지키기는 쉽지 않다. 인텔이 대규모 투자를 전개하면서 생산 능력에서 삼성전자를 맹추격하고 있기 때문이다. 인텔은 지난 3월 파운드리 시장 재진입을 선언한 뒤 공격적인 투자 행보를 보이고 있다. 인텔의 투자 규모는 수백억달러 수준으로, 이미 상당 부분 집행된 것으로 알려졌다. 퀄컴과 아마존이라는 대형 고객사도 확보했다.

업계에서는 인텔의 대규모 투자가 이르면 오는 2023년부터 빛을 발할 것으로 보고 있다. 인텔 파운드리가 본격 가동되는 시점이다. 2024년에는 퀄컴 칩 생산도 예정돼 있다.

반면에 삼성전자는 투자를 머뭇거리고 있다. 미국에 대규모 투자를 하겠다고 밝혔지만 계획 구체화와 실행으로 옮기는 데에는 시간이 걸릴 것으로 보인다. 투자 자금 부족보다는 리더십 공백 탓이란 것이 중론이다. 투자를 위한 신속한 의사 결정에 제약이 있다는 의미다. 삼성전자는 지난 1분기 말 기준 200조원이 넘는 현금을 보유하고 있다.

결국 세계 반도체 시장 왕좌 쟁탈전의 핵심 키워드는 '투자'가 될 것으로 분석된다. 월스트리트저널(WSJ)은 어느 회사가 더 많은 투자를 하느냐가 향후 1위 자리를 판가름할 것으로 분석하고 삼성전자와 인텔이 투자를 놓고 '마지막 대결'(쇼다운)을 펼칠 것이라고 전했다.

주요 반도체 기업 매출 순위 (2021년 2분기 기준)

순위	기업(국적)	매출(단위 : 억달러)
1	삼성전자(한국)	197
2	인텔(미국)	196
3	TSMC(대만)	133
4	SK하이닉스(한국)	89.5
5	마이크론(미국)	74.2

▌식품물가 줄인상...애그플레이션 오나

장바구니 물가가 치솟고 있다. 연초부터 각종 음료수 가격을 비롯해 식탁 물가에 직접 영향을 줄 수 있는 두부, 즉석밥, 통조림 등 가공식품의 가격이 큰 폭의 상승세를 보이고 있어 °**애그플레이션** 우려가 확산하고 있다.

8월 3일 통계청에 따르면 지난 6월 소비자물가지수는 107.39(2015년=100)로 전년 동월 대비 2.4% 상승했다. 물가 상승률은 올 1월 0.6%에서 2월 1.1%, 3월 1.5%로 올랐다. 4월 2.3%, 5월 2.6%에 이어 3개월 연속 2%대 상승률을 기록했다. 상반기(1~6월) 기준 소비자물가지수는 1.8% 상승했다. 2분기(4~6월) 소비자물가지수는 전년 동기 대비 2.5% 올랐다. 2012년 1분기 3% 상승한 후 9년 4개월 만에 가장 높은 상승률이다.

품목별로 살펴보면 쌀값은 작년보다 무려 20%가량 올랐다. 쌀을 주식으로 삼는 우리나라의 경우 쌀값이 오르면 한 끼를 해결하는 데 드는 비용이 늘어날 수밖에 없어 서민 경제에 직격탄이 될 수 있다.

한국농수산식품유통공사(aT) 농산물유통정보에 따르면 8월 1일 기준 쌀 20kg의 소매가격은 6만 1711원으로 1년 전 5만2008원 대비 18.9% 올랐다. 도매가격은 5만9260원으로 1년 전 4만 8956원 대비 21.04% 가격이 인상됐다.

대체식품으로 분류되는 밀가루도 사정은 마찬가지다. 대한제분, CJ제일제당, 삼양사 등 주요 밀가루 제조사들이 가격 인상을 추진하자 오뚜기가 라면 주요 제품 가격을 평균 11.9% 인상했고 농심도 라면 가격을 인상키로 했다. 농심은 8월 16일부터 신라면 등 주요 라면의 출고가격을 평균 6.8% 인상한다고 7월 29일 밝혔다. 농심이 라면 가격을 인상하는 것은 2016년 12월 이후 4년 8개월 만이다.

대두유 가격이 지속적으로 상승세를 보이고 있는 것도 문제다. 올해 초 기준으로 대두는 지난해 저점 대비 70% 이상 상승했다. 밀가루와 대두유 가격이 지속적으로 치솟을 경우 이를 사용해 만드는 제품군 가격이 줄인상 될 수 있다.

과자가 대표적이다. 해태제과는 8월 1일부터 홈런볼, 맛동산 등 주요 5개 제품군 가격을 평균 10.8% 인상키로 했다. 각종 원부자재 가격 급상승에 따른 경영 악화를 막기 위해서다. 롯데제과, 농심, 오리온 등 국내 대표 제과업계는 제품 가격 인상 카드를 두고 고심하고 있는 것으로 확인됐다. 일부 업체는 원부자재 가격 급등에 따른 제품가 인상에 대한 고민이 큰 상황이라고 전하기도 했다.

돼지고기 값도 올해 들어 고공행진을 보이고 있다. 2020년 기준 국내 지육가는 1kg당 4506원 수준을 형성했지만 7월 30일 기준으로 1kg당 4891원을 기록했다. 돼지고기 값 폭등은 2018년 **아프리카돼지열병**(ASF) **발병 이후 중국이 물량을 비축에 나선 데다가** 지난해 코로나19 여파로 사료 가격이 지속적인 상승한 것이 주원인으로 꼽힌다.

돼지고기를 주 원재료로 만드는 통조림햄과 소시지 등 육가공 제품의 원가 압박이 심화되자 이를 생산하는 CJ제일제당은 지난 7월 육가공 제품 20여 종에 대한 가격을 올렸다. 가격이 오른 제품은 스팸, 비엔나, 베이컨 등이다.

낙농가의 원유(原乳) 가격 인상에 따라 유업계의 제품 가격 인상도 초읽기에 들어갔다. 우유 제품 가격이 현실화될 경우 치즈와 아이스크림, 빵 등 우유를 사용하는 주요 제품군 가격 인상으로 이어질 수 있다. **우유 제품 가격이 오르면 우유 제품을 사용하는 프랜차이즈 커피 업계의 제품 가격 인상이 불가피하다.**

폭염으로 인한 가격 인상도 본격화됐다. 육계 가격은 7월 30일 기준으로 1kg당 5991원으로 1년 전 4905원 대비 22.14% 가격이 올랐다. 무더위로 인해 폐사된 닭의 수가 늘어나 가격을 올린 것으로 분석된다.

채소와 과일도 폭염 탓에 공급이 수요를 따라가지 못하면서 가격이 치솟고 있다. 상추는 100g당 1572원으로 전년 대비 13.4% 올랐고 시금치는 1kg 1만9459원으로 90.8% 가격이 상승했다. 미나리는 100g당 588원으로 31.7% 가격이 올랐다.

여름철 제철 과일인 수박 1통의 가격은 2만3909원으로 전년 대비 32.1%, 참외 10개는 1만6346원으로 21.2% 올랐다.

● 애그플레이션 (agflation)

애그플레이션은 농업(agriculture)과 인플레이션(inflation)의 합성어로 농산물 가격이 오르면 일반 물가도 오르는 현상을 말한다. 곡물 가격이 상승하면 곡물 사료를 먹는 가축 사육비에 영향을 주기 때문에 육류는 물론 우유나 버터 등 각종 유제품과 빵, 과잣값까지 높아지면서 애그플레이션으로 이어지게 되는 것이다.

애그플레이션의 원인은 다양하다. 급속한 도시화와 지구온난화 등 기상이변으로 세계의 경작 면적이 줄어들며 식량 생산량이 감소하고 있다. 중국을 비롯한 개도국의 경제성장으로 육식 습관이 증가하면서 가축 사료와 곡물의 수요가 증가하는 것도 농산물 가격이 오르는 원인이다.

짜장·비빔라면 2개씩 먹으면 안 되는 이유

시중에서 팔리는 짜장라면과 비빔라면의 평균 나트륨 함유량이 1일 기준치의 60%가량에 이르는 것으로 나타났다. 또한 포화지방은 많은 반면 단백질은 부족해 한 끼 식사로 충분하지 않다는 지적이다. 한국소비자원은 소비자 선호도가 높은 짜장·비빔라면 15개 제품을 대상으로 시험·평가한 결과 이같이 분석됐다고 8월 3일 밝혔다.

짜장라면 평가 대상은 ▲농심 올리브짜파게티 ▲팔도 일품삼선짜장 ▲오뚜기 진짜장 ▲삼양식품 짜짜로니 ▲GS25 뉴(NEW) 공화춘자장면 ▲홈플러스 국민짜장 ▲롯데쇼핑 불맛짜장라면 ▲노브랜드 짜장라면 등이다. 비빔면 평가 대상은 ▲오뚜기 진비빔면 ▲농심 찰비빔면 ▲팔도 팔도비빔면 ▲농심 볶음너구리, 볶음면 평가 대상은 ▲삼양식품 불닭볶음면 ▲오뚜기 크림진짬뽕 ▲팔도 팔도틈새라면볶음면 등이다.

시험 결과 1일 영양성분 기준치 대비 나트륨은 평균 61%(1227mg)에서 최대 82%(1647mg)까지, 포화지방은 평균 53%(8g)에서 최대 73%(11g)까지 섭취할 수 있는 것으로 나타났다. 나트륨 함량과 포화지방 함량 모두 오뚜기 '진비빔면'이 가장 높았다. 세계보건기구(WHO)는 하루 나트륨 섭취량을 2000mg 이하로 줄이도록 권장하고 있다. 포화지방의 권장 섭취량은 15g 이하다. 한 번에 두 개를 먹을 경우 포화지방과 나트륨은 1일 기준치 대비 평균 107%(16g), 123%(2454mg)까지 섭취하는 셈이다.

▌7월 수출액 554억달러 돌파...역대 최대

7월 우리나라 수출액이 554억달러를 돌파하며 국내 무역통계 집계가 시작된 이래 65년 만에 월별 사상 최대 수출액 기록을 새롭게 썼다. 반도체·자동차 등 15대 주요 수출 품목과 9대 주요 지역 수출 모두 뚜렷한 상승세를 이어갔다.

산업통상자원부는 8월 1일 한국의 7월 수출액이 전년 동월 대비 29.6% 증가한 554억4000만달러로 집계됐다고 밝혔다. 이는 무역통계가 집계되기 시작한 1956년 이래 65년 만에 최대 수치로, 종전 최고치인 2017년 9월의 551억2000만달러를 넘어선 것이다.

9개월 연속 증가세를 이어간 7월 수출은 10년 만에 4개월 연속 20% 이상 성장세를 기록하기도 했다. 1~7월 누계기준 수출액은 전년 동기 대비 26.6% 증가한 3587억달러로, 이 역시 역대 1위다.

반도체, 석유화학, 자동차 등 15대 품목의 수출 증가세도 가팔랐다. 두 달 연속으로 15대 품목 모두 전년 동월 대비 플러스 성장을 했으며 이 중 13개는 두 자릿수 증가세를 보였다. 이 가운데 반도체, 석유화학, 컴퓨터, 바이오헬스, 2차전지, 농수산, 화장품 등은 7월 역대 수출액 1위를 기록했다. 반도체의 수출액은 110억달러로 전년 동월 대비 39.6% 늘었고, 석유화학은 47억2000만달러로 전년대비 무려 59.5%나 증가했다.

4개월 연속 9대 주요 지역 수출도 모두 증가세를 보였고 특히 4대 시장 중 미국, 유럽, 아세안은 역대 7월 1위 기록을 썼다. 중국은 역대 2위다. 하반기 수출 상승세는 계속 이어질 것으로 보인다. ▲세계 경제 및 교역의 뚜렷한 회복세 ▲수출 단가 상승세 지속 ▲주요 기관들의 긍정적 전망 ▲기업들의 체감 수출경기 개선 기대 등이 주요 근거다.

한편, 7월 수입액은 536억7000만달러로 전년 동월 대비 38.2% 증가했다. 이로써 7월 무역수지는

17억6000만달러 흑자를 기록해 15개월 연속 흑자세를 이어갔다.

2020년 한국의 10대 수출 품목 (자료 : 통계청)

순위	품목명	금액(단위 : 백만달러)
1	반도체	99,177
2	석유제품	43,036
3	자동차	40,691
4	평판디스플레이및센서	22,535
5	자동차부품	20,657
6	합성수지	20,251
7	선박해양구조물및부품	20,159
8	철강판	18,606
9	무선통신기기	14,082
10	컴퓨터	10,292

경총 "최저임금 9160원, 中企·소상공인 감당 불가"

KEF 한국경영자총협회 KOREA ENTERPRISES FEDERATION

정부가 2022년도 최저임금 수준을 시급 9160원으로 확정한 것에 대해 경영계가 "절박한 현장 호소를 외면한 처사"라며 강하게 비판했다. **한국경영자총협회**는 8월 4일 입장문을 통해 "코로나19 재확산으로 중소·영세기업과 소상공인의 어려움이 극에 달해 있는 현 상황에서, 그 어느 때보다 절박했던 현장의 호소를 외면한 금번 고용노동부의 결정에 경영계는 강한 유감을 표명한다"고 밝혔다.

이어 "최저임금안에 대한 이의제기는 최저임금법

이 보장하는 명확한 권리"라며 "정부는 이에 대해 충분한 검토와 합당한 조치를 해야 할 의무가 있다"며 "현 이의제기 제도는 실효성은 없이 단지 항의 의사를 표출하는 형식적인 절차에 그치고 있다"며 "2021년 역시 기존 관성에서 벗어나지 못했다"고 지적했다.

경총은 "5.1%의 최저임금 인상은 이미 한계 상황에 놓인 중소·영세기업과 소상공인이 도저히 감당하기 어려운 수준"이라며 "인건비 부담 증가로 인해 초래될 취약계층 일자리 감소와 물가 상승 등 국민경제에 미칠 막대한 부정적 파급효과도 피할 수 없을 것"이라고 강조했다.

그러면서 "정부는 금번 최저임금 인상으로 인한 경제·사회적 부작용을 조금이라도 줄일 수 있는 방안을 시급히 마련해야 한다"며 "또한 노사 간 소모적 논쟁을 부추기는 현재의 최저임금 결정체계를 정부가 책임지고 직접 결정하는 방식으로 개편하는 등 최저임금의 합리적 운용과 수용성 제고를 위한 적극적인 제도개선이 추진되어야 할 것"이라고 덧붙였다.

한국경영자총협회 (韓國經營者總協會)

한국경영자총협회(경총)는 국내 종합경제단체로서 1970년 7월 15일 자유시장경제에 기반한 경제사회정책 구현과 기업경쟁력 제고 및 노사 간 협력체제 확립을 통해 국민경제의 건전한 발전에 기여함을 목적으로 설립되었다.

최근 경총은 전통적인 노사관계 외에 경제정책, 경영제도, 산업정책, 규제혁신 등 경제 관련 현안까지 업무영역을 담당하고 있다. 이에 따라 영문명도 'KOREA EMPLOYERS FEDERATION'에서 'KOREA ENTERPRISES FEDERATION'으로 변경했다. 현재 손경식 CJ 대표이사 회장이 경총 회장을 맡고 있다.

'20% 아끼려다 수십만원 피해'...
머지포인트 환불 사태

대형마트, 편의점, 커피전문점 등 200여 개 제휴 브랜드에서 '무제한 20% 할인'을 내세운 모바일 결제 플랫폼인 머지포인트가 8월 11일 상품권 판매를 기습적으로 중단하고 사용처도 10분의 1로 줄이면서 소비자들의 '환불 대란'이 발생했다.

허가도 받지 않고 선불전자상품권을 팔았다는 금융감독원의 지적을 받은 뒤 머지포인트 운영사인 머지플러스는 이날 머지포인트를 쓸 수 있는 가맹점을 '음식점'으로 한정하고 이용률이 높았던 편의점과 대형마트 등의 결제를 일방적으로 중단했다. 또한 미사용분 머지머니의 90%만 환불해준다고 통보했다.

머지포인트는 높은 할인율 때문에 20·30대를 중심으로 100만 명이 이용할 정도로 인기 있는 플랫폼이었다. 그러던 중 머지플러스가 머지머니 사용처를 일부 지역 영세업체로 축소했고 8월 12일에는 그나마 남아 있었던 프랜차이즈 음식점까지 모두 가맹을 해지하면서 머지머니는 사실상 휴지조각이 되었다.

한 푼이라도 아끼려고 머지포인트를 미리 구매하였다가 미처 사용하지 못한 이용자들은 수십~수백만원 피해가 불가피해졌다. 머지포인트를 받고 물건이나 음식을 판 자영업자들도 대금 정산을 받을 수 있을지 우려했다.

8월 13일 서울 영등포구 양평동에 있는 머지포인트 본사에는 환불을 요구하는 소비자들로 아수라장이 됐다. 일부 피해자들은 뚜렷한 수익구조가 보이지 않는 머지포인트가 **신규 고객의 돈으로 돌려막기를 하는 폰지사기 방식으로 운영된 것 아니냐**는 의혹까지 제기했다.

피해자들은 금융 당국의 적극적인 대처를 요구하고 있다. 현행 전자금융거래법은 2개 이상 업종에서 사용할 수 있는 전자상품권을 발행하려면 금융위원회에 전자금융사업자로 등록하게 돼 있는데, 머지플러스는 미등록 상태에서 영업을 해왔다. 금융 당국이 이를 몇 년 동안 묵인한 것은 관리 태만이라는 지적이 나온다.

한편, 머지플러스 측은 법적인 절차 문제를 해소해 정식으로 전자금융업 등록을 마치고 올해 4분기까지 정상 영업을 재개할 것이라고 밝혔다. 일부에서 제기하는 폰지사기 의혹은 사실이 아니며 KB국민카드와 협업해 진행 중인 *PLCC 발급 사업이 진행되면 부가 수입을 올릴 수 있다고 해명했다.

---

*PLCC (Private Label Credit Card)

PLCC(사업자 표시 신용카드)는 특정 기업에 특화된 혜택을 제공하는 신용카드다. 신용카드사와 유통 업체의 협업을 통해, 실제 혜택을 쓸 수 있는 유통 업체의 자체 브랜드를 사용하는 카드이다. 유통 업체가 카드 상품을 기획하고 전반적인 마케팅 활동을 전담하면 카드사가 카드 발급과 결제 시스템을 담당하는 방식으로 협업이 이뤄진다. 대표적인 사례로 이베이코리아와 현대카드가 협업해 2018년 선보여 발급자 110만 명을 돌파한 '스마일카드'를 들 수 있다. 신한카드는 메리어트, 이케아, 아모레퍼시픽, LX하우시스, SK렌터카, GS리테일까지 총 7종의 PLCC를 선보였고 삼성카드는 카카오페이와 협력한 PLCC를 출시했다.

최대 5배 손해배상 청구
'언론중재법 개정안' 논란

여당 언론중재법 단독처리 여부 주목

언론사의 고의·중과실에 따른 허위·조작 보도에 최대 5배까지 손해배상을 청구할 수 있도록 한 언론중재법 개정안을 두고 논란이 거세다. 8월 17일부터 8월 임시 국회가 시작되는 가운데 여당은 언론중재법 개정안 처리를 시도할 방침이지만, 보수·진보를 막론하고 야당은 언론 탄압 시도라며 반대하고 있다.

더불어민주당은 지난 7월 27일 국회 법안심사소위, 8월 18일 안건조정위에 이어 19일 문화체육관광위 전체회의까지 모두 국민의힘 의원들의 반대·불참 속에 언론사에 '징벌적 손해배상'을 적용하는 언론중재법 개정안을 기립 표결로 통과시켰다. 언론중재안은 '악의적 가짜뉴스'로 인한 피해자를 보호한다는 취지이나, 언론계와 야권에선 판정 기준 등이 모호하다는 점에서 언론의 권력 견제 기능을 막는 **"언론에 재갈을 물리는 법안"**이라며 비판하고 있다.

● 세계신문협회 (WAN–IFRA)

세계신문협회는 60여 개국 1만 5000여 개 신문 발행인·편집인들로 구성된 언론사 경영자들의 국제언론단체다. 1948년 국제신문발행인협회(FIEJ)로 발족한 이후 1996년 5월 총회에서 현재의 세계신문협회로 개칭하였다. 세계 언론자유 창달과 회원 간 교류 증진을 목적으로 국제 언론 상황 감시, 제3세계 언론인 보호, 언론사 간 상호협력, 아프리카 국가들의 인권 침해 및 언론 검열 금지 등의 활동을 하고 있다. 특히 제3세계 언론인 보호를 위해 매년 핍박받는 언론인에게 '황금펜상'을 수여한다.

여당이 주도하고 있는 언론중재법 개정안은 언론 보도의 허위·조작 정의와 범위가 불명확하고, 잘못된 기사에 대해서는 현재도 명예훼손죄와 민사소송으로도 동일한 처벌이 가능한 상황이어서 과잉법률이라는 비난이 나오고 있다.

세계신문협회 "언론중재법 개악 즉각 중단하라"

언론중재법 개정안 추진과 관련해 *세계신문협회도 철회를 촉구했다. 지난 7월 12일 한국신문협회는 세계신문협회가 '전 세계 언론은 *가짜뉴스 법률과 싸우고 있는 대한민국의 언론과 함께 나섰다'라는 제목의 공식 성명을 보내왔다고 밝혔다. 이번 성명은 한국신문협회가 앞서 세계신문협회에 언론중재법 개정에 관한 상황 보고를 한 데 따른 것이다.

세계신문협회의 성명서에는 "한국 정부와 여당 등 관계기관은 허위정보를 위해 성급히 마련된 언론중재법 개정안을 즉각 철회할 것을 촉구한다"며 "이 개정안은 비판 언론을 침묵시키고 대한민국의 민주주의 전통을 훼손시킬 우려가 있다"는 주장이 담겼다.

세계신문협회는 이어 "언론중재법 개정안이 담고 있는 이른바 가짜뉴스의 발행 의도를 규정하는 기준을 정하려는 시도에 대해 우려를 표명한다"며 "가짜뉴스를 결정하는 기준은 필연적으로 해석의 남용으로 이어져 보도의 자유에 위해를 끼칠 수 있다"고 경고했다.

뱅상 페레네 세계신문협회 최고경영자(CEO)는 "이러한 유형의 규제는 세계에서 가장 권위주의적인 정권에 의해 조장되어 왔으며 정치적·경제적 권력에 대한 비판을 잠재우는 데 사용되는 편리한 수단이었다. (이러한 규제는) 결과적으로 언론 자유를 침해한다"고 지적했다.

변협 "언론중재법 개정안은 민주주의 위협"

대한변호사협회(변협) 역시 언론중재법 개정안이 민주주의의 근본을 위협한다며 처리 보류를 요구했다. 변협은 8월 16일 '언론중재법 개정안 처리를 즉시 보류하라'라는 성명서를 냈다.

변협은 이 성명서를 통해 "공론화 과정과 충분한 논의 없이 여당이 일방적으로 통과시키려는 언론중재법 개정안의 몇몇 독소조항은 결과적으로 언론에 재갈을 물리고 국민의 눈과 귀를 멀게 한다. 종국에는 민주주의 근본을 위협하는 **교각살우**(矯角殺牛 : 잘못된 점을 고치려다가 그 방법이나 정도가 지나쳐 오히려 일을 그르침을 이르는 말)가 되지 않을까 우려된다"고 주장했다.

---

*가짜뉴스 (fake news)
가짜뉴스는 언론 보도의 형식을 띠고 마치 사실인 것처럼 유포되는 거짓 뉴스를 말한다. 독자들의 관심을 끌어 특정 세력이 정치·경제적 이득을 얻기 위한 의도로 퍼뜨리는 경우가 많다. 한편, 가짜뉴스나 악성 루머가 미디어, SNS 등을 통해 매우 빠르게 확산하는 현상을 '인포데믹스(Infodemics)'라고 한다.

▶ **기출tip** 2019년 연합뉴스에서 정보와 전염병의 합성어로, 인터넷 상에 가짜뉴스가 급속도로 퍼지는 현상을 뜻하는 용어(인포데믹스)를 묻는 문제가 출제됐다.

🖐 세 줄 요약

❶ 더불어민주당이 주도하고 있는 언론중재법 개정안을 두고 여야가 충돌하고 있다.

❷ 세계신문협회는 이 개정안이 언론 자유를 침해한다며 철회를 촉구했다.

❸ 대한변호사협회 역시 언론중재법 개정안이 민주주의의 근본을 위협한다며 처리 보류를 요구했다.

정부, '대국민 부동산 담화'..."집값 최고 수준 근접했거나 이미 넘어서"

7월 28일 정부는 홍남기 경제부총리 겸 기획재정부 장관 주재로 노형욱 국토교통부 장관, 은성수 금융위원장, 김창룡 경찰청장이 참석한 가운데 부동산 시장 점검 관계장관회의를 열고 대국민 부동산 담화문을 발표했다.

담화문은 부동산 시장이 예상보다 큰 폭의 조정을 받을 수 있다며 추격 매수에 신중해야 한다고 권고했다. 또, 주택 °사전청약 대상은 기존 공공주택만 아니라 공공택지의 민영주택과 공공주택 복합사업 등 2·4 대책에 따라 서울 도심에 공급되는 주택으로 확대하는 방안을 검토하며, 하반기 가계대출은 좀 더 엄격하게 관리한다는 내용이 담겼다.

홍 부총리는 질의에 답변하는 과정에서 "올해 하반기 조기 청약이 이뤄진다는 점, 전문가들의 고점 인식, 금리 인상과 유동성 관리 가능성 등 대내외적 환경 등을 판단해볼 때 주택가격은 일정 부분 조정의 여지가 있다"면서 "부동산 시장의 하향조정 내지 가격조정이 이뤄진다면 시장의 예측보다는 좀 더 큰 폭으로 나타날 수도 있겠다는 예상을 한다"고 말했다.

홍 부총리는 이어 "주택가격전망 CSI(소비자태도지수) 등 관련 심리지표를 보면 시장수급과 별개로 불확실성 등을 토대로 막연한 상승 기대심리가 형성된 모습"이라면서 "과도한 수익 기대심리를 제어하는 것이 매우 중요하다"고 지적했다.

'실거래가 띄우기' 등 부동산 시장 교란 행위를 지목하기도 했다. 그러면서 "기대심리와 투기수요, 불법 거래가 비중 있게 가격 상승을 견인하는 상황에서는 주택가격이 지속적으로 오를 수는 없다"고 말했다.

이어 "지금 아파트 실질가격과 주택구입 부담지수, 소득 대비 주택가격 비율 등 주택가격 수준·적정성을 측정하는 지표들이 최고 수준에 근접했거나 이미 넘어서고 있다"고 말했다. 그러면서 "지금은 불안감에 의한 추격매수보다 향후 시장과 유동성 상황, 객관적 지표, 다수 전문가 의견 등에 귀 기울이며 진중하게 결정해야 할 때"라고 당부했다.

공급 정책으로 주택 사전청약 확대

홍 부총리는 "기존의 주택공급계획을 차질없이 이행하고 나아가 공급 일정을 하루라도 더 앞당기도록 할 것"이라면서 "추가적인 택지 확보를 위한 다양한 방안도 적극 검토할 것"이라고 강조했다.

노형욱 국토교통부 장관은 **주택 사전청약 확대 방안을** 제시했다. 노 장관은 "사전청약을 통한 시장 안정 효과를 극대화하기 위해 한국토지주택공사(LH) 공공주택 분양에만 적용 중인 사전청약을 공공택지 민영주택, 2·4 대책 도심 공급 물량 등에도 확대 시행하는 방안을 적극 추진하겠다"고 말했다.

하반기 중 가계대출 관리 강화를 시사하는 대목이 나오기도 했다. 은성수 금융위원장은 "올해 상반기 가계대출 증가율이 연 환산을 하면 8~9% 정도 된다"며 "연간 5~6%가 되려면 하반기에는 결국 연 3~4%대로 관리가 돼야 한다"고 말했다. 은 위원장은 가계부채 증가율 목표를 달성하는 데 총력을 기울이고, 실수요와 무관한 부동산 관련 대출은 더 깐깐하게 점검·감독할 것이라고 밝혔다.

정부는 이와 함께 4대 부동산 시장 교란 행위(▲내부정보 불법활용 ▲가장매매 등 시세조작 ▲허위계약 등 불법중개 ▲불법전매 부정청약)를 연중 단속하겠다고 예고했다. 한편, 정치권 일각에서 거론되는 임대차 3법 개정 가능성과 관련해서는 제도의 안착을 위해 당분간 개정하지 않을 것임을 시사했다.

당정의 대책 부재 속에서 집값과 전셋값은 거침없는 상승세를 지속하고 있다. 홍 부총리의 대국민 담화 이후로도 부동산 불안이 해소될 기미는 전혀 보이지 않고 있다. 이러다가 결국 문재인 정부가 부동산 레임덕(권력 누수 현상)에 빠지고, 집값의 고삐를 잡지 못한 채 정부가 임기를 종료하는 것 아니냐는 우려가 커지고 있다.

사전청약 (事前請約)

사전청약이란 주택 본청약 1~2년 전에 일부 물량에 대해 먼저 청약을 진행하는 제도다. 무주택 실수요자들이 사전청약으로 먼저 당첨되면 청약 시장의 과열을 차단하고 주택 수요를 제어하는 효과가 있을 것이란 기대로 도입됐다. 사전청약 신청 자격은 주택세대 구성원, 해당 지역 거주요건 등 본청약과 같다. 사전청약 당첨자는 다른 분양주택의 사전청약 신청이 제한되나 다른 지역의 본청약은 신청할 수 있다.

▮ 폭염 전력수급 비상단계 발령 위기

올해 전력사용이 111년 만에 최악의 폭염을 기록했던 2018년보다 더 늘어날 것이라는 전망이 나왔다. 냉방수요 급증과 더불어 코로나19 이후 수출 호조에 따른 산업용 전력사용 증가 등이 겹친 데 따른 것이라는 분석이다.

한국전력은 7월 22일 올여름 전력수요 전망치를 내놓고 경기회복에 따른 산업생산 증가와 폭염으로 1~7월 누적 전력사용량은 2020년보다 3.8% 늘어난 30만5416GWh를 기록하겠다고 전망했다.

한전은 2021년 전력수요 피크시기(8월 2주차)의 전력공급 능력을 9만9174MW로 예상했다. 이는 2020년 대비 1223MW 증가한 것이지만 폭염에 따른 냉방수요 증가와 경기회복 영향 등으로 전력예비율이 낮아지리라 예상했다.

냉방수요는 역대 최악의 폭염이었던 2018년보다 최저 338MW에서 최대 3838MW 증가할 것으로 내다봤다. 경기회복에 따른 반도체, 자동차, 기계장비 등 전력다소비 업종의 수출실적 호조영향으로 주요 산업의 전력사용량도 2020년보다 약 9.9% 늘 것이라는 분석이다. 업종별로는 1~7월 누적기준으로 자동차가 2020년보다 15.9% 늘어난 1만719GWh를 기록하고 반도체와 기계장비가 각각 8.8% 증가할 것으로 예상했다.

올여름 전력사용이 급증하자 한전은 7월 5일부터 본사와 15개 지역본부에 전력수급 대책상황실을 운영하고 전국 244개 사업소에서 발생할 수 있는 긴급상황에 대비한 비상 대응체계를 갖춰 대응했다. 한전은 발전회사와 전력거래소, 대용량 사업처 등과 비상상황 대비 긴밀한 협력관계를 유지하고 있다.

한전 관계자는 "전력수급 비상상황에 대비해 159호의 고객과 긴급절전 수요조정 약정을 체결해 885MW의 수요자원을 확보했다"며 "전력판매량의 약 50%를 차지하는 계약전력 3000kW 이상 대용량 고객 1만1967호를 대상으로 효과적인 협조체계를 구축해 전력수급 상황 공유와 피크 시 절전안내를 추진하고 있다"고 설명했다.

이어 "전력사용 급증이 예상되는 지역의 전력설비 사전 점검과 교체, 전력계통 과부하 해소, 공동주택(아파트) 정전 예방을 위한 진단·신속 복구 지원 체계 점검 등의 준비도 완료했다"며 "하천 제방과 침수 지역 등 취약개소 23만9124개소와 빗물 펌프장·배수장 등 취수설비 2289개소의 전력설비를 특별점검하고 과부하 예상 변압기 약 3000대를 교체했다"고 덧붙였다.

전력수급 비상단계

단계	내용
준비단계(1단계)	예비전력이 400만kW 이상~500만kW 미만인 경우
관심단계(2단계)	예비전력이 300만kW 이상~400만kW 미만인 경우
주의단계(3단계)	예비전력이 200만kW 이상~300만kW 미만인 경우
경계단계(4단계)	예비전력이 100만kW 이상~200만kW 미만인 경우
심각단계(5단계)	예비전력이 100만kW 미만인 경우

서울 시민 3명 중 1명 'MZ세대'...경제활동 '베이비붐 세대' 추월

°MZ세대가 서울 최대 세대 집단이라는 통계 조사 자료가 나왔다. 8월 4일 서울시가 분석해 내놓은 결과를 보면 서울시의 MZ세대는 2020년 기준 약 343만 명으로 전체 서울 인구의 35.5%를 차지했다. **°베이비붐 세대**(1955~1963년생)는 129만 명으로 전체 서울 인구의 13.4%를 차지했다.

지난해 MZ세대의 경제활동 참가율은 67.2%로 베이비붐 세대의 경제 활동 참가율을 추월했다. 베이비붐 세대의 경제활동 참가율은 66.3%다. 이는 베이비붐 세대의 은퇴와 MZ세대 전 연령층이 경제활동 인구로 편입한 것이 맞물려 발생한 현상으로 풀이된다.

"더 좋은 곳으로 이직 원해...결혼·출산은 부정적"
'더 좋은 직장이 있다면 언제든지 옮기는 것이 좋다'는 문장에 MZ세대는 7.14점을 줘 6.67점을 기록한 시민 전체 평균보다 높은 모습을 보였다. MZ세대는 또 '수입을 위해 일을 더 하기보다 여가를 갖고 싶다'는 항목에 6.70점을 줘 역시 전체 평균인 6.36점보다 높은 모습을 보였다.

결혼이 필수인지, 자녀가 필수인지에 대해서는 MZ세대가 각 4.46점, 4.22점을 준 반면 시민 전체는 각 5.33점, 5.27점을 줘 결혼과 출산에 대한 가치관의 차이가 확연하게 드러냈다. MZ세대 안에서도 여성은 결혼과 자녀의 필수 여부에 각 3.63점, 3.66점을 매겨 각 4.98점, 4.50점을 매긴 남성에 비해 낮은 동의를 표현했다.

박종수 서울시 스마트도시정책관은 "MZ세대는 기존 세대와 다른 가치관을 따르고 있음을 확인했다"며 "서울을 이끌 중심 세대인 MZ세대를 더욱 이해하고 세대 특징을 고려한 맞춤형 정책을 추진하겠다"고 말했다.

---

*MZ세대 (MZ generation)

MZ세대는 1980년부터 2004년생까지를 일컫는 밀레니얼 세대와 1995년부터 2004년 출생자를 뜻하는 Z세대를 합쳐 일컫는 말이다. 통계청에 따르면 MZ세대는 2019년 기준 약 1700만 명으로 국내 인구의 약 34%를 차지한다. MZ세대는 디지털 환경에 익숙하고, 트렌드에 민감하며 이색적인 경험을 추구한다. 특히 SNS 활용에 능숙한 MZ세대는 유통시장에 강력한 영향력을 발휘하고 있다. 최근 유통업계에서는 주 소비층으로 떠오른 MZ세대의 이목을 끌기 위한 마케팅을 활발하게 진행하고 있다.

*베이비붐 세대 (baby boom generation)

베이비붐 세대는 전쟁 또는 혹독한 경제 위기를 겪은 후 사회적·경제적 안정 속에서 나타난 베이비붐 경향에 따라 태어난 세대를 일컫는 말이다. 미국에서는 제2차 세계대전 후부터 1960년대에 걸쳐서 태어난 세대를, 우리나라에서는 전후 세대, 특히 1955~1963년에 태어난 세대를 일컫는다. 베이비붐 세대는 이전 세대와는 달리 경제적인 성장과 풍요 속에서 자라 교육 수준이 높으며, 미디어의 영향을 받아 다양한 사회운동과 문화운동을 주도해 왔다.

▌법무부, 동물 법적 지위 개정 추진

정부가 최근 반려동물과 함께 사는 가구가 증가하는 등 동물을 생명체로서 보호하고 존중해야 한다는 사회적 공감대가 폭넓게 형성되는 분위기를 반영해 "동물은 물건이 아니다"라는 법조항을 신설하기로 했다.

법무부는 민법 제98조에 "동물은 물건이 아니다"라는 조항을 신설하는 개정안을 마련해 입법예고한다고 7월 19일 밝혔다. 이번 개정안이 국회를 통과하면 동물은 물건이 아닌 동물 그 자체로서의 법적 지위를 인정받게 된다. **현행 민법은 물건을 '유체물 및 전기 기타 관리할 수 있는 자연력'으로 규정한다. 동물은 이 중 유체물로서 물건 취급돼 왔다.**

다만 동물은 법 체계상으로는 여전히 권리의 주체가 아니라 권리의 객체이므로, 권리 변동에 관해서는 독일, 오스트리아, 스위스, 프랑스 입법례와 같이 법률에 특별한 규정이 있는 경우를 제외하고는 물건에 관한 규정을 *준용하도록 했다.

법무부는 그간 동물 학대에 대한 처벌이나 동물 피해에 대한 배상이 충분하지 않은 근본적인 이유에 대해서 "동물이 법 체계상 물건으로 취급받고 있기 때문이라는 지적이 있었다"고 설명했다.

법무부는 이 조항이 신설될 경우 장기적으로 동물 학대 처벌이나 동물 피해에 대한 배상 정도가 국민의 인식에 보다 부합하는 방향으로 변화하고, 동물 보호나 생명 존중을 위한 다양하고 창의적인 제도들이 조항을 토대로 추가로 제안될 수 있을 것으로 기대하고 있다.

법무부 관계자는 "입법예고 기간 동안 본 법안에 대한 국민의 다양한 의견을 충분히 수렴해 최종 개정안을 확정하고, 향후 개정안이 국회를 통과할 수 있도록 적극적으로 추진하겠다"며 "국민의 목소리에 계속 귀를 기울이면서 필요한 후속 조치도 해나갈 것"이라고 말했다.

---

*준용 (準用)

준용이란 어떤 사항을 규율하기 위하여 만들어진 법규를 그것과 유사하나 성질이 다른 사항에 대하여 필요한 약간의 수정을 가하여 적용시키는 것이다. 준용은 그 성질에 있어서는 유추와 비슷하지만, 유추가 법관이나 기타 법률 해석자가 쓰는 해석기술인 데 대하여, 준용은 입법상의 기술이라는 데에 양자의 근본적인 차이가 있다. 그러므로 형벌법규의 해석에 있어서는 죄형법정주의(罪刑法定主義)의 원칙에 입각한 당연한 결과로서 유추가 금지되지만, 준용은 해석기술이 아니고 입법기술이기 때문에 형법의 영역에 있어서도 당연히 허용된다. 준용의 주요 목적은 중복을 피하고 법문을 간소화하는 데 있다. 그러나 한편 그것은 필요한 수정의 유무나 정도에 관하여 의문을 남기기 쉬운 결점도 가지고 있다.

▌10가구 중 6가구는 1인·2인가구...
▌20대 127만명 '1인 가구'

우리나라 10가구 중 6가구가 1인 가구 또는 2인 가구로 나타났다. 통계청이 7월 29일 발표한

'2020년 인구주택총조사'에 따르면 2020년 11월 1일 기준 국내 총 가구 수는 2148만 5000가구다. 2019년과 비교하면 약 59만가구(2.8%) 증가했다.

가구원 수별로 보면 1인 가구가 31.7%로 가장 많았고, 2인 가구(28.0%), 3인 가구(20.1%), 4인 가구(15.6%) 5인 이상 가구(4.5%) 순으로 나타났다. 1인 가구와 2인 가구 비중이 약 60%에 달한다. 1년 전과 비교했을 때 1인 가구는 1.5%p 늘었고, 2인 가구는 0.2%p 증가했다. 반면 3인 가구는 0.7%p, 4인 가구는 0.6%p, 5인 이상은 0.5%p 감소했다.

1인 가구는 2000년(15.5%)과 비교하면 20년 만에 2배 수준으로 늘었다. 2005년 이전에는 4인 가구가 가장 주된 가구였지만, 2010년에는 2인 가구, 2015년 이후엔 1인 가구로 바뀌었다.

1인 가구의 연령대를 보면 20대 1인 가구가 19.1%로 가장 많았고, 70세 이상(18.1%), 30대(16.8%) 순이었다. 20대 1인 가구는 지난해 127만 가구로 집계됐다. 1년 전 112만가구 대비 15만 가구 늘었다.

한편, 1인 가구는 *일코노미란 신조어가 생길 정도로 이미 하나의 범주가 됐다. 업계들이 이에 발맞춰 새로운 상품과 서비스를 출시한 건 이미 오래 전 일이다.

일코노미

일(1)코노미란 1인 가구의 숫자 '1'과 '경제(economy)'의 합성어로, 혼자만의 생활을 즐기며 소비 활동을 하는 것을 뜻한다. 혼밥(혼자 밥 먹기), 혼술(혼자 술 마시기) 등 혼자서 즐기는 문화가 확산되면서 등장한 용어로 미코노미(meconomy : me+economy)라고도 한다. 일코노미의 증가에 따라 이들을 대상으로 한 마케팅의 중요성이 커져 1인용 식당, 1인용 팝콘 등 한 사람을 위한 상품이 늘어나고 있다.

경찰, '불법집회 강행' 민주노총 양경수 위원장 소환

경찰이 지난 7월 전국민주노동조합총연맹(민주노총)이 주도한 8000명 규모의 서울 도심 집회와 관련해 양경수 민주노총 위원장을 8월 4일 소환해 조사했다. 서울경찰청 7·3 불법시위 수사본부는 8월 2일 "오는 4일 오후 2시쯤 양 위원장 소환 조사를 종로경찰서에서 진행한다"며 "양 위원장이 출석하면 원칙에 따라 엄정하고 신속하게 수사하겠다"고 밝힌 바 있다.

경찰은 7월 3일 민주노총이 서울 종로구 일대에서 집회를 연 것과 관련해 양 위원장에게 7월 4일과 9일, 16일 종로경찰서로 출석할 것을 요구했으나 양 위원장은 모두 출석을 하지 않았다.

경찰은 3차례나 출석에 불응한 양 위원장을 상대로 강제조사 방침을 세우고 최근 체포영장을 신청했지만 검찰에서 반려됐다. 양 위원장은 경찰의 소환 요구에 8월 초 출석하겠다는 의사를 밝힌 것으로 전해진다.

양 위원장은 지난 7월 27일 기자회견에서 "민주노총 법률원 변호사와 종로서가 일정을 조율 중이었으나 강제조사 계획을 언론을 통해 발표하는 것은 악의적인 매도"라며 "경찰이 일방적으로 3차례 소환장을 발송한 것뿐"이라고 했다.

경찰은 7월 20일 민주노총 부위원장 1명을 불러 조사한 것을 시작으로 7월 30일까지 민주노총 관련자 15명을 조사했다. 한편, 경찰은 8·15 광복절 집회를 원천 차단하고 거리두기 수칙을 지키지 않는 변형 1인 시위도 엄정 대응하기로 했다.

'집회금지는 기본권 침해' 잇단 진정... 인권위 판단 주목

코로나19 확산으로 정부와 지자체가 집회를 제한하자 노동계가 '기본권 침해'라며 잇따라 국가인권위원회(인권위)에 진정을 내고 있다. 민주노총 공공운수노조는 "원주시가 집회를 금지한 것은 헌법상 집회·시위의 자유 등을 침해한다"며 원주시장을 피진정인으로 하는 진정서를 인권위에 제출했다고 7월 25일 밝혔다. 공공운수노조 건강보험고객센터지부는 7월 23일 국민건강보험공단 앞에서 집회 개최를 예고했는데, 원주시가 하루 전인 22일 거리두기 3단계 격상을 발표하면서 이를 금지한 바 있다.

공공운수노조는 특히 "원주시가 다중이용시설 인원 제한 등 모든 영역에서 사회적 거리두기 3단계 기준을 적용하면서 집회에만 4단계를 적용한 것은 평등권 침해"라고 주장했다. 사회적 거리두기 4단계에서는 1인 시위만 허용된다. 공공운수노조는 진정을 제기하며 긴급구제도 함께 신청했다. 인권위는 국가인권위원회법에 따라

진정 접수 뒤 조사 대상에 대한 인권침해가 계속되고, 이를 방치할 경우 회복하기 어려운 피해가 발생할 우려가 있다고 인정하면 진정에 대한 결정 이전에 긴급구제 조치를 권고할 수 있다.

앞서 지난해 12월 인권위는 집회·시위를 원칙적으로 금지하는 법안은 부적절하다고 판단한 바 있다. 인권위는 이원욱 더불어민주당 의원이 대표 발의한 집회 및 시위에 관한 법률(집시법) 개정안에 대해 "집회의 자유를 필요 이상으로 과도히 제약할 우려가 있어 이처럼 개정하는 것은 적절하지 않다"는 의견을 국회의장에게 표명했다.

개정안은 재난사태 선포 지역에서 집회·시위를 원칙적으로 금지하고, 법원 판단을 통해 예외적으로 허용한다는 내용을 담고 있다. 인권위는 감염병 확산과 같은 긴급 상황에서 공공의 안전을 위해 집회를 일정 부분 제한할 필요성을 인정하면서도, 일률적으로 제한하기보다는 위험 상황과 집회 시간·인원·방법·장소를 개별적으로 판단해 허용 여부를 결정해야 한다고 봤다.

문 대통령 "비수도권 거리두기 3단계 상향"

문재인 대통령은 7월 25일 코로나19 확산과 관련해 "비수도권에서도 내일(26일)부터 거리두기 단계를 3단계로 일괄 상향하는 등 강화된 방역 조치를 시행하기로 했다"고 밝혔다. 문 대통령은 이날 오후 청와대 위기관리센터에서 직접 주재한 코로

나19 대응 중앙재난안전대책본부(중대본) 회의에서 "최근 가장 우려가 되는 것은 비수도권의 확산세"라며 이같이 말했다.

문 대통령은 "수도권 거리두기 강화에 따른 풍선 효과와 함께 휴가지 중심으로 이동량이 많아지며 비수도권 확진자 비중이 35%를 넘어서는 등 전국으로 확산되는 양상이 뚜렷하다"면서 비수도권의 거리두기 단계를 3단계로 일괄 상향한 배경을 설명했다.

또 수도권의 거리두기 4단계를 2주 연장한 데 대해서도 "확산세를 하루속히 차단하고 상황을 반전시키기 위해 절박한 심정으로 연장한 것"이라며 "국민들이 감내해야 할 고통의 시간이 길어지게 돼 매우 송구하고 안타까울 따름"이라고 밝혔다.

문 대통령은 "지난 2주간의 고강도 조치에 의해 확산을 진정시키진 못했지만, 확진자 급증세를 어느 정도 억제할 수 있었다"며 "국민들께서 어렵고 힘들겠지만, 조금 더 인내하며 지금의 고비를 빠르게 넘길 수 있도록 힘을 모아주시기를 바란다"고 호소했다.

거리두기 3단계 주요 내용

구분	내용
정의	권역 유행으로 사적모임 금지 필요
단계 전환 기준	인구 10만 명당 주간 일평균 환자 수 2명 이상
사적 모임	4명까지 가능 (동거가족 등 예외)
행사·집회	50인 이상 행사 및 집회 금지
공연장	정규 공연시설 외 임시공연 형태의 실내·외 공연 금지
결혼식·장례식	개별 결혼식당 50인 미만 + 웨딩홀별 $4m^2$당 1명, 빈소별 50인 미만 + $4m^2$당 1명
스포츠 관람	(실내) 경기장 수용인원의 20% (실외) 수용인원의 30%

종교 활동	수용인원의 20%, 모임/행사·식사·숙박 금지, 실외 행사 50인 미만
다중이용시설	오후 10시 운영 제한 (유흥시설, 홀덤펍·홀덤게임장, 콜라텍·무도장, 노래연습장, 식당·카페, 목욕장업, 수영장, 방문판매 등을 위한 직접판매홍보관) 기본이용인원 시설 면적 8㎡당 1명 (일부 예외)

추서식은 8월 4일 김 대장의 장례식장이 마련된 광주 염주체육관에서 열린다. 황희 문화체육관광부 장관 등 정부 인사와 김종효 행정부시장이 참석했다. 김 대장의 장례는 4~8일 '산악인장'으로 염주체육관에서 열렸다.

7대륙 최고봉

7대륙 최고봉은 각 대륙에서 가장 높은 산으로 아시아 ▲에베레스트산(네팔·중국), 유럽 ▲엘브루스산(러시아), 아프리카 ▲킬리만자로산(탄자니아), 북미 ▲데날리산(미국), 남미 ▲아콩카과산, 오세아니아 ▲코지어스코산(오스트레일리아), 남극 ▲빈슨 산괴가 꼽힌다.

히말라야 14좌

히말라야 14좌는 히말라야에 존재하는 8000m 이상의 고봉 14개를 말한다. 그중에서 ▲에베레스트(Everest)는 세계 최고봉이다. 에베레스트산의 높이는 8848m로 공인되었다. 세계 2위봉 ▲K2는 8611m다. 세계 3위 고봉인 ▲칸첸중가(Kangchenjunga)는 티베트어로 '큰 눈의 다섯 개 보고'라는 의미이다. 4위봉 ▲로체(Lhotse)는 티베트어로 남봉(南峰)이라는 뜻이다. 로체는 에베레스트에서 남쪽으로 불과 3km 지점에 위치해 있다. 5위봉은 ▲마칼루(Makalu), 6위봉은 ▲초오유(Cho Oyu). 7위봉은 ▲다울라기리(Dhaulagiri)이며 8위봉 ▲마나슬루(Manaslu), 9위봉 ▲낭가파르바트(Nanga Parbat), 10위 ▲안나푸르나(Annapurna)다. 11위 ▲가셔브룸 I 이며, 12위 ▲브로드피크(Broad Peak)는 문자 그대로 '폭이 넓은 봉우리'를 의미하며, 알프스의 브라이트호른(Breithorn)과 산의 생김새가 비슷하다 하여 붙여진 이름이다. 독일어의 브라이트호른은 '폭이 넓은 봉우리'란 뜻이다. 13위는 ▲시샤팡마(Shishapangma)이며 14위는 ▲가셔브룸 II 다.

한편, 14개의 8000미터급 봉우리들을 모두 오른 사람은 인류의 한계를 진정으로 극복한 위대한 탐험가로 평가받는다. 한국인 완등자는 현재 박영석 대장(2001·세계 8번째), 엄홍길 대장(2001·세계 9번째), 한왕용 대장(2003·세계 11번째), 김재수 대장(2011·세계 27번째), 김창호 대장(2013·세계 31번째), 김미곤 대장(2018·세계 40번째), 김홍빈 대장(2021·세계 44번째) 등 총 7명이 있다.

히말라야 '실종' 김홍빈 대장에게 체육훈장 추서

히말라야 브로드피크(8047m) 완등 후 하산 중 실종된 김홍빈(57) 대장에게 체육훈장 '청룡장' 추서가 확정됐다. 광주시는 김 대장이 장애인으로는 최초로 **7대륙 최고봉**과 **히말라야 14좌**를 완등한 인간 승리의 표상으로 그 공로를 인정받았다고 8월 3일 밝혔다.

'청룡장'은 체육 발전에 공을 세워 국민 체육의 위상을 높이고 국가 발전에 공적이 뚜렷한 체육인에게 수여하는 최고 등급의 체육훈장이다. 산악인 중에는 세계에서 아홉 번째로 히말라야 14좌를 완등한 엄홍길(61), 히말라야 14좌를 완등한 김미곤(49), 히말라야 14좌 무산소 완등에 성공한 고(故)김창호 대장 등이 받았다.

경찰, 제주 중학생 잔혹 살해범 신상 공개

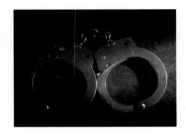

제주에서 옛 동거녀의 중학생 아들을 잔혹하게 살해한 혐의로 구속된 피의자 2명의 신상 정보가 공개됐다. 제주경찰청은 7월 26일 오전 신상 공개 심의위원회를 열고, 헤어진 옛 동거녀의 중학생 아들 A 군을 살해한 혐의(살인)로 구속된 백광석 씨와 공범 김시남 씨의 이름·나이·얼굴 사진 등 신상 정보를 공개한다고 밝혔다.

심의위원회에 따르면 백 씨와 김 씨는 범행 도구를 미리 사는 등 사전에 범행을 모의했다. 성인 2명이 힘을 모아 어린 중학생을 잔혹하게 살해하고, 범행을 자백하는 등 증거가 충분했다. 또 국민의 알권리 존중과 재범 방지, 공공의 이익에 들어맞는 등 신상 공개의 모든 요건을 충족했다. 특정강력범죄의 처벌에 관한 특례법에 따라 범행 수단이 잔인하고 중대한 피해가 발생한 특정 강력범죄에 한해 충분한 증거가 있으면 피의자의 신상정보를 공개할 수 있다.

경찰은 7월 27일 해당 사건을 검찰에 송치하면서 이들의 모습을 언론에 공개했다. 경찰은 "피의자 신상 공개에 따른 피의자 가족 등 주변인의 2차 피해를 방지하기 위해 별도의 피의자 가족 보호팀을 운영해 관찰을 강화할 예정"이라고 말했다.

앞서 백 씨 등은 7월 18일 오후 3시쯤 제주시 조천읍 한 주택 2층 다락방에서 혼자 집을 지키던 A 군을 끈 종류로 결박해 살해한 혐의로 지난 7월 21일 구속됐다. 귀가 후 A 군이 숨진 채 쓰러져 있는 것을 발견한 옛 동거녀는 같은 날 오후 10시 51분쯤 경찰에 신고했다.

경찰은 주택 방범카메라(CCTV) 분석 등을 토대로 용의자를 백 씨 등으로 특정했다. 다음날 자정쯤 공범 김 씨를 신고 3시간 만에 제주 시내 모처에서 신속히 긴급 체포했다. 백 씨는 도주해 제주 시내 한 숙박업소에 숨었지만, 추적에 나선 경찰에 덜미가 잡혔다.

경찰은 백 씨가 수년을 같이 살며 사실혼 관계였던 옛 동거녀에게 수개월 전 이별 통보를 받자 앙심을 품고 A 군을 살해한 것으로 보고 있다. 백 씨의 협박과 폭행에 시달리던 A 군 가족은 7월 초 경찰에 신변보호를 요청한 것으로 확인됐다.

피의자 신상공개 (被疑者身上公開)

피의자 신상공개는 피의자의 얼굴, 성명, 나이 등 신상을 공개하는 것을 말한다. 특정강력범죄의 처벌에 관한 특례법[제8조의2(피의자의 얼굴 등 공개)]을 근거로 한다. 해당 규정은 2009년 연쇄살인범 강호순 사건 이후 흉악범의 신상을 공개해야 한다는 여론이 들끓으며 2010년 4월 신설된 것이다.

해당 특례법 제8조의2에 따르면 ▲범행수단이 잔인하고 중대한 피해가 발생한 특정강력범죄 사건일 것 ▲피의자가 그 죄를 범했다고 믿을 만한 충분한 증거가 있을 것 ▲국민의 알권리 보장 및 피의자의 재범 방지 및 범죄 예방 등 오로지 공공의 이익을 위해 필요할 것 ▲피의자가 청소년 보호법 제2조 제1호의 청소년에 해당하지 않을 것 등 4가지 요건을 모두 갖춘 특정강력범죄 사건 피의자의 신상에 관한 정보를 공개할 수 있도록 규정하고 있다. 다만 해당 특례법은 신상을 공개할 때 피의자의 인권을 고려해 신중하게 결정하고, 남용하지 않을 것을 함께 명시하고 있다.

한편, 피의자 신상공개의 타당성은 신상정보공개 심의

위원회의 판단으로 결정되는데, 위원회는 총 7명으로 구성되며, 4명 이상은 각 경찰청·경찰서 소속 의사, 교수, 변호사 등 외부 전문가로 위촉된다.

18~49세는 10부제로 백신 접종... 사전예약 시작

▲ 코로나19 예방접종 사전예약 시스템 (홈페이지 캡처)

8월 시작되는 만 18~49세 연령층의 코로나19 백신 접종 사전예약은 주민등록번호 생년월일 끝자리를 기준으로 한 '예약 10부제' 방식으로 진행된다. 이는 7월 시행된 50대 사전예약 당시 신청자가 한꺼번에 몰리면서 예약시스템이 여러 차례 마비되거나 오류가 생겼던 점을 개선하기 위한 조치다.

질병관리청은 7월 30일 정례 브리핑에서 '8~9월 예방접종 계획'을 공개하면서 8월 9일부터 18일까지 열흘 동안은 접종 대상자가 주민번호상 생년월일 끝자리와 동일한 날에만 사전예약을 할 수 있도록 예약 방법을 변경했다고 밝혔다.

예를 들어 1994년 5월 31일에 태어난 사람(주민번호 생년월일 940531)은 8월 11일, 2001년 9월 13일에 태어난 사람(010913)은 8월 13일에 예약이 가능하다. 이렇게 하면 18~49세 접종 대상자들은 열흘에 걸쳐 하루 150만~160만 명씩 사전예약을 하게 된다.

8월 26일부터 접종 시작

18~49세의 접종 시기는 8월 26일부터 9월 30일까지다. 이들은 mRNA 계열인 화이자나 모더나 백신을 맞게 된다. 질병청은 화이자를 주력으로 사용하되 모더나를 같이 활용할 것이라고 설명했다.

18~49세 중 각 지자체가 우선 접종이 필요하다고 판단한 약 200만 명은 8월 3~6일 사전예약을 한 뒤 같은 달 17일부터 접종한다. 우선접종 대상에는 ▲일반·휴게음식점, 노래연습장, PC방 등 고위험 시설 근무자 ▲장애인이나 외국인 근로자 등 접종 소외계층 ▲대중교통·택배 근로자, 환경미화원 등 필수업무종사자 ▲학원·청소년 관련 종사자 등 아동·청소년 밀접 접촉자 등이 포함됐다.

부스터샷 (booster shot)

부스터샷이란 백신의 면역 효과를 강화하거나 효력을 연장하기 위해 일정 시간이 지난 뒤 추가 접종을 하는 것을 의미한다. 2020년 말부터 접종이 시작된 코로나19 백신의 경우 화이자·모더나 등 대부분의 백신이 2번 접종하는 방식인데, 여기에 한 번 더 추가해 3차 접종을 하는 것에 해당한다. 부스터 샷은 미국에서 코로나19 백신을 마친 접종자의 면역을 보강하기 위해 12개월 내 3차 접종을 해야 한다는 목소리가 나오면서 각국의 백신 비축 경쟁을 부추겼다.

○ 기출tip 2021년 뉴스1에서 부스터샷을 약술하라는 문제가 출제됐다.

서울대 청소노동자 '직장 내 괴롭힘'으로 사망 확정

지난 6월 발생한 서울대 청소노동자 사망 사건과 관련해 청소노동자들이 '직장 내 괴롭힘'을 당했다는 당국의 조사 결과가 나왔다.

7월 30일 고용노동부는 "일부 직장 내 괴롭힘 사실이 있다고 판단해 서울대에 개선할 것을 지도했다"고 밝혔다. 고용부는 6월 26일 서울대 기숙사 청소노동자가 사망한 뒤 직장 내 괴롭힘 의혹이 제기되자 조사에 착수했다.

고용부는 서울대 기숙사 안전관리팀장이 청소노동자에게 업무상 관련성이 없는 필기시험을 보도록 한 점, 미리 시험 공지를 하지 않은 점, 근무평정 제도가 없음에도 시험 결과를 근무 평정에 반영하겠다고 한 점 등이 **직장 내 괴롭힘**에 해당한다고 판단했다.

사망 38일 만에 서울대 총장 사과

서울대학교에서 청소노동자가 교내에서 숨진 채 발견된 사건과 관련, 오세정 서울대 총장이 직접 유가족을 만나 사과의 뜻을 전했다. 청소노동자가 숨진 채 발견된 지 38일 만이다. 오 총장은 아울러 직장 내 존중 문화가 미흡하다며 재발방지책을 마련하겠다고 밝혔다.

청소노동자 사망 사건과 관련해 서울대 측이 사과 입장을 밝힌 가운데 노조와 학생들은 인력 확충 및 생활임금 지급 등 처우 개선방안을 요구했다.

이들은 "오세정 서울대 총장은 청소노동자가 사망한 지 38일 만에 공식 사과했으나 이는 문제 해결의 끝이 아닌 시작에 불과하다"라며 "엉터리 대책은 폐기하고 인력 확충과 서울시 생활임금 지급 등 실질적인 처우개선책을 내놓아야 할 것"이라고 강조했다.

직장 내 괴롭힘 금지법

직장 내 괴롭힘 금지법은 사용자나 근로자가 직장에서의 지위 또는 관계 우위를 이용해 다른 근로자에게 신체적·정신적 고통을 주는 등의 행위 등을 하지 못하도록 하는 법으로, 2019년 7월 16일부터 시행됐다. 직장 내 괴롭힘으로 판단하는 핵심 기준은 직장에서의 지위·관계의 우위를 이용했는지, 업무상 적정 범위를 넘었는지, 신체적·정신적 고통을 주거나 근무 환경을 악화시켰는지 등이다. 해당 요건을 모두 충족하면 직장 내 괴롭힘으로 판단할 수 있다.

▶ **기출tip** 2019년 헤럴드경제에서 직장 내 괴롭힘 금지법을 묻는 문제가 출제됐다.

공공분야 사이버 위기 경보, 정상→관심 상향

국가정보원은 공공분야 사이버위기 경보를 현재 '정상'에서 '관심' 등급으로 상향 조정한다고 8월 2일 밝혔다. 상향 조정은 2018년 3월 이후 3년 5개월여 만이다.

사이버 위협 경보단계 (자료 : 한국인터넷진흥원)

단계		내용
정상 단계	정상	• 국내 민간 분야 인터넷 정상 소통 • 인터넷 소통 및 사용에 지장이 없는 　− 웜/바이러스 등 악성코드 출현 탐지 　− 신규 보안 취약점 또는 해킹 기법 등 발표 • 위험도가 낮은 국지성 이상 트래픽 발생 가능성 존재
경보 단계	관심	• 위험도가 높은 웜·바이러스, 취약점 및 해킹 기법 출현으로 인해 피해 발생 가능성 증가 • 해외 사이버공격 피해가 확산되어 국내 유입 우려 • 국내 인터넷 이상 트래픽 발생 가능성 증대 • 국내외 정치·군사적 위기상황 조성 등 사이버안보 위해 가능성 증가
	주의	• 웜·바이러스, 해킹 등으로 국지적 피해 발생 • 국지적인 인터넷 소통장애, 주요 인터넷 관련 서비스에 장애가 발생 되거나 매우 우려되는 경우 • ISP(복수 정보통신 서비스 제공자)/IDC(인터넷 데이터 센터), 일반 사용자, 기업 등의 긴급 대응 및 국내외 정치·군사적 위기 발생 등 사이버 안보 위해 가능성 고조
	경계	• 복수 ISP망 또는 주요 정보통신 기반시설의 피해 발생 • 해킹 및 신종 위협으로 주요 기업 및 포털, 연구소 등 민간 부문에 중대한 피해 발생 • 웜·바이러스, 해킹 등 침해사고로 민간 부문에 다수 기업, 이용자 등 피해 발생 • 상황 해결을 위해 민·관 각 분야의 협조 및 공동 대응이 필요한 상황
	심각	• 국내 인터넷 전 분야에 소통장애 발생 • 주요정보통신기반시설의 피해로 대국민 서비스 지장 발생 • 민간 부문 전반에 대규모 침해사고 피해 발생 • 국가적 차원에서 공동 대처해야 할 필요성이 있는 상황

국정원은 이날 오후 위기평가회의를 열고 오는 8월 3일 오전 9시를 기해 경보등급을 이같이 올리기로 했다.

국정원은 경보 등급 상향 조정 배경과 관련해 ▲일부 대학병원 등에 대한 랜섬웨어 공격 ▲국내 보안 소프트웨어 개발업체·IT제품 공급업체 등에 대한 해킹 공격 준비 ▲국내 500여 개 중소 인터넷 언론사의 홈페이지를 관리하는 업체를 대상으로 한 해킹 정황 확인 등을 고려했다고 설명했다.

정부 기관은 '관심 경보'가 발령되면 자체 긴급대응반 운영을 준비하고, 해킹 시도 탐색 및 차단 시스템 점검 등 보안관제를 강화해야 한다. 사이버위협 관련 정보를 입수하거나 사고를 인지하는 즉시 국정원 국가사이버안보센터에 통보해야 한다.

국정원은 2018년 3월 20일 사이버위기 경보단계를 '관심'에서 '정상'으로 내린 바 있다. 공공분야에 한해 경보단계가 3년 5개월여 만에 다시 관심 등급으로 상향된 셈이다.

국정원은 "최근 사이버 공격이 민·관·군을 가리지 않는 추세를 감안하여 관계 부처와 협의해 국가 위기경보 체계를 통합·일원화하는 방안도 추진하겠다"고 밝혔다.

미군 철수 4개월 만에 탈레반 아프간 점령

탈레반 20년 만에 카불 점령

이슬람 근본주의 무장세력인 *탈레반이 미군 철수 4개월 만에 아프가니스탄(이하 아프간)을 완전히 함락하고 재집권했다. 2001년 **9·11테러 배후인 알카에다의 수장 오사마 빈 라덴**을 넘기라는 미국의 요구를 탈레반이 거부하며 시작된 아프간 전쟁은 20년 만에 결국 탈레반의 아프간 재장악으로 막을 내렸다.

지난 5월 미군이 철수를 시작한 후 아프간 정규군은 전의를 상실했고, 거침없이 주요 도시를 점령한 탈레반은 아프간 수도 카불까지 포위했다. 결국 아프간 정부는 8월 15일(현지시간) 탈레반에 투항했다. **아슈라프 가니 아프간 대통령**은 탈레반이 카불로 진입을 시작하자 국민을 지키는 대신 차 4대를 가득 채울 만큼 현금을 챙겨 재빠르게 국외로 도피했다.

터번을 두르고 소총으로 무장한 탈레반 군인들은 아프간 대통령궁을 점령했다(사진). 현재 **탈레반 최고지도자는 이슬람 율법학자 출신인 하이**

*탈레반 (Taliban)

탈레반은 파슈툰족 언어로 '학생'이라는 뜻이다. 아프가니스탄 남부 파슈툰족 마을에서 이슬람 의례를 집전하는 하위 성직자들을 일컫는 말이었다. 1994년 칸다하르 인근 마을의 탈레반 성직자 무하마드 오마르가 민병대를 결성한 것이 탈레반의 시초다. 탈레반은 1979년 소련의 아프가니스탄 침공에 맞서 등장한 이슬람 무장세력인 무자헤딘을 흡수하며 세력을 확장했다. 1996년 정권을 장악했고, 2001년 미국이 이끄는 연합군의 공격에 붕괴할 때까지 아프간을 통치했다.

바툴라 아쿤드자다라는 인물이며 2인자로 평가받는 압둘 가니 바라다르는 외교를 책임지고 있다. 바라다르는 지난 7월 중국 텐진에서 왕이 중국 외교부장과 만나기도 했다.

탈레반 측은 극단주의 이미지에서 벗어나기 위해 연달아 유화 메시지를 내놓았다. 탈레반 측 수하일 샤힌 대변인은 "우리는 평화적인 권력 이양을 기다릴 것"이라며 "히잡을 쓴다면 여성도 학업·일자리에 접근할 수 있을 것"이라고 강조했다. 하지만 탈레반의 지배로 아프간에 '인권 암흑기'가 찾아올 것이란 예상이 많다. 탈레반은 과거 이슬람 종교법인 **̇샤리아**를 내세워 도둑의 손을 자르거나 불륜을 저지른 여성을 돌로 쳐 죽이는 가혹한 벌로 국민을 억압했다.

이슬람 극단주의 세력이 다시 활개를 칠 것이라는 우려도 나온다. **알카에다, IS**(Islamic State·이슬람 국가)를 비롯해 세계 곳곳에 숨어 있는 **지하디스트**(이슬람 성전주의자)들이 아프간을 중심으로 세력을 키울 것이란 관측이 제기된다.

미국은 왜 아프간을 포기했나

탈레반의 카불 함락은 베트남 전쟁 패배를 연상케 하는 미국의 치욕으로 받아들여졌다. 철군 결정은 도널드 트럼프 전 행정부 당시 이뤄졌지만 카불이 이렇게 빨리 탈레반에 함락될 것이라고 예상하지 못한 것은 바이든 행정부의 정세 판단 착오였다. 미 대사관 직원들의 치욕적인 대피는 1975년 남베트남 패망 직전 탈출 작전인 '프리퀀트 윈드 작전'을 연상시켰다.

미국은 자국 역사상 최장기 해외전쟁이었던 아프간전에 1조달러(약 1169조원)**를 투입했으며 미군 2448명**

이 숨졌다. 아프간이 탈레반의 수중에 들어간 데는 아프간 정부와 군의 무능과 부패가 있었다. 미군은 20년간 아프간에 돈과 자원을 쏟아붓고도 아프간군과 경찰의 정예화에 실패했다. 아프간군은 서류상으로 약 30만 명이지만 군 간부들이 급여를 가로채려고 허위 기재한 '유령 병사'들을 제외하면 실제 병력은 6분의 1이라고 미 관리는 말했다.

조 바이든 대통령은 8월 16일(현지시간) 백악관 연설에서 "아프간에서 미국의 임무는 국가 건설이 아닌 테러 대응이었다"며 "미국 철수를 통해 아프간 전쟁을 끝낸 선택을 후회하지 않는다"고 표명했다. 바이든 대통령은 또 "아프간 정부가 포기한 전쟁에서 미군이 희생돼선 안 된다"며 **"미국의 국익이 없는 곳에서 싸우는 과거의 실수를 반복하지 않겠다"**고 강조했다.

̇샤리아 (Shari'ah)

샤리아는 코란과 무함마드의 가르침에 기초한 이슬람의 법률이다. 사전적 의미는 '물 마시는 곳으로 이끄는 길'로, 진리 또는 하나님에게 다가가는 길이란 뜻이다. 샤리아의 내용은 목욕, 예배, 순례, 장례 등에 관한 의례적인 규범(이바다트)에서부터 혼인, 상속, 계약, 소송, 비(非)이슬람교도의 권리와 의무, 범죄, 형벌, 전쟁 등 법적 규범(무아마라트)까지도 포함한다. 샤리아법은 이란, 사우디아라비아, 수단 등 일부 국가에서 헌법으로 규정돼 있다.

🖐 세 줄 요약

❶ 이슬람 근본주의 무장세력인 탈레반이 아프가니스탄을 20년 만에 함락시켰다.

❷ 탈레반의 아프간 함락은 미군 철수 후 불과 4개월 만이다.

❸ 바이든 미 대통령은 "미국의 국익이 없는 곳에 싸우는 실수를 반복하지 않겠다"고 밝혔다.

빌 게이츠 부부 공식적으로 이혼...
175조원 재산 분할 계약 동의

▲ 빌 게이츠

마이크로소프트(MS) 창업자인 빌 게이츠와 그의 아내 멀린다 프렌치 게이츠가 8월 2일(현지시간) 공식적으로 이혼했다. 경제 전문 매체 CNBC 방송 등은 이날 두 사람이 미국 워싱턴주 킹카운티 법원에서 이혼을 법적으로 확정했다고 보도했다. 지난 5월 3일 두 사람이 결별에 합의했다고 발표한 이후 3개월 만이다. 미국 법원은 이혼 신청이 접수된 뒤 최종 확정까지 90일간의 유예 기간을 두고 있다.

블룸버그 억만장자 지수에 따르면 빌 게이츠는 전 세계에서 네 번째로 재산이 많은 부자로, 현재 1520억달러(174조9520억원) 순자산을 보유하고 있다. 두 사람은 약 175조원에 달하는 빌 게이츠의 재산을 분할하는 데 동의했으나, 세부 내용은 공개되지 않았다.

블룸버그 통신은 "워싱턴주는 결혼 기간 축적한 모든 재산에 대해 부부가 동등한 권리를 갖는 것으로 규정하고 있다"며 "게이츠 부부는 법원이 승인한 분할 계약서를 작성했고 이 내용은 비공개 상태로 유지될 것"이라고 전했다.

결혼 생활 27년 만에 결별

두 사람은 1987년 교제를 시작해 1994년 결혼에 골인했다. 2000년에는 자선 재단인 •빌 앤 멀린다 게이츠 재단을 공동으로 설립하기도 했다. 지난 5월 이혼을 발표할 당시 두 사람은 재단을 계속해서 공동 운영할 방침을 밝혔으나, 이혼이 확정된 만큼 재단 운영에서도 갈라설 가능성이 있다고 CNBC 방송은 전했다.

한편, 두 사람은 3명의 자녀를 뒀으나, 모두 미성년자가 아니므로 자녀 양육권이나 양육비에 대한 내용은 법원의 이혼 확정 문서에 포함되지 않았다.

나아가, 멀린다 게이츠는 이혼을 확정했지만, 남편의 성을 딴 이름에 대해 법원에 개명 요청을 하지는 않은 것으로 알려졌다.

빌 게이츠 "결혼 생활 끝난 건 내 탓"

이혼 직전 빌 게이츠는 "이혼은 자신의 잘못 때문"이라고 말한 것으로 전해졌다. 뉴욕포스트는 빌 게이츠가 지난 7월 미국에서 열린 선밸리 콘퍼런스에서 이같이 말했다고 보도했다.

뉴욕포스트는 한 참석자의 말을 인용해 그가 기후변화에 대해 연설한 다음 질의응답 시간에 이혼이 자신의 과실이라는 취지로 말했다고 전했다. 그러면서도 불륜 등 여성 편력에 대해서는 함구한 것으로 알려졌다.

이혼 발표 이후 빌 게이츠는 MS 직원과의 불륜설 등 잇단 추문에 휩싸였고, 빌 게이츠 대변인은 "이혼 사유 등에 대한 수많은 허위 사실이 보도돼 매우 실망스럽다"며 불륜 의혹을 부인한 바 있다.

빌 앤 멀린다 게이츠 재단 (Bill & Melinda Gates Foundation)

빌 앤 멀린다 게이츠 재단은 빌 게이츠와 멀린다 게이츠에 의해 2000년에 설립되었다. 주 운영 목적은 국제적 보건 의료 확대와 빈곤 퇴치, 그리고 미국 내에서는 교육 기회 확대와 정보 기술에 대한 접근성 확대이다. 시애틀에 본부를 둔 이 재단의 운영에 대한 주요 결정은 본래 빌 게이츠, 멀린다 게이츠, 그리고 워런 버핏 버크셔해서웨이 회장 등 세 명의 이사에 의해 내려졌다. 그러나 최근 버핏 회장은 재단 이사직에서 물러났다. 지난 6월 23일(현지시간) 뉴욕타임스(NYT)에 따르면 버핏 회장은 이날 추가 기부 의사와 함께 재단 신탁관리인(이사직) 자리에서 물러나겠다고 발표했다.

게이츠 부부의 이혼과 버핏 회장의 이사직 사임이라는 이중 변수가 발생하며 빌 앤 멀린다 게이츠 재단은 운영 방식이나 구조에 변화가 불가피할 것으로 전망된다.

中 기록적 폭우, 300여 명 사망

중국 •허난성에서 7월 내린 기록적 폭우로 지금까지 302명이 숨지고, 50명이 실종됐다. 8월 2일 중국중앙방송(CCTV)에 따르면 허난성 당국은 "7월 16일부터 이날까지 1453만1600명이 홍수 피해를 입었고, 93만3800명이 긴급 대피했다"며 이같이 밝혔다.

당국에 따르면 홍수 피해를 본 농경지 면적은 1만 904km²에 달했다. 무너진 가옥은 3만616채이고, 훼손된 가옥도 8만9000채가 넘는다. 직접 재산 피해 규모는 1142억6900만위안(약 20조3500억원)으로 집계됐다.

허난성에서는 지난 7월 '1000년 만의 폭우'가 쏟아지며 큰 피해를 냈다. 허난성 성도 정저우에서는 지난 7월 17~20일 누적 강수량이 617.1mm에 이르기도 했다. 이는 정저우의 연간 평균 강수량 640.8mm에 근접한 수치다.

최대 피해 지역인 정저우에서만 292명의 사망자를 냈다. 실종자도 47명에 달한다. 7월 20일 정저우에서는 객차가 물에 잠기면서 지하철 안에 갇힌 승객이 10명 넘게 숨지는 참사가 벌어지기도 했다.

허난성 (河南省)

허난성은 중국 화베이 지방에 있는 성(省 : 행정구역)이며 성도(省都)는 정저우다. 서쪽과 남쪽은 산지이며 동쪽은 평야 지대이다. 황하의 범람으로 비옥한 황토 지대를 이룬다. 은나라가 이 지역을 중심으로 건국되었으며, 후한에서 진에 걸쳐 이곳에 수도가 세워져 화베이 지방의 중심지였다. 당나라 때에는 하남도(河南道)라 하였는데 지명은 여기에서 나왔다. 원나라 때 하남행성이 설치되었고 명·청대에는 허난성으로 불리게 되었다. 쌀, 수수, 밀, 목화, 담배 등이 생산되며, 석탄, 철광석을 이용한 철강·기계 공업이 발달하였다. 역사적인 도시로서 사적지와 명승지가 많다.

한국─사이판 '트래블 버블' 첫 시행

한국과 사이판(북 마리아나제도)이 체결한 여행안전권역(•트래블 버블)이 7월 24일부터 시작됐다. 국토부는 사이판 정부와 코로나19로 중단된 해외여

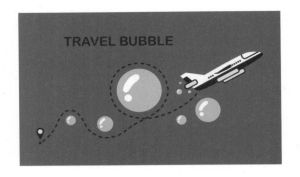

행을 재개하기 위해 6월 30일 사이판과 트래블 버블 협정을 맺었다. 트래블 버블은 코로나19의 방역 신뢰가 확보된 국가 간 격리를 면제해 일반인의 여행 목적으로 국제선 이동을 재개하는 것을 말한다.

양국의 트래블 버블 합의에 따르면 보건당국이 승인한 양국 국적자 등이 코로나19 백신을 접종한 후 14일이 지나야 입국이 허용된다. 자국 보건 당국에서 발급한 예방접종증명서와 출발 전 72시간 이내에 받은 코로나19 검사 음성 확인서(PCR)를 소지해야 한다. 관광은 단체관광만 가능하다.

다만 현지에 도착해서도 코로나19 검사를 받아야 하고, 지정된 호텔에서 대기한 후 음성이 확인된 후에야 본격적인 여행에 나설 수 있다. 그러나 트래블 버블 시행을 앞두고 사이판에서 우리 여행객이 묵을 호텔이 지정되지 않으면서 사이판과의 트래블 버블이 연기되는 것 아니냐는 추측이 제기됐다.

다행히 사이판 정부가 이날 오전 국토부에 우리 단체여행객이 묵을 호텔 2곳을 지정하면서 트래블 버블 시행이 가능해졌다는 게 국토부 설명이다. 사이판 정부가 우리 관광객을 위해 지정한 호텔은 켄싱턴 호텔과 월드 호텔 두 곳이다. 또한 안전이 검증된 식당들로 여행객을 안내할 방침이다.

항공업계도 7월 24일부터 제주항공과 아시아나항공기 총 2편이 사이판과의 운행을 시작한다. 이날 사이판 현지로 출발하는 승객은 제주항공과 아시아나 항공 각각 41명과 76명으로 알려졌다. 또한 사이판에서 인천공항으로 입국하는 승객은 제주항공 19명 아시아나항공 63명으로 예상된다. 이날 출발하는 승객은 대부분 개인 이용객인 것으로 항공업계는 파악하고 있다.

[●]트래블 버블 (travel bubble)

트래블 버블은 코로나19 방역을 우수하게 해내고 있는 국가 간에 버블(안전막)을 형성해 해당 국가 간에는 여행을 허용하는 협약을 뜻한다. 코로나19 사태로 장기적인 경기 침체를 겪고 있는 일부 국가들이 얼어붙은 경제 상황을 해결하려는 의도로 추진하고 있다. 트래블 버블이 시행되면 2주간의 자가격리가 면제되는 등 입국 제한 조치가 완화된다.

▶ **기출tip** 2021년 이투데이, 헤럴드경제에서 트래블 버블을 단답형으로 묻는 문제가 출제됐다.

▎'아랍의 봄' 발원지 튀니지 정국 혼란

[●]아랍의 봄 발원지인 튀니지의 정국이 다시 한번 혼란에 빠지며 어렵사리 세운 민주주의가 위협받고 있다. 중동에서 드물게 정치적 민주화에 성공한 튀니지는 아랍의 봄 이후 2019년 10월 민주적 선거를 통해 카이스 사이에드 대통령이 당선됐다.

그러나 최근 사이에드 대통령은 총리를 해임하고 의회 기능을 정지시킨 데 이어 이동 제한과 야간 통금 조치까지 내렸다. 지난 7월 26일(현지시간) 로이터 통신 등 외신에 따르면 사이에드 대통령은 이날 야간 통금령을 발동했다.

▲ 튀니지 국기

사이에드 대통령 측은 성명을 통해 8월 27일까지 한 달 동안 매일 저녁 7시부터 다음 날 오전 6시까지 긴급한 건강상 문제나 야간 근무자를 제외한 사람과 차량의 이동을 제한한다고 밝혔다. 또 도시 간 사람과 차량의 이동도 금지하고, 도로와 광장 등 공공장소에서 3인 이상의 집회도 금지했다.

최근 튀니지 시민들은 코로나19 방역에 실패해 민생을 어지럽힌 총리와 총리가 속해 있는 야당을 비판하며 시위를 벌여왔다. 시위가 격화하자 사이에드 대통령은 시민들의 불만을 잠재우기 위해 총리를 해임한 것인데, 야간 통행금지에 집회 금지 등의 조치까지 발표되자, **일각에서는 시위는 핑계일 뿐, 사실상 권력을 독점하기 위한 의도가 아니냐는 지적이 제기됐다.**

야권 등은 사이에드 대통령의 이번 조치가 쿠데타라고 비판했다. 그러나 사이에드 대통령은 자신의 결정이 쿠데타가 아니라 '임박한 위험'이 있을 때 의회 기능을 정지할 수 있도록 한 헌법 제80조 조문을 실행한 것이라고 받아쳤다.

국제사회 우려 표명
국제사회는 사이에드 대통령의 조치에 대한 우려를 표명하고 튀니지의 정치적 안정을 촉구했다.

젠 사키 백악관 대변인은 "튀니지에서 벌어지고 있는 일들을 우려하고 있다. 튀니지 고위급과 접촉하고 있다. 우리는 자제를 원하며, 민주적 원칙을 따르기 위한 튀니지의 노력을 지지한다"고 논평했다.

유럽연합(EU)도 튀니지의 주요 인사들이 헌법을 지키고 법질서를 확립하며, 국가 안정을 이유로 폭력을 행사하는 상황을 피해야 한다고 촉구했다. 아랍 이슬람권을 대표하는 국제조직 아랍연맹(AL) 역시 사이에드 대통령의 결정에 우려를 표명했다.

한편, 법학 교수 출신으로 지난 2019년 대선에 무소속으로 출마했던 사이에드 대통령은 솔직한 성격과 청렴한 이미지를 앞세워 기성 정치인들에게 실망한 튀니지 젊은 층의 큰 지지를 얻었다.

˚아랍의 봄 (Arab Spring)
아랍의 봄은 2010년 튀니지에서 시작돼 아랍 중동 국가 및 북아프리카로 확산된 반정부 시위를 통칭하는 말이다. 2010년 12월 17일 튀니지 청년 모하메드 부아지지의 분신자살을 계기로 촉발된 반정부 시위는 재스민 혁명(Jasmin revolution : 독재 정권에 반대해 전국적으로 확산된 튀니지의 민주화 혁명. 튀니지의 국화 재스민을 따 재스민 혁명이라 불림)으로 이어졌다. 이 혁명을 계기로 튀니지는 24년간 지속된 벤 알리의 독재 정권을 무너뜨리는 데 성공했다.
튀니지의 혁명 성공 소식이 전 세계로 퍼지자 인근의 리비아, 이집트, 시리아, 예멘을 넘어 걸프 왕정 국가들, 북아프리카의 독재 국가들로 혁명이 확산됐다. 대표적으로 이집트에서는 2011년 1월 25일부터 대규모 시위가 발생해 1981년부터 집권한 무하마드 호스니 무바라크 대통령의 퇴진 및 비상사태법 폐지를 요구했다. 이른바 '코샤리 혁명'인 이 혁명을 통해 30년간 집권했던 무바라크는 군부에 권력을 이양하고 대통령직에서 물러났다.

왕이, '對美 3대 요구안' 제시...
"美가 만든 규범 왜 지켜야하나"

7월 26일 방중한 웬디 셔먼 미 국무부 부장관을 만난 왕이 중국 외교부장이 "미국이 일방적으로 만든 국제규범을 왜 중국이 지켜야 하는가"라고 반문하면서 제재 및 규제 철폐 등 3대 대미 요구안을 내놓았다.

같은 날 셰펑 중국 외교부 부부장이 '요구사안'과 '관심사안'을 담은 2개의 리스트를 셔먼 부장관에게 전달한 데 이어, 왕 부장도 요구사항을 조목조목 언급하면서 대미 공세 수위를 높인 것이다. 이에 미국 역시 북핵 문제부터 인권 탄압까지 "어려운 주제를 피하지 않겠다"고 밝혀 양국 갈등은 당분간 계속될 것으로 보인다.

중국 외교부가 이날 공개한 보도자료에 따르면 왕 부장은 이날 셔먼 부장관이 "규칙에 기초한 국제질서를 지켜야 한다"고 주장하자 "규칙이란 게 무엇인가. 미국과 몇몇 강대국이 제정해서 강요하는 규칙을 왜 우리가 지켜야 하는가"라고 반문했다.

그러면서 "국제법적 근거도, 유엔 안전보장이사회 승인도 없이 중국에 독자 제재를 가한 미국이야말로 국제규범 위반국"이라고 비판했다. 또 왕

부장은 "중국의 현대화를 막고 차단하려는 미국의 대중 인식에 문제가 있다"고 전제한 뒤 "미국은 잘못된 편견을 버리고, 객관적이고 정확한 대중국 인식을 통한 이성적인 대중 정책으로 돌아갔으면 좋겠다"고 촉구했다.

특히 왕 부장은 ▲중국 특색사회주의의 방향과 제도를 전복시키려 하거나 비난하지 말라. ▲제재와 보복관세, 과학기술 봉쇄 등을 통해 중국의 발목을 잡거나 중단하려 해서는 안 된다. ▲중국의 영토보전 노력을 해쳐 국가 주권을 침해하지 말라는 등 대미 3대 요구안도 제시했다.

앞서 셰 부부장도 셔먼 부장관에게 전달한 2개의 리스트에서 ▲중국 개인·기관에 대한 제재 해제 ▲중국 유학생에 대한 비자 철폐 ▲공자학원과 중국 기업에 대한 탄압 중단 ▲미국 내 반중 감정 및 아시아인 폭력에 대한 조속한 해결 등을 촉구한 바 있다.

이에 대해 미국은 중국의 인권 탄압 문제를 계속 제기하겠다면서 '중국 때리기'를 이어가겠다는 의사를 재확인했다. 셔먼 부장관은 회동 직후 가진 언론 인터뷰에서 신장·홍콩에서의 인권 탄압과 경제를 이용한 다른 국가 압박, 대만 및 남중국해 문제 등을 중국 측에 제기했다면서 "인권은 내정 문제가 아니라 중국이 서명한 유엔 인권선언에 따른 전 세계적 약속"이라고 강조했다.

젠 사키 백악관 대변인도 이날 브리핑에서 "우리의 철학은 어려운 주제를 피해서는 안 된다는 것"이라고 말했다. 다만, 미중은 향후 협상 여지를 열어놓았다. 사키 대변인은 "기후위기와 북한·이란·미얀마를 포함한 역내 현안에 대해 중국과 협

력할 부분이 있다"고 밝혔고, 중국 외교부도 미·중 관계를 '동주공제(同舟共濟 : 한배를 탄 사람끼리 협력함)'라고 표현하면서 대화 채널을 유지할 뜻을 내비쳤다.

˙공자학원 (孔子學院)

공자학원은 중국어의 교육과 전파, 중국 문화를 홍보하여 중국의 소프트파워 영향력을 강화할 목적으로 세워진 기관이다. 2004년 대한민국 서울에 처음 설립되었으며, 2020년 4월 기준 162개 국가에 545개 공자학원, 1170개 공자학당이 설치돼 있다고 한다. 2020년 들어서 서방권을 중심으로 공자학원이 폐쇄되고 있다. 미국과 유럽은 공자학원이 설립 취지와 달리 중국의 선전전술과 스파이 활동에 악용되고 있다고 보고 규제를 강화하고 있다. 미국 정부는 2020년 공자학원을 중국 대사관 등과 같은 외교사절단으로 지정해 활동 내용을 보고하고 자산을 취득할 때 승인을 받도록 했다.

프레너미 (frenemy)

프레너미는 친구(friend·프렌드)인 동시에 적(enemy·에너미)도 될 수 있는 관계를 지칭하는 합성어이다. 이는 세계 양대 강국(G2)으로 부상해 군사·안보 경쟁을 벌이면서도 상호의존적 경제 구조로 인해 협력을 도모하지 않을 수 없는 미중 관계에 대한 비유로 자주 등장한다.

그리스·터키 등 남유럽 폭염 속 산불 대란

남유럽에서 기록적인 폭염이 이어지면서 지난 7월 말부터 대규모 산불이 확산해 수천 명이 대피하는 등 피해가 커지고 있다. 앞서 중국과 나이지리아의 대홍수에 이어 남유럽 화재까지 발생하자 전문가들은 기후변화가 과거보다 훨씬 파괴적이라는 데 우려하고 있다.

8월 4일(이하 현지시간) 주요 외신에 따르면 그리스는 전날 기온이 무려 47.1도까지 올라 역대 최고 기온을 기록했다. 여기에 대형 화재가 발생해 수도 아테네 상공은 검은 연기로 뒤덮였다. 주민 수천 명은 주택을 버리고 대피했다.

키리아코스 미초타키스 그리스 총리는 "1000명 이상의 사망자가 나왔던 1987년 이래 최악의 폭염에 직면했다"며 주의를 당부했다. 그리스 당국은 주민들에게 외출자제 권고를 내리고 고대 아테네 유적지 개방시간을 축소하는 등 조치에 나섰다.

산불은 고대 그리스 올림픽의 발상지까지 번졌다. 올림픽 성화가 채화(採火 : 태양 광선으로 불을 얻음)되는 헤라 신전과 ˙올림피아 경기장 유적지 인근 산에서 발생한 불이 바람을 타고 무서운 속도로 번졌다.

터키 치솟는 불길...에르도안 정권까지 '흔들'

터키에서도 산불이 일주일 넘게 이어지면서 국가적 재난에 휩싸였다. 불길은 터키 남서부 무글라주에 있는 화력발전소까지 다가가면서 당국은 긴급 대피령을 내렸다. 산불이 국가 전력망까지 위협하면서 분노에 찬 여론의 화살은 '독재자' 레제프 타이이프 에르도안 대통령으로 향했다.

에르도안은 2003년에 총리에 취임한 이후 18년

째 집권하고 있다. 2018년 헌법 개정으로 터키는 의원내각제에서 대통령제로 바뀌면서 에르도안은 대통령이 됐고 2023년 대통령 선거에서 이긴다면 2029년까지도 추가 집권이 가능하다.

그러나 코로나19 타격과 경제 위기로 물가 상승률이 18.95%에 달하고 리라화 가치가 급락하는 등 이미 비난이 최고조에 이른 상태에서 산불까지 겹쳐 에르도안 체제가 흔들리고 있다.

---

*올림피아 (Olympia)

올림피아는 그리스 펠로폰네소스의 계곡에 있는 유적지로 유네스코 세계유산이다. 이곳은 기원전 10C경에 제우스신을 숭배하는 중심지가 됐으며 기원전 776년에 시작해 기원후 349년 폐지되기까지 4년마다 올림피아 제전(고대 올림픽)이 열린 곳으로 유명했다. 당시 올림픽 경기를 위한 경기장 유적이 그대로 남아 있다. 이곳에 있었던 제우스 신상은 세계 7대 불가사의 중 하나였다.

▌美 FOMC, 1년째 '제로금리' 동결 결정

▲ 금리 동결을 발표하는 제롬 파월 연준 의장 (자료 : FOMC)

미국 연방준비제도(Fed·연준)가 현 제로 수준 금리와 자산매입 규모를 동결했다. 연준은 7월 27일부터 열린 연방공개시장위원회(FOMC) 정례회

의 후 발표한 성명서에서 **기준금리를 현 0.00～0.25%에서 동결**한다고 밝혔다. 다만 제롬 파월 연준 의장은 "이번 회의에서 처음으로 *테이퍼링에 대해 심도 있는 논의를 했다"며 시장에 긴축 신호를 보냈다.

인플레이션이 일시적이라는 입장은 변함없었다. 파월 의장은 "지난 12월 이후 경제가 완전고용과 물가안정 목표를 향한 진전을 이뤘다"면서도 "경제의 실질적인 추가 진전까지는 아직 멀었다"고 강조했다. 테이퍼링의 전제 조건으로 설정한 '일정 기간 2% 이상 인플레이션'과 '완전 고용 목표'를 달성하기 위해서는 고용 회복이 더 이뤄져야 한다는 의미다.

최근 퍼지고 있는 코로나19 델타 변이 바이러스와 관련해서는 충격이 크지 않을 것이라고 일축했다. 그는 "감염에 대한 우려 때문에 일부 경제활동이 위축될 수는 있다"면서도 "지난해와 비교하면 우리는 코로나 바이러스가 확산할 때 대처하는 방법을 익힌 상태이기 때문에 경제의 파급 효과는 훨씬 덜하다"고 밝혔다.

올해 말 테이퍼링 예상

증권가에서는 적어도 올해 말에서 내년 초 사이에는 테이퍼링이 이루어질 것이라고 보고 있다. 안영진 SK증권 애널리스트는 "(연준은) 정책이 예견 가능하기 위해 '데이터 의존도'에 충실하겠다는 입장을 재확인했는데, 이는 통화정책 정상화를 위한 일부 조건들은 진전이 됐고, 여러 조건들이 추가적으로 갖춰질 때 시행될 수 있음을 대비하자는 무언의 메시지"라고 풀이했다.

한국은행은 미국 금융시장의 동향과 국내 금융시

장이 받을 영향을 점검했다. 한국은행에 따르면 "이번 FOMC 회의결과는 시장 예상과 대체로 부합해 국제금융시장에 미친 영향이 제한적"이라는 평가다. 그러면서도 "향후 주요국 경제의 개선속도 및 코로나19 전개 상황 등으로 국내외 금융시장의 변동성이 커질 가능성이 상존한다"며 "금융시장 불안요인에 대한 모니터링을 강화하고 대응방안을 상시 점검해나갈 계획"이라고 밝혔다.

˙테이퍼링 (tapering)

테이퍼링이란 경제 위기에 대처하기 위해 정부가 취했던 양적완화의 규모를 점진적으로 축소해 나가는 것을 말한다. 2013년 5월 벤 버냉키 미국 연방준비제도(Fed) 의장이 처음 언급한 용어다. 경기를 부양시키기 위해 양적완화를 진행할 때 경기가 회복세에 진입하면 과도하게 풀린 유동성이 인플레이션을 야기한다. 이에 대한 출구전략으로 시장에 풀린 유동성을 다시 회수하는 것이 테이퍼링이다.

◐ **기출tip** 2021년 아주경제 필기시험에서 테이퍼링에 대해 묻는 문제가 출제됐다.

▌유네스코, '日군함도 역사왜곡' 비판결의

유네스코(UNESCO) 세계유산위원회는 전쟁 중 징용된 한반도 출신자에 관한 설명이 부족하다며 일본의 세계유산 관리 방식에 강력한 유감을 표명했

다. 세계유산위원회는 7월 22일(현지시간) 온라인으로 진행한 제44차 회의에서 ˙하시마(端島·군함도)에 관해 설명하는 도쿄의 산업유산정보센터를 개선하라고 일본 정부에 촉구하는 결정문을 컨센서스(의견일치)로 채택했다.

결정문은 일본이 관련 결정을 아직 충실히 이행하지 않은데 강하게 유감을 표명하고, 공동조사단 보고서의 결론을 충분히 참고해 관련 결정을 이행해달라고 요청했다. 아울러 희생자를 기리기 위한 적절한 조치도 해달라고 권고했다.

일본 정부는 2015년 군함도 등 일제 강점기 조선인 강제 노역 현장이 다수 포함된 일련의 근대 산업시설을 세계유산으로 등재하는 과정에서 한국 등의 반대를 극복하기 위해 징용을 포함한 '전체 역사'를 알리겠다고 국제사회에 약속했다.

하지만 군함도의 역사를 알리기 위해 도쿄에 설치한 산업유산정보센터의 전시물은 조선인에 대한 차별이나 인권침해가 없었던 것과 같은 이미지를 부각하고 있다.

산업유산정보센터를 운영하는 일반재단법인 산업유산국민회의는 인권 침해의 역사를 부정하는 내용의 옛 군함도 주민 동영상 등을 홈페이지에 게시하기도 하는 등 역사 왜곡에 앞장서고 있다.

세계유산위원회는 세계유산협약에 따라 설립된 정부 간 위원회로, 세계유산 등재 유산을 심의해 결정하고 세계유산의 보호·관리에 관한 결정을 내린다. 현재 호주, 노르웨이, 러시아, 스페인, 태국 등 21개 국가가 위원국으로 참여하고 있으며, 한국과 일본은 위원국이 아니다.

* 하시마 (端島)

하시마(군함도)는 일본 나가사키(長崎)현 노모반도 서쪽, 나가사키항에서 18km 떨어진 곳에 위치한 섬으로, 먼 곳에서 보면 마치 바다에 떠 있는 한 척의 군함을 닮았다고 해서 '군함도'라고 불린다. 1940년대 수많은 조선인들이 강제 징용당해 노역한 곳으로 유명하다. 2015년 7월 5일 세계문화유산으로 등록돼 논란이 됐다.

"정신적 아편" 게임주 때린 中 정부... 亞 증시 일제 하락

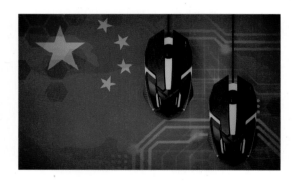

중국 공산당의 관영매체가 온라인 게임을 '정신적 아편' 또는 '전자 마약'이라고 비판하자 텐센트 등 중국 게임주식은 물론 전 세계 게임주가 일제히 폭락했다. 8월 3일 중국 관영 신화통신의 자매지인 '경제참고보'는 일부 학생들이 텐센트의 게임인 '왕자영요'를 하루 8시간씩 한다며 게임을 "정신적 아편"이라고 지칭했다.

경제참고보는 더 나아가 게임에 대한 당국의 엄격한 규제를 촉구했다. 경제참고보는 중국 어린이의 절반 이상이 근시이며 온라인 게임이 교육에 막대한 악영향을 미친다고 주장했다. 베이징은 2018년 게임이 젊은이들의 시력에 악영향을 미친

다며 새로운 게임 승인을 동결했다. 이에 따라 현재 중국에서 온라인 게임을 출시하려면 규제 기관의 승인이 필요하다.

"게임은 정신적 아편"이라는 관영매체의 비난이 알려지자 홍콩 증시에서 텐센트와 넷이즈의 주가는 각각 10%, 14%씩 폭락했다. 블룸버그통신은 중국 당국이 알리바바 등 IT기업 단속에 이어 게임 산업에 대한 단속도 시작할 것이라는 우려가 제기되며 투자자들이 게임주를 투매하고 있다고 분석했다.

이 충격은 홍콩 증시에 그치지 않았다. 한국과 일본의 게임주도 일제히 하락했다. 특히 한국 넥슨의 주가는 8월 3일 도쿄증권거래소에서 한때 9.5%까지 폭락했으며 6.51% 하락으로 장을 마감했다. 이는 넥슨의 매출 28%가 중국에서 발생하기 때문이라고 블룸버그는 전했다.

中, IT 기업 전방위 옥죄기

중국 최대 차량공유업체 디디추싱이 정부 제재로 존폐 갈림길에 섰다. 국가 안보 위반 혐의를 받고 있는 탓이다. 최근 중국의 핵심 정보기술(IT) 기업들이 줄줄이 당국의 타깃이 되면서 공산당이 이끄는 이 나라의 예측 불가능한 규제 위협인 이른바 '차이나 리스크'가 또다시 부각되고 있다.

8월 4일(현지시간) 블룸버그통신 등 외신에 따르면, 중국 사이버 감독기구 인터넷안보심사판공실(CAC)은 자국 내 모든 앱스토어에 디디추싱 앱 제거 명령을 내렸다. 중국 규제 당국이 국가 안보 위반 혐의로 조사하겠다는 엄포를 놓으며 시작한 '디디추싱 때리기'가 이어진 것이다. 이 회사는 최소 45일간 신규 이용자 모집도 금지됐다.

디디추싱은 15개국의 도시 4000곳에서 차량 공유 서비스를 운영 중인 중국의 대표 모빌리티 플랫폼이다. 전 세계 5억 명, 중국에서만 3억7700만 명이 이용한다. 7월 30일엔 미국 뉴욕증권거래소(NYSE)에 상장, 44억 달러(약 5조원)의 자금도 조달했다. 중국 기업의 미 증시

기업공개(IPO)로는 알리바바그룹홀딩스(2014년·250억달러) 이후 최대 규모였다.

디디추싱에 대한 당국의 제재는 디디추싱이 당국의 심기를 건드린 결과라는 해석이 지배적이다. 중국 정부는 미국과의 기술패권 전쟁에서 '테크 굴기(崛起)'를 떠받치는 IT 대기업들이 자국 통제권에 있는 홍콩이나 상하이 증시에 상장하도록 유도하고 있다. 이 와중에 디디추싱은 뉴욕행을 선택, 방대한 경영 자료를 미 증권감독 당국에 제출했다. 결국 이번 조치는 '배신행위 처벌'인 동시에, 향후 미국 증시 상장을 노리는 또 다른 기업들에 보내는 '사전 경고 메시지'라는 의미다.

중국의 자국 IT 기업 옥죄기는 세계 자산시장에도 악재다. 공산당 입김에 불확실성이 커지면 주가도 맥을 못 출 수밖에 없다. 실제 관련 소식에 글로벌 증시는 잇따라 타격을 입었다. 8월 2일 뉴욕 시장에서 디디추싱 주가는 전날 대비 5.94% 급락했다. 홍콩 증시에서도 이 회사 지분을 보유한 텐센트홀딩스 주가가 4.2%나 떨어지며 2021년 상승분이 모두 물거품이 됐다.

전 세계 코로나 누적 확진자 2억 명 넘어...1년 7개월만

전 세계 코로나19 누적 확진자가 2억 명을 넘었다. 국제 통계 사이트인 '월드오미터'에 따르면 국내 시간 8월 4일 오후 3시 38분 기준 세계 코로나19 누적 확진자는 2억30만 명이다. 중국이 지난 2019년 12월 31일 세계보건기구(WHO)가 중국 우한에서 원인 불명 폐렴이 발생했다고 알린 때를 기준으로, 코로나19 발생 첫 보고 뒤 약 1년 7개월 만에 누적 확진자가 2억 명을 넘은 것이다.

세계 누적 확진자는 올해 1월 26일 1억 명을 넘은 뒤 반년 만에 다시 1억 명이 늘었다. 월드오미터 통계를 보면 세계 하루 코로나19 확진자 숫자는 지난 4월 하루 90만 명 이상이었으나 점점 줄어들어 6월 30만 명대까지 감소했다. 그러나 이후 다시 증가세를 보여 현재 하루 60만 명대 감염자가 나오고 있다.

국가별로는 미국의 누적 확진자가 약 3600만 명으로 가장 많고, 인도(약 3170만 명), 브라질(약 1990만 명)이 뒤를 이었다. 이날까지 코로나19로 인한 세계 누적 사망자는 약 425만 명이다. 미국이 누적 사망자 약 63만 명으로 희생이 가장 컸고, 브라질(약 55만 명), 인도(약 42만 명)에서도 많은 이들이 숨졌다.

한편, 다른 국제통계사이트 아워월드인데이터에 따르면 현재까지 백신 접종을 완료한 사람은 세계인구의 14.8%이며, 1회차라도 접종한 사람까지 합치면 세계인구의 28.6%였다. 그러나, 이 통계에 따르면 저소득 국가에서는 1회차라도 백신을 접종한 이들의 비율이 1.1%에 지나지 않았다.

델타플러스 변이 국내 첫 발견

국내에서 처음으로 코로나19 델타플러스 변이 감염이 확인됐다. 국내에서 델타 변이가 사실상 우세종으로 자리 잡은 가운데 델타플러스 변이까지 등장하며 우려가 커지고 있다.

8월 3일 방역 당국은 국내에서 델타플러스 변이 사례가 2명 확인됐다고 밝혔다. 첫 사례는 최근 해외여행 이력이 없는 40대 남성 A 씨다. 가족, 직장동료 등 접촉자 검사 결과 동거가족 1명 이외 추가 확진은 없다. 구체적 감염 경로는 조사 중이다. 두 번째 사례는 해외 유입이다.

델타플러스 변이는 지난 3월 유럽에서 처음 발견됐다. 델타 변이에서 파생된 변이 바이러스로, 전파력이 강하고 백신 항체에 대한 회피 능력이 있다고 알려졌다. 국내에서 현재까지 2명의 감염 사례가 확인되며 우려를 키우고 있다. 해외 11개 이상 나라에서 발견된 것으로 파악된다.

북한 지령받고 스텔스기 도입 반대...
청주 활동가 구속

지역신문 통해 北에 보고

북한 공작원의 지령을 받아 **미국 최신 스텔스 전투기 F-35A**(사진)의 국내 도입을 반대하는 활동을 벌인 충북 청주 지역 시민단체 출신 활동가 3명이 국가보안법 위반 혐의로 입건됐다고 주요 언론이 보도했다.

7월 30일 조선일보에 따르면 국가정보원과 경찰청 안보수사국은 지역 신문사 대표와 시민단체 출신 등 4명에 대해 국가보안법 위반 혐의를 포착해 지난 5월 말 이들의 자택 등을 압수수색했다. 국정원과 경찰은 이들에게 구속영장을 신청하면서 **국가보안법 4조**(목적수행), **7조**(찬양·고무), **8조**(회합·통신), **9조**(편의제공) 등의 혐의를 적용했다.

청주 활동가들은 우리 군의 F-35A 도입을 반대하는 활동을 벌인 혐의 등을 받고 있다. 2019년부터 작년까지 'F-35 전투기 도입 반대 청주시민대책위원회' 등에서 활동하며 거리 서명운동과 1인 릴레이 시위, 국방부 규탄 기자회견 등도 수차례 연 것으로 전해졌다.

찬양고무죄 (讚揚鼓舞罪)

찬양고무죄는 국가의 존립·안전이나 자유민주적 기본질서를 위태롭게 한다는 것을 알면서 반국가단체나 그 구성원 또는 그 지령을 받은 자의 활동을 찬양·고무(鼓舞 : 격려하며 기세를 돋움)·선전·선동·동조함으로써 성립하는 죄로 국가보안법 제7조에 규정돼 있다. 찬양고무죄는 양심과 사상의 자유를 침해하는 반인권적인 악법이라는 이유로 국보법의 존폐를 거론할 때마다 대표적인 독소조항으로 거론됐다.

이들은 8월 9일 지난 5월 압수수색으로 기존 암호 프로그램을 이용한 대북 보고가 어려워지자 피의자 중 1명이 운영하는 지역신문을 통해 북한에 수사 상황을 보고했다고 수사기관이 판단했다.

검찰은 "보도 형식을 빌려 북한 대남공작 부서인 통일전선부 문화교류국(옛 225국)에 자신들의 혐의 내용과 북한 공작원 신원노출 사실을 알렸다"며 "수사상황을 계속 보도해 북에 알려줌으로써 증거인멸을 할 것"이라고 했다.

北 "야당 총선 참패시켜라" 지령

국정원과 경찰에 따르면 북측은 21대 총선을 10개월 앞둔 2019년 6월 지령문에서 "다음 총선에서 자유한국당(국민의힘 전신)을 참패로 몰아넣고 그 책임을 황교안에게 들씌워 정치적으로 매장해버리는 것을 기본 전략으로 틀어쥐어야 한다"고 지시한 것으로 드러났다.

북한 문화교류국은 2019년 10월 20일 '조국 법무부 장관 사퇴로 인해 동요하는 중도층 쟁취 사업'을 지령으로 내리고 11월에는 "검찰 개혁안 등 개혁 법안 통과와 함께 진보 민주 개혁 세력이 정국 주도권을 장악하는 것을 1단계 목표로 내세워야 한다고 투쟁 방침을 내렸다.

북한은 2019년 6월 "반보수 실천투쟁을 전개함에 있어 최근 인기가 높은 유튜브TV를 통한 공간을 잘 활용해 봐야 한다"고 구체적인 지시를 내리기도 했다. 청주 활동가들은 2017년부터 중국, 캄보디아 등지에서 북한 공작원들과 접촉해 공작금 2만달러를 받고 지령을 받은 것으로 알려졌다. 한편, 활동가들은 이번 수사가 국가정보원의 조작이라고 반박했다.

정치권 파장 일파만파

청주 활동가들이 정치권과도 연계된 것으로 알려지면서 파문은 일파만파로 번졌다. 이들은 지난 2017년 당시 문재인 더불어민주당 대선 후보의 선거대책위원회 특보단에 참여한 이력도 있는 것으로 알려졌다. 또한 민주당 중진 의원 만남과 *민족화해협력범국민협의회(민화협) 고위 관계자를 만난 것으로도 전해졌다.

국민의힘 대권 주자인 윤석열 전 검찰총장은 8월 4일 페이스북에 "국가 안보는 국민의 생명과 재산을 지키는 최후의 보루로서 한 치의 틈도 허용되어서는 안 된다"며 "이 간첩 사건에 대해 철저한 진상 규명이 반드시 필요한 이유"라고 밝혔다.

---

*민족화해협력범국민협의회 (民族和解協力凡國民協議會)

민족화해협력범국민협의회(민화협)는 통일 문제에 대한 국민적 합의를 도출하고, 남북 간 화해와 교류협력 및 평화 실현을 통해 민족 동질성 회복에 기여하는 것을 목적으로 1998년 9월 3일 정당, 시민단체가 함께 결성한 단체다. 남북기본합의서 실천을 위한 사업, 통일문제 합의 도출을 위한 사업, 남북 간 화해, 협력 및 교류를 위한 사업 및 대정부 정책 건의 등의 사업을 추진하고 있다.

👐 세 줄 요약

❶ 북한 공작원의 지령을 받아 스텔스기 도입을 반대한 청주 지역 시민단체 출신 활동가들이 국가보안법 위반 혐의로 입건됐다.

❷ 이들은 북한으로부터 총선에서 보수 야당을 참패시키고 검찰개혁법을 통과시키기 위해 여론전을 추진하라는 지령을 받은 것으로 알려졌다.

❸ 활동가들이 정치권과도 연계된 것으로 알려지면서 파장이 커졌다.

김정은, 사상 첫 전군 지휘관·정치간부 강습 주재

▲ 김정은 북한 국무위원장

김정은 북한 국무위원장이 사상 최초로 전군 지휘관·정치간부 강습을 주재하고, 달라진 정세에 맞는 군 건설 방침을 제시했다. 핵무력이나 핵억제력 등에 대한 언급은 따로 내놓지 않았다. 지난 7월 30일 조선중앙통신은 "김정은 동지의 지도 밑에 조선인민군 제1차 지휘관·정치일꾼(간부) 강습회가 7월 24일부터 27일까지 평양에서 진행됐다"고 전했다.

김 위원장은 결론을 통해 "적대 세력들이 광신적이고 집요한 각종 침략전쟁연습을 강화하며 우리 국가를 선제타격할 수 있는 능력을 계속 체계적으로 확대하고 군비를 증강하고 있는 현 상황은 긴장 격화의 악순환을 근원적으로 끝장내려는 우리 군대의 결심과 투지를 더욱 격발시키고 있다"며 전투력 강화를 주문했다.

김 위원장은 이어 "지휘관, 정치일꾼들이 적들의 그 어떤 군사적 도발에도 능동적이며 공세적으로 대처할 준비를 완성하는 데 총력을 집중하여야 한다"며 "이것은 당과 우리 혁명이 인민군대에 준 지상의 명령이며 그 누구도 대신할 수 없고 지휘성원들이 목숨을 걸고 책임져야 할 초미의 과제"라고 강조했다.

한편, 사상 최초의 강습 개최 배경을 두고 통신은 "조선인민군의 군사정치적 위력과 혁명적 투쟁정신을 더욱 제고하고 당 중앙의 중대한 군사전략전술사상과 변화된 정세의 요구에 부합한 군 건설 방향과 방침들을 군정간부들에게 재침투, 체득시키기 위하여 전군 군정간부들의 대회합을 조직했다"고 설명했다.

김정은 의문의 '뒤통수 파스' 눈길

김정은 북한 국무위원장이 사상 최초로 주재한 전군 지휘관·정치간부 강습에서 뒤통수에 파스를 붙인 모습으로 등장해 이목이 집중됐다. 김 위원장이 파스를 붙인 이유가 수술 흔적인지, 다쳐서 생긴 상처 때문인지 명확하게 확인되지 않아 여러 가지 해석이 나왔다.

전군 지휘관·정치간부 강습에 모습을 보인 김 위원장의 뒤통수에는 손바닥만 한 크기의 살구색 파스가 붙어 있었다. 조선중앙TV 영상에 담긴 다른 부분에는 파스를 뗀 곳에 상처로 보이는 거뭇한 흔적도 포착됐다.

최근 급격히 빠진 김 위원장의 체중이 함께 언급되면서, 뒤통수에 붙인 파스를 김 위원장의 건강 이상과 연관 짓는 해석이 많은 가운데, 전문가들은 종기나 지방종 등을 제거하고 감염을 막기 위한 용도로 파스를 붙였을 가능성을 제기했다.

한편, 김 위원장은 지난 6월 초 당 정치국 회의를 통해 한 달 만에 공개활동을 재개하면서 눈에 띄게 체중이 감량된 모습으로 등장해 주목을 받았다. 때문에 건강이상설이 불거졌지만 국가정보원은 건강에 이상이 없는 것으로 안다며 일축한 바 있다.

남북 통신연락선 13개월 만에 전격 복원

남과 북을 잇는 직통연락선이 7월 27일 오전 10시 전면 복원됐다. 문재인 대통령과 김정은 국무위원장이 친서 소통으로 "신뢰 회복, 화해 도모, 관계 진전"에 뜻을 모은 데 따른 첫 실천 조처

다. 2020년 6월 *남북 공동연락사무소 폭파 사건*이 일어난 지 13개월 만이다.

남과 북은 이날 오전 11시 직통연락선 복원 사실을 각각 동시에 발표했다. 박수현 청와대 국민소통수석은 이날 브리핑에서 문 대통령과 김 위원장이 "지난 4월부터 여러 차례 친서를 교환하면서 남북 간 관계 회복 문제로 소통해 왔으며, 이 과정에서 우선적으로 단절됐던 통신 연락선을 복원하기로 합의했다"고 밝혔다.

같은 시각 북한도 관영 '조선중앙통신'의 '보도' 형식을 빌려 "지금 온 겨레는 좌절과 침체 상태에 있는 북남관계가 하루빨리 회복되기를 간절히 바라고 있다"며 "통신 연락선의 복원은 북남관계의 개선과 발전에 긍정적인 작용을 하게 될 것"이라는 기대감을 감추지 않았다.

북은 남북 통신연락선 연결을 통해 2020년 6월 이후 경색된 남북관계를 개선하는 쪽으로 정책 노선을 잡았음은 분명해 보인다. 1년여 만에 북이 통신선을 복원한 배경에는 문재인 정부가 꾸준히 추진해 온 남북관계 개선 노력에 더해 코로나19 사태가 장기화하면서 방역과 경제 사정이 악화한 사정이 복합적으로 작용했을 것으로 분석된다.

하지만 이번 조처가 남북관계의 본격 개선과 북미 대화 복원 등 '한반도 평화 프로세스'의 실질적 재개로 직결될지는 불분명하다. 북은 지난 2019년 2월 말 '하노이 결렬' 이후 한미 연합훈련 중단 등 '대북 적대시 정책의 철회'를 꾸준히 요구해 왔지만, 한미 당국은 8월 초로 예정된 훈련을 실시한다는 방침을 유지하고 있다. 북은 또 남측에 분명한 화해의 손길을 내밀었지만, 초미의 관심사인 북미 관계 개선 방향에 대해선 언급하지 않았다.

---

*남북 공동연락사무소 폭파 사건

남북 공동연락사무소 폭파 사건은 북한이 2020년 6월 16일 대북전단 살포 등에 대한 남한 당국의 대응을 문제 삼아 개성 남북 공동연락사무소를 폭파한 사건을 말한다. 남북 공동연락사무소는 2018년 4월 27일 남북 정상이 합의한 판문점 선언에 따라 2018년 9월 개성공단 내에 문을 열었고 ▲남북 간 교섭 및 연락 ▲당국 간 회담 및 협의 ▲민간교류 지원 ▲왕래 인원 편의 보장 등의 기능을 담당해 왔다. 남북 공동연락사무소 개소에는 우리나라 정부 예산이 170억원가량 투입된 것으로 알려져 남측 재산을 잿더미로 날린 북한의 처사를 비난하는 여론이 일었다.

▌4차 남북정상회담 실현될까... 화상 만남 가능성에 주목

남북 간 통신연락선이 13개월여 만에 복원되면서 문재인 정부 들어 4번째 남북정상회담이 개최될지 관심이 주목된다. 특히 코로나19 확산 속에 보건·의료체계가 열악한 북한이 사실상 국경폐쇄로 대응해 비대면 회담이 거론된다.

문 대통령은 올해 1월 11일 신년사에서 "언제든, 어디서든 만나고 비대면 방식으로도 대화할 수 있

한반도 평화 논의 연표

한국전쟁 휴전협정	1953년 07월 27일
7·4 남북공동성명	1972년 07월 04일
남북 유엔 동시가입	1991년 08월 08일
남북 기본합의서	1991년 12월 13일
2000년 남북정상회담	2000년 6월 13일~15일
6·15 남북공동선언	2000년 06월 15일
2007년 남북정상회담	2007년 10월 2일~4일
10·4 남북정상선언	2007년 10월 04일
봄이 온다	2018년 4월 1일~3일
2018년 제1차 남북정상회담	2018년 04월 27일
판문점 선언	2018년 04월 27일
2018년 제2차 남북정상회담	2018년 05월 26일
2018년 북미정상회담	2018년 06월 12일
2018년 제3차 남북정상회담	2018년 9월 18일~20일
2019년 2월 북미정상회담	2019년 2월 26일~28일
2019년 6월 북미정상회담	2019년 06월 30일

다는 우리의 의지는 변함이 없다"고 말했다. 통일부는 지난 4월 서울 종로구 삼청동 남북회담본부에 북한과의 비대면 회의를 위한 영상회의실을 설치하기도 했다.

박수현 청와대 국민소통수석은 이날 언론 인터뷰에서 문재인 대통령 임기 중 화상 정상회담 가능성을 묻는 질문에 "(앞으로) 각급 단위의 실무 접촉들이 이뤄질 텐데 코로나 비대면 시대이기 때문에 화상으로 실무 접촉을 이어갈 수 있는 시스템을 마련하는 것을 염두에 두고 있다. 그것이 가장 합의하기 쉬운 것이 아닐까 생각한다"고 답했다.

박 수석은 "그렇게 하나씩 징검다리를 놓다 보면 결과적으로 화상일 수밖에 없는 여건이라면 정상회담까지도 이를 수 있고, 그걸 통해서 더 멀리 한반도 평화라고 하는 저 강 너머에 이를 수 있다"고 말했다.

그러나 **정상회담을 포함한 남북관계 진전이 빠르게 이뤄지기 어려울 것이란 전망이 우세하다.** 당장 비핵화 방법을 두고 이견이 있고, 대북 제재가 해제되기 어려운 상황에서 회담의 '결과물'을 만들어내기 어렵기 때문이다. 청와대는 이날 남북한이 정상회담 개최 방안을 논의 중이라는 로이터통신 보도에 대해 즉각 "사실이 아니다"라고 밝혔다.

▌청해부대 코로나19 90% 집단 확진

코로나19 집단감염으로 조기 귀국한 *청해부대 장병들이 병원과 생활치료센터 등으로 이송된 가운데, 승조원 전체 301명 가운데 90%에 해당하는 270명이 확진된 것으로 최종 집계됐다. 질병청은 **확진자 전원이 전파력이 강한 인도 유래 '델타형' 변이 바이러스에 감염된 것으로 추정하고 있다.**

앞서 청해부대 34진을 태운 문무대왕함은 6월 28일~7월 1일 군수품 적재를 위해 아프리카의 한 항구에 기항했다. 이후 감기 증상자가 속출했고 뒤늦게 실시한 유전자증폭(PCR) 검사에서 장병 다수가 확진 판정을 받았다. 이에 군 당국은 군수품 적재 기간에 바이러스가 유입된 것으로 추정하고 있다.

해외파병 중인 부대에서 90%가 집단으로 감염되는 초유의 사태가 발생하자 군 당국의 '부실 대응'에 대한 비난 여론이 거세게 일었다. 군 당국은 해외파병부대들을 대상으로 하는 감염병 지침을 배포하긴 했지만, 실질적인 대책이 될 수 없었다.

한편, 부대원들은 7월 20일 군 수송기를 타고 조기 귀국한 뒤 군 병원과 민간 병원, 생활치료센터 등으로 나눠 치료받았으며 현재는 전원 퇴원·퇴소한 상태다. 이에 따라 코로나19 집단감염으로 아프리카에서 작전 중 조기 귀국한 청해부대 34진 부대원 301명 가운데 확진자 272명 전원이 완치 판정을 받게 됐다.

*청해부대 (淸海部隊)

청해부대는 아프리카 소말리아 아덴만과 중동 오만만 일대에서 선박보호 임무 등을 수행하는 해외파병 부대로 2009년 3월 처음 창설됐다. 대양작전능력을 보유한 충무공이순신급 구축함(DDH-II)이 4~5개월씩 돌아가면서 투입되고 있다.
청해부대는 특수전전단(UDT) 장병으로 이뤄진 검문검색대와 해상작전헬기(LYNX)를 운용하는 항공대 장병 등 300여 명으로 구성된다. 청해부대는 2020년 1월부터 정부의 '청해부대 파견지역 한시적 확대 결정'에 따라 오만만과 페르시아만 일대까지 작전 범위를 넓혀 우리 국민과 선박의 보호 임무를 수행하고 있다.

◐ **기출tip** 2019년 목포MBC 필기시험에서 청해부대를 묻는 문제가 출제됐다.

통일부, 북에 보낸 저작권료 8억원 송금경로 공개 거부

법원이 남북경제문화협력재단(경문협)의 조선중앙TV 저작권료 송금 경로 등을 밝히라고 요청했지만 통일부가 비공개 입장을 밝힌 것으로 알려졌다. 8월 3일 법조계에 따르면 서울동부지법 민사1단독 송승용 부장판사는 지난 4월 국군포로인 원고 측 요청을 받아들여 2005~2008년 경문협이 저작권료 7억9000만원을 보낸 저작권료 수령자와 송금 경로에 대한 사실 조회를 통일부에 요청했다.

이에 통일부는 7월 13일 제출한 사실조회 회신서에서 송금 경로 등을 공개할 수 없다는 입장을 밝힌 것으로 알려졌다. 원고 측 구충서 변호사는 "통일부는 (해당 내용이) 통일 등에 관한 것이어서 답을 못하겠다는 것이다"라며 "그건 무리한 이야기이고 말이 안 되는 이야기"라고 밝혔다.

그러면서 "'저작권료 북한 송금 방법'은 통일에 관한 사항도 아니고, 저작권료의 사용에 관한 사항"이라며 "공개한다고 해서 국가 안보에 실질적 위험을 미칠 현저한 염려를 미칠 경우도 아니다"라고 덧붙였다.

한편, 앞서 국군포로 한 모·노 모 씨는 한국전쟁 당시 북한군에 포로로 잡혀 내무성 건설대에 배속돼 강제노역했다며 북한과 김정은 국무위원장을 상대로 손해배상 청구 소송을 내 승소한 바 있다. 이어 조선중앙TV 저작권료를 법원에 공탁 중인 경문협을 상대로 추심 명령이 내려졌지만 경문협이 이를 거부하자 이들은 2020년 12월 동부지법에 추심금 청구 소송을 냈다.

북한의 주요 언론 매체

구분	매체
신문	• 노동신문(노동당 기관지) • 민주조선(정부 기관지) • 청년전위(김일성 사회주의청년동맹 기관지) • 평양신문(평양시 노동당 인민위원회 기관지) • 통일신보(무소속 대변지)
TV	• 조선중앙TV • 만수대TV • 교육문화TV • 개성TV
라디오	• 조선중앙방송 • 평양방송 • 지방 방송국
뉴스통신사	• 조선중앙통신

北, 한미연합훈련 중단 촉구... 야당 반발

김여정 북한 노동당 부부장의 562글자 분량 담화에 정치권이 발칵 뒤집어졌다. 김 부부장이 8월 중순 예정된 **한미연합훈련**의 중단을 문재인 대통령에게 **촉구**하자 국민의힘 대권 주자인 최재형 전 감사원장이 "도대체 언제까지 북한의 눈치나 보냐"라며 반대 의견을 밝히는 등 야권은 반발했다. 반면 설훈 더불어민주당 의원은 "코로나 상황이 악화하고 있는데 무리하게 연합훈련을 강행할 필요가 없다"며 훈련 불가론을 펼쳤다.

훈련 예정 시기인 8월 중순까지 남은 일정이 빠듯하고 훈련이 한미 합의 사안임을 고려하면 갑작스러운 훈련 중단의 가능성은 거의 없다. 그런데도 대남 관계와 관련한 북한의 그간 행보를 둘러싼 야권의 불만이 쌓이면서 이번 담화문을 계기로 비판이 쏟아졌다.

최 전 원장은 김 부부장의 담화문 발표 이튿날인 8월 2일 "마치 대한민국 군통수권자에게 지시를 내리는 듯하다"며 "군 통신선 연결과 대화 재개를 미끼로 한미연합훈련을 중단시키겠다는 저의가 깔려있다"고 작심 비판을 쏟아냈다.

북한 고위 외교관 출신인 태영호 국민의힘 의원도 입장문을 내고 "김정은 남매의 협박에 굴복해 한미연합훈련을 중지한다면 당면한 남북관계에서 주도권을 잃는 것은 물론 영원히 북핵을 이고 사는 인질이 될 것"이라고 주장했다.

국회 '외교통'으로 불리며 대선 경선예비후보로 등록한 박진 국민의힘 의원은 최근 이뤄진 '남북 통신연락선 복원'을 두고 "북한은 필요에 따라 통신선을 열었다가 끊었다가 하기를 지금까지 여섯 차례나 반복했다"며 "다시 연결된 것은 다행이지만 이것이 실질적인 남북 신뢰 구축으로 이어질 수 있을 것인지는 지켜봐야 하겠다"며 신중한 반응을 보이기도 했다.

송영길 민주당 대표는 이날 국회에서 열린 최고위원회의에서 "김여정 북한 노동당 부부장이 염려한 적대적인 훈련이 아니라 평화 유지를 위한 방어적 성격의 훈련"이라며 "한미연합훈련은 예정대로 진행될 수밖에 없다"고 밝혔다. 후반기 **한미연합지휘소연습**(21-2-CCPT)은 예정대로 8월 16일 공식 시작됐다.

송 대표는 "이번 훈련은 기동훈련이 없는 연합 지휘소 훈련이고 컴퓨터 시뮬레이션 훈련"이라고 설명했다. 그러면서도 "(이번 훈련은) 전시작전권 회수를 위해 **완전운용능력**(FOC, Full Operational Capability) 검증에 있어 필수적 훈련이기도 하다"며 "이와 관련해 남북관계 발전에 장애가 되지 않기를 바라는 마음"이라고 덧붙였다.

✱한미연합훈련 (韓美聯合訓練)

한미연합훈련이란 한국과 미국이 한반도에 발발 가능한 상황을 전제하고 전쟁 억제를 목적으로 하는 양국 연합훈련의 통칭이다. 전쟁 억제의 핵심은 오직 훈련된 군대를 통한 반격태세라는 대원칙하에, 일본 자위대의 방어훈련과 같은 수준으로는 유사시 제대로 싸우지 못하게 되는 경우를 미연에 방지하게 된다.

한미연합훈련은 ▲을지프리덤가디언(UFG) 연습 ▲키리졸브 ▲독수리연습 등 3가지로 시행됐으나 문재인 정부는 판문점 선언, 9·19 군사합의 등을 통해 한반도 평화 정착을 위해 한미연합훈련 축소를 추진했다. 이에 따라 한반도 우발 상황을 가정한 한미연합 군사훈련인 UFG 연습이 43년 만인 2019년 폐지됐다. UFG 연습은 한국 정부와 군 중심의 을지태극연습과 한미연합 지휘소연습으로 나뉘어서 실시됐다.

北 2020년 경제 성장률 23년 만에 최악

2020년 북한의 경제 성장률이 대기근으로 인한 ✱**고난의 행군** 시절인 1997년(-6.5%) 이후 23년 만에 최대 폭으로 감소했다. 7월 30일 한국은행이 발표한 '2020년 북한 경제성장률 추정결과'에 따르면 2020년 북한 실질 국내총생산(GDP)은 전년 대비 4.5% 감소한 것으로 나타났다.

이는 유엔(UN) 안전보장이사회(안보리)의 2016년 대북제재 조치가 5년째 이어진 데 더해 지난해 코로나19를 막기 위한 국경 봉쇄, 이동제한 조치와 자연재해 등의 악재가 겹친 탓이다. 실물경제 규모 자체는 2003년 수준(실질 GDP 31조3000억원)까지 위축됐다.

2019년 0.4% 성장하면서 3년 만에 마이너스 성장률에서 벗어났지만 2020년 코로나19 여파로 1년 만에 다시 하락했다. 글로벌 경기 전체가 후퇴하고 기후변화 등으로 인한 식량 위기도 가중되면서 다시 성장세가 내려앉은 것으로 보인다.

✱고난의 행군

고난의 행군은 북한에서 김일성 주석 사망 이후에, 1994년부터 1999년 사이에 일어난 최악의 식량난을 가리키는 말이다. 당시 소비에트 연방이 해체되는 등 전 세계적으로 공산국가가 붕괴하며 경제적으로 고립된 가운데, 미국의 경제 봉쇄로 인한 식량 수입 제한과 농업 기계를 가동하는 데에 사용할 석유의 수입 제한 및 여러 자연재해로 인한 농지의 대규모 파괴가 겹치면서 기아가 발생하였다. 고난의 행군 시기 아사자의 수는 명확하지 않으나, 2010년 11월 22일 대한민국 통계청이 유엔의 인구센서스를 바탕으로 발표한 북한 인구 추계에 따르면, 1996~2000년간 아사자 수는 33만여 명으로 추산된다. 미국 통계청에서는 1995년에서 2000년까지 경제난에 의해 직간접적 영향으로 사망한 북한 인구를 50만 명에서 60만 명으로 추산하기도 했다.

'한국의 갯벌' 세계유산 됐다...
우리나라 15번째 세계유산

'반려' 권고에도 뒤집기 성공

멸종위기종 철새를 비롯해 2150종의 생물이 살아가는 생물종의 보고 '한국의 갯벌'(Getbol, Korean Tidal Flats)이 유네스코 세계유산에 등재됐다. 지난 7월 26일 중국 푸저우에서 온라인과 병행해 진행된 제44차 세계유산위원회(WHC)는 한국의 갯벌을 세계유산 중 자연유산으로 등재했다. 이로써 한국이 보유한 세계유산은 15건으로 늘었다.

한국의 갯벌은 ▲충남 서천 ▲전북 고창 ▲전남 신안 ▲전남 보성·순천 등 4곳에 있는 갯벌을 묶은 유산이다. 신안 갯벌이 $1100km^2$로 가장 넓고, 나머지 갯벌 면적은 각각 $60km^2$ 안팎이다. 모두 습지보호지역이고, 일부가 *람사르습지다.

앞서 한국의 갯벌은 세계자연유산 자문·심사기구인 세계자연보전연맹(IUCN)으로부터 네 단계 평가 체계 중 세 번째인 '반려' 권고를 받았다. 그러나 WHC에서 두 단계를 올려 등재되며 최종 뒤집기에 성공했

*람사르습지 (Ramsar濕地)

람사르습지는 생물 지리학적 특징이 있거나 희귀 동식물의 서식지로서 보호할 만한 가치가 있다고 판단되어 '람사르협약'에 의해 지정된 습지를 말한다. 람사르협약이란 1971년 이란의 람사르에서 체결된 협약으로, 국제적으로 중요한 습지와 습지의 자원을 보전하기 위한 국제환경협약을 말한다. 우리나라는 1997년에 101번째로 가입했으며, 2008년에는 경상남도 창원에서 '제10차 람사르 총회가 열렸다.

○ **기출tip** 2018년 광주MBC에서 철새도래지 등 습지를 보호하기 위한 협약(람사르협약)을 묻는 문제가 출제됐다.

다. 반려 판단을 받은 우리나라 유산이 철회되지 않고 한 번에 등재되기는 이번이 처음이다.

한국의 갯벌 세계유산 등재추진단에 따르면 한국의 갯벌에는 멸종위기에 처한 물새 22종과 해양 무척추동물 5종이 서식하며, 범게를 포함해 고유종 47종이 있다. 또한, 한국의 갯벌은 동아시아와 대양주 철새 이동로에서 핵심 기착지(寄着地 : 목적지로 가는 도중에 잠깐 들르는 곳)이기도 하다.

문 대통령 "갯벌 지킨 분들께 감사"

문재인 대통령은 한국의 갯벌이 세계유산으로 등재된 것을 두고 지난 7월 30일 "많은 분의 지혜와 희생과 필사적 보호가 있었다"며 "갯벌을 지켜준 분들께 감사드린다"고 말했다. 문 대통령은 "서천 갯벌은 장항 국가산업단지 건설로 매립될 위기였지만 다행히 2007년 매립이 백지화됐다. 이후 습지보호지역으로 지정됐고 주민들은 빠른 발전보다 자연과의 공존이라는 위대한 선택을 했다"고 떠올렸다.

문 대통령은 이어 "순천 시민들은 1990년 후반부터 흑두루미 희망농업단지를 조성하는 등 생물서식지를 꾸준히 지켜왔다"며 "시민들의 앞선 걸음이 없었다면 흑두루미는 오래전 우리 곁을 떠났을 것"이라고 말했다. 문 대통령은 또 "너무 익숙하면 그 가치를 깨닫지 못할 때가 있다. 잃고 나서야 '아차' 하며 후회한다"며 "공존의 삶은 불편하지만 고귀하다. 잘 지키고 상생하겠다"고 밝혔다.

한편, 제45차 WHC는 2022년 6월 19일부터 6월 30일까지 러시아 카잔에서 개최된다. **제45차 WHC에서는 우리나라가 등재를 추진하고 있는 '가야고분군'**(Gaya Tumuli) **등 세계유산 등재 결정을 비롯**하여 세계유산 정책과 보존 관리에 대한 다양한 현안이 논의될 예정이다.

한국의 유네스코 유산

구분	유네스코 유산
세계유산 (문화·자연·복합유산)	▲한국의 갯벌 ▲한국의 서원 ▲산사, 한국의 산지 승원 ▲백제역사유적지구 ▲남한산성 ▲한국의 역사마을 : 하회와 양동 ▲조선 왕릉 ▲제주 화산섬과 용암 동굴 ▲고창, 화순, 강화의 고인돌 ▲경주 역사 지구 ▲창덕궁 ▲화성 ▲해인사 장경판전 ▲종묘 ▲석굴암과 불국사
인류무형 문화유산	▲연등회 ▲씨름(남북한 공동 등재) ▲제주해녀문화 ▲줄다리기 ▲농악 ▲김장 ▲아리랑(남북한 개별 등재) ▲줄타기 ▲택견 ▲한산모시짜기 ▲대목장(大木匠) ▲매사냥 ▲가곡 ▲처용무 ▲강강술래 ▲제주 칠머리당 영등굿 ▲남사당놀이 ▲영산재 ▲강릉단오제 ▲판소리 ▲종묘제례 및 종묘제례악
세계기록 유산	▲국채보상운동 기록물 ▲조선통신사에 관한 기록 ▲조선왕실 어보와 어책 ▲한국의 유교책판 ▲KBS 특별생방송 '이산가족을 찾습니다' 기록물 ▲새마을운동 기록물 ▲난중일기 ▲5·18 광주 민주화운동 기록물 ▲일성록 ▲동의보감 ▲고려대장경판 및 제경판 ▲조선왕조 의궤 ▲불조직지심체요절 하권 ▲승정원일기 ▲조선왕조실록 ▲훈민정음해례본

▶ **기출tip** 각종 상식시험에 한국의 유네스코 유산이 아닌 것을 고르는 문제가 종종 출제된다.

🖐 세 줄 요약

❶ 생물종의 보고 '한국의 갯벌'(Getbol, Korean Tidal Flats)이 유네스코 세계유산에 등재됐다.

❷ 한국의 갯벌은 세계자연보전연맹(IUCN)으로부터 네 단계 평가 체계 중 세 번째인 '반려' 권고를 받았으나, WHC에서 두 단계를 올려 등재에 최종 성공했다.

❸ 2022년 있을 제45차 WHC에서는 우리나라가 등재를 추진하고 있는 '가야고분군'(Gaya Tumuli) 등 세계유산 등재 결정이 논의될 예정이다.

국립국어원, 표준국어대사전에서 '주로 여성이' 표현 없앴다

▲ 국립국어원 표준국어대사전 (홈페이지 캡처)

지난 8월 3일 국립국어원은 **표준국어대사전**에 실린 단어 '미용실', '기름종이', '스카프', '양산'의 뜻풀이에서 여성과 관련된 부분을 삭제했다고 밝혔다. **해당 단어들의 뜻풀이에 성차별적 요소가 담긴 것을 수정한 것이다.**

국립국어원의 '표준국어대사전 2분기 정보 수정 주요 내용'에 따르면 미용실의 뜻풀이 '주로 여성의 용모, 두발, 외모 따위를 단정하고 아름답게 해 주는 것'에서 '주로 여성의'라는 두 어절을 삭제했다. 기름종이 뜻풀이에서는 '주로 여자들이 화장을 고칠 때 쓴다'는 문구가 삭제됐고, 스카프와 양산 뜻풀이에서도 각각 '주로 여성이'와 '주로, 여자들이'라는 말이 삭제됐다.

'처녀막' 대신 '질입구주름'

국립국어원은 '처녀막'의 뜻풀이를 "질입구주름의 전 용어"로 변경하고, 처녀막과 동일한 신체 부위를 지칭하는 의학용어인 '질입구주름'을 추가했다. 지금까지 사전에 처녀막은 "처녀의 질 구멍을 부분적으로 닫고 있는, 막으로 된 주름 또는 구멍이 난 막. 파열되면 재생이 되지 않는다"라고 풀이돼 있었는데, 이 단어 자체를 질입구주름으로 바꾸고 뜻풀이는 "여성의 질 구멍을 부분적으로 닫고 있는, 막으로 된 주름 또는 구멍이 난 막."으로 바꿨다.

국립국어원이 이같이 수정한 이유는 '처녀'라는 말에 담긴 성차별적 요소를 제거하고자 한 것이다. 또, "파열되면 재생이 되지 않는다"와 같은 뜻풀이를 삭제해 불필요한 사회적 편견을 조장하는 것을 막고자 한 것이다.

'길고양이·남북쪽·대체역·헛딛다' 새 단어 등록

이번 표준국어대사전 수정으로 '길고양이'는 "주택가 따위에서 주인 없이 자생적으로 살아가는 고양이"라는 뜻의 새로운 단어로 등록됐다. '도둑고양이'는 "사람이 기르거나 돌보지 않는 고양이"에서 "몰래 음식을 훔쳐 먹는 고양이라는 뜻으로, 길고양이를 낮잡아 이르는 말"로 변경됐다.

'남북쪽', '대체역', '헛딛다'도 새로운 단어로 추가돼 띄어쓰기 없이 사용할 수 있게 됐다. 특히 남북쪽은 동서쪽과 짝을 이루는 단어지만, 기존에는 동서쪽만 사전에 올라 있었다.

나아가 '장애아'의 뜻풀이는 "병이나 사고, 선천적 기형으로 말미암아 신체를 제대로 움직일 수 없는 아이"에서 "신체의 일부에 장애가 있거나 정신 능력이 원활하지 못해 일상생활이나 사회생활에 어려움이 있는 아이"로 뜻이 변경됐다.

'학부형'의 뜻풀이도 "예전에 학생의 아버지나 형이라는 뜻으로, 학생의 보호자를 이르던 말"로 바뀌었다. 국립국어원 관계자는 "국가인권위원회가 검토해 달라고 요구하는 사항과 국민 의견 등을 바탕으로 사전을 수정하고 있다"고 말했다.

표준국어대사전 (標準國語大辭典)

표준국어대사전은 표준어 규정, 한글 맞춤법 등의 어문 규정을 준수하여 국립 국어원에서 발행한 국어 대사전을 말한다. 민간 출판사나 대학 연구소에서 출판하는 국어사전들의 표제어 표기가 불일치 하는 등 일관되지 않아 국민에게 혼란을 주는 것을 막기 위해 1992년 8월부터 1999년 8월까지 예산 112억원을 쓰고, 국어학자 500여 명을 투입해 초판본이 나왔다. 그 후 2008년에 개정판이 나오면서 인터넷으로 제공되고 있다. 2019년 3월에는 새 서비스 화면으로 개편하면서 저작권을 국민 모두에게 개방하여 사전의 전체 내용을 누구나 자유롭게 이용할 수 있도록 했다.

국가 기관인 국립국어원의 위상을 근거로 사실상 표준국어대사전에 수록된 내용이 표준어로 인정된다. 그러나 국립국어원의 맞춤법 해석이 실제 언어생활을 반영하지 못하는 등의 문제가 있어 일부 국어학자나 국민의 반발을 사기도 한다.

김치, 이젠 '파오차이' 대신 '신치'로... 문체부 훈령 개정

우리 고유 음식인 김치의 중국어 번역·표기가 '신치(辛奇)'로 바뀐다. **중국이 김치를 자신들의 음식이라며 불렀던 '파오차이(泡菜)'는 삭제한다.** 문화체육관광부는 이런 내용을 담은 '공공 용어의 외국어 번역 및 표기 지침' 훈령 개정을 7월 22일부터 시행한다고 밝혔다.

한국어와 달리 중국어에는 '김', '기' 소리를 내는 글자가 없어 김치를 소리 나는 대로 표기하지 못한다. 정부는 올해 초 김치의 중국어 번역 후보 용어 16개를 검토하면서 **'신치'가 김치와 발음이 유사하며, '맵고 신기하다'는 의미를 나타내므로 김치를 표현하기에 적절한 용어로 선정했다.**

김치를 왜 신치로?

문화체육관광부가 이처럼 김치의 중국어 번역·표기를 '파오차이'에서 '신치'로 변경하겠다고 발표한 것과 관련해 이를 철회해달라는 학계 목소리가 나왔다. 전북대 김병기 중어중문학과 명예교수는 8월 5일 **청와대 국민청원**을 통해 "'김치'는 자랑스러운 우리의 고유명사"라면서 이같이 주장했다.

김 명예교수는 "김치는 많은 외국, 특히 중국 사람들도 거의 다 아는 명사"라면서 "한국의 고유명사를 중국 사람들이 어떻게 쓰고 읽을 것인지는 완전히 그들의 문제"라며 "우리가 나서서 김치라는 고유명사와 고유 발음을 버리면서까지 **'신치'라는 새로운 이름을 지어주는 것은 우리의 자존심을 스스로 버리는 어리석은 처사이자, 망국적인 신사대주의적 발상"**이라고 덧붙였다.

앞서 문체부는 최근 식품업계 등 민간에서 '신치'를 비롯한 김치의 중국어 표기 반영을 계속 요구한 점을 고려해 이런 내용을 담은 훈령인 '공공 용어의 외국어 번역 및 표기 지침' 개정안을 발표하고 시행에 들어갔다. 개정 훈령은 국가와 지방자치단체의 누리집, 홍보 자료 등에 적용된다. 다만 민간 부문에선 훈령 적용을 강제하지 않기 때문에 사업 환경에 따라 참고해 번역·표기할 수 있다.

청와대 국민청원 (靑瓦臺國民請願)

청와대 국민청원은 문재인 정부가 '국민이 물으면 정부가 답한다'는 국정철학을 지향·반영하고자 2017년 도입한 직접 소통의 수단이다. 청원에 30일 동안 20만 명 이상의 동의 서명이 모이면 정부 관계자의 공식 답변을 30일 이내에 들을 수 있도록 했다. 청와대는 2019년 3월 국민청원 게시판을 개편하면서 욕설·비방·중복 등 부적절한 청원 노출을 차단하기 위해 30일 이내에 100명 이상 사전 동의를 받은 게시물에 한해서 청원 게시판에 공개하고 있다.

한-러 대학생 예술인들 '시베리아 예술원정대' 공동 창작품 공개

▲ '시베리아 예술원정대' 공동 창작품 온라인 공개 포스터
(자료 : 문화체육관광부)

문화체육관광부는 한국국제문화교류진흥원(이하 진흥원)과 함께 한국과 러시아 대학생이 공동 참여한 '시베리아 예술원정대'의 비대면 공동 창작 결과물을 8월 9일 유튜브에서 온라인으로 공개했다. 문체부와 진흥원은 지난 3월 한국과 러시아 대학생 예술인으로 구성된 '시베리아 예술원정대'를 발족한 바 있다.

시베리아 예술원정대는 '2020-2021 한국·러시아 상호 문화교류의 해' 프로그램의 일환으로 양국 문화예술계의 미래를 짊어질 차세대 예술인들이 함께 창작하고 협연할 수 있도록 지원하는 사업이다.

한국 14명, 러시아 26명 등 총 40명으로 이뤄진 시베리아 예술원정대원은 음악, 연극, 무용 등 3개 분야에서 각각 창작단을 구성했고 올해 4월부터 7월까지 매달 2회 이상 분야별 양국 전문가 지도와 매주 1회 이상 화상회의 등 비대면 방식으로 협업해 코로나19 어려움 속에서도 예술 작품을 창작해냈다.

음악 분야에서는 기악 전공 대원들이 바흐의 '세 대의 건반악기를 위한 협주곡 바흐 작품 목록(BWV)1063' 3악장을 비대면으로 합동 연주하고, 작곡 전공 대원들은 상대국가의 무용 전공 대원들을 위한 신규 무용곡을 창작했다.

무용 분야 대원들은 상대국의 작곡 전공 대원들이 작곡한 곡을 바탕으로 새로운 무용 '20이일(한국), Immortal Flowers(러시아)'를 창작해 상호 이해와 협력의 폭을 넓혔다.

연극 분야 대원들은 코로나19 상황 속에서 양국 국민들의 외로움을 치유하기 위해 '만남과 소통'이라는 주제로 새로운 연극 '일일 콘트라반다 클럽'을 창작하고 공연했다. 모든 작품은 '한·러 상호 문화교류의 해' 공식 유튜브 채널에서 볼 수 있다.

문체부와 진흥원은 온라인 설문조사와 동료 대원·전문가 평가 등을 합산해 우수작품 1건을 선정해 문체부 장관상을 수여하고 오는 11월 러시아에서 열리는 상트페테르부르크 국제문화포럼에 참여할 수 있는 기회를 제공할 예정이다.

고전음악 주요 작곡가별 작품번호

작곡가	작품번호
루트비히 판 베토벤	베토벤은 대부분 본인 스스로 작품 번호를 매겨 대개 Opus로 분류돼 있다. 개중에는 WoO.라는 작품 번호가 붙은 것도 있는데 이는 '작품 번호가 없는 작품'이라는 독일어 'Werke ohne Opuszahl'의 약자이다. 베토벤 작품 중 작품번호가 없는 것에는 대부분 이 약호가 붙는다. Bia번호는 교향곡 10번에만 붙어있다.
요한 제바스티안 바흐	BWV(Bach Werke Verzeichnis) : 바흐 작품번호
볼프강 아마데우스 모차르트	K. 또는 KV(Kochel Verzeichnis) : 쾨헬 번호
프란츠 슈베르트	D(Deutsch) : 도이치 번호
요제프 하이든	Hob.(Hoboken Verzeichnis) : 호보켄 번호
안토니오 비발디	RV 또는 R.(Ryom Verzeichnis) : 뤼옴 번호
프란츠 리스트	S.(Searle Number) : 설 번호

서울관광재단 공식 SNS '비짓서울', 소셜아이어워드 4관왕

▲ 서울관광재단 공식 SNS 계정 비짓서울 (홈페이지 캡처)

서울시와 서울관광재단(대표이사 길기연)은 **서울관광 공식 SNS 계정인 비짓서울**(Visit Seoul) **채널**이 (사)한국인터넷전문가협회 주최로 열린 '2021 Social i-AWARD(소셜아이어워드)'에서 공공서비스 부문 혁신대상(인스타그램) 및 플랫폼별 3개 분야(페이스북, 유튜브, 플랫폼-틱톡) 대상 및 최우수상 등 4관왕을 차지했다고 8월 9일 밝혔다.

소셜아이어워드는 인터넷 전문가 4000명으로 구성된 평가 위원단이 블로그, 인스타그램, 페이스북, 유튜브 등 SNS 미디어 플랫폼을 활용하고 있는 브랜드를 대상으로 **가장 혁신적이고 모범적인 서비스 사례를 선정해 시상하는 국내 최대 규모와 권위의 SNS 어워드다.**

비짓서울 인스타그램은 SNS 미디어 공공 서비스 부문 전체에서 단 한 채널에만 수여하는 혁신대상 수상의 영예를 누렸다. 더불어 SNS 플랫폼별 분야에서는 유튜브와 플랫폼-틱톡에서 각각 대상, 페이스북에서 최우수상을 차지했다. 각 SNS 채널별 특성에 맞춰 우수한 운영으로 시상 전 분야에서 고루 수상한 점이 돋보인다.

비짓서울은 고품질의 이미지와 영상을 활용한 다양한 콘텐츠로 관광도시 서울의 도시 브랜드를 강화하고, 새로운 관광명소 및 트렌드 등에 대한 생생한 정보를 체계적으로 기획, 발 빠르게 업로드하며 편리하게 서울관광 소식을 제공하고 있다는 점에서 높은 평가를 받았다.

소셜글로벌 SNS 이용자의 관심사와 눈높이에 맞춘 시의성 있는 콘텐츠로 정보와 재미, 양과 질을 모두 만족시키는 균형감 있는 운영에 대한 만족도 역시 높았다.

특히 유튜브 플랫폼 '비짓서울TV'는 '서울 랜선여행', '시네마틱 서울', '뷰티 인사이드 서울' 등 글로벌 트렌드를 반영한 감성적인 영상과 감각적인 음악 기반의 콘텐츠를 발행하며 트렌디한 시도 및 적극적인 소통 노력을 인정받아 긍정적인 평가를 받았다.

이혜진 서울관광재단 스마트관광팀장은 "직접 방문하기 힘든 시절이라 SNS 채널을 활용한 생생한 정보 교류와 실시간 소통의 중요성은 더욱 커졌다"며 "글로벌 관광객에게 서울이 더욱 가깝고 친근하게 느껴질 수 있도록 고품질 콘텐츠와 다채로운 이벤트를 통한 적극적인 소통을 꾸준히 이어갈 계획"이라고 말했다.

숏폼 콘텐츠 (short form contents)

숏폼 콘텐츠란 10분 내외의 짧은 영상으로 언제 어디서나 모바일 기기 등을 이용하여 즐기는 콘텐츠를 말한다. 스마트폰 기반 미디어 활동이 증가하고, 동영상 소비패턴이 롱폼에서 숏폼으로 변화하면서 숏폼 콘텐츠는 각광받고 있다. 숏폼 영상 플랫폼으로는 가장 인지도가 높은 틱톡(Tiktok)처럼 짧게는 15초에서 유튜브 등 모바일 플랫폼에서 시청하는 10분 길이의 웹드라마·웹예능 등이 있다.

기존의 플랫폼보다는 모바일 기반 플랫폼에서 활용하기 적합한 숏폼 콘텐츠는 SNS 활용에 익숙한 Z세대(1990년대~2000년대 초반 출생한 세대)를 중심으로 활발하게 소비되고 있다. 모바일 플랫폼의 발달로 콘텐츠를 야외나 이동 중에도 소비할 만큼 제약이 사라지면서 숏폼 콘텐츠도 함께 발전하고 있다.

팔만대장경 탁본 1270권, 123년 만에 '일광욕'

경남 합천 해인사의 유네스코 세계문화유산인 **˚팔만대장경**판을 종이에 인쇄한 인경(印經)책이 12년 만에 실내 보관고를 벗어나 바깥 공기를 쬐었다. 불교 조계종 해인사는 8월 14일 인경책 1270권의

▲ 2017년 해인사 포쇄 퍼포먼스 당시 모습 (자료 : 해인사)

포쇄(曝曬) 행사를 온·오프라인으로 진행한다고 8월 5일 밝혔다.

포쇄는 젖거나 축축한 것을 바람을 쐬고 볕에 말린다는 뜻으로서 과거 사찰이나 사원, 사고, 민가 등에서 진행했던 전통 행사다. 장마철 습기를 머금고 있는 옷이나 책을 꺼내 빛을 쬐고 바람에 말려 부식과 충해를 방지시킴으로서 오랫동안 서적을 보존하기 위한 것이다.

이번에 포쇄하는 인경책은 1898년 조선 후기 상궁 최 씨의 발원으로 찍어낸 것이다. 당시 4부를 인경해 해인사와 통도사, 송광사에 각 1부씩, 전국 주요 사찰에 나머지 1부를 나눠 봉안한 것으로 알려진다. 해인사는 2017년 포쇄 행사를 퍼포먼스식으로 진행한 적 있지만 인경책 1270권 전체를 포쇄하는 것은 123년 만에 처음이다.

해인사 측은 8월 14일 포쇄 행사와 함께 대비로전 동형쌍불에 차와 꽃을 올리는 칠석다례 및 시 낭송, 코로나19 극복을 염원하는 클라리넷 연주, 전국민을 대상으로 진행하는 온라인 4행시 공모전도 진행했다.

해인사는 "포쇄를 통해 팔만대장경 인경책의 보존

상태를 확인하고 동시에 1898년 팔만대장경 인경 당시 대장경판의 보존 상태를 예측 가능하며, 향후 팔만대장경뿐만 아니라 사찰에 보관된 인경책과 불교 전적의 보전 방향을 제시할 수 있는 의미 있는 자리가 될 것"이라고 설명했다.

팔만대장경 (八萬大藏經)

팔만대장경은 몽골의 고려 침략기에 고종 23년(1236)부터 38년(1251)까지 16년에 걸쳐 부처의 힘으로 몽골군을 물리치기 위해 만든 대장경이다. 경판의 수는 8만1352판에 이르며 현재 합천 해인사에서 보관하고 있다. 대장경이란 불교의 교조 석가모니가 일생 동안 설법한 경전과 계율 그리고 그 내용들에 대해 후대의 사람들이 첨부한 논서, 주석서, 이론서들을 집대성한 불교경전의 총서이다. 팔만대장경은 몽고의 침입으로 불탄 초조대장경을 대신해 만들어졌다 하여 재조대장경으로도 일컬어진다. 팔만대장경은 오늘날 남아 있는 세계에서 가장 오래된 대장판경으로 국보 제32호이자 유네스코 세계기록유산으로 지정돼 그 가치를 인정받고 있다. 팔만대장경이 보존돼 있는 해인사 장경판전도 유네스코 세계 문화유산으로 지정돼 있다.

4대째 전통 나침반 만드는 김희수, 인간문화재 된다

▲ 윤도장 각자하기 (자료 : 문화재청)

전통 나침반 '**윤도(輪圖)**'를 만들어 온 김희수 씨가 아버지에 이어 **인간문화재** 대열에 합류한다. 문화

재청은 김 씨를 국가무형문화재 '윤도장' 보유자로 인정 예고한다고 8월 4일 밝혔다.

김 씨는 현재 유일한 윤도장 보유자인 부친 김종대 씨로부터 기법을 전수받아 약 40년간 나침반 제작 기술을 연마했다. 2007년 보유자 아래 등급인 전승교육사로 인정됐다. 김 씨는 증조부 때부터 4대째 윤도를 만들고 있다.

그는 앞서 인간문화재 인정 조사에서 공정별 재료·도구 사용에 정통성이 있고 평철(平鐵 : 넓적하고 평평한 나침반)과 선추(扇錘 : 부채에 부착하는 휴대용 나침반) 제작 기술의 숙련도와 완성도가 높다는 평가를 받았다. 또한 대추나무에 글자를 새기는 작업과 강철을 깎아 바늘을 만든 뒤 나침반에 얹는 기술이 섬세하고 정확하다고 인정받았다.

윤도는 천문학, 음양오행 사상 등 동양의 우주관과 세계관이 반영된 전통 과학 도구다. 삼국시대부터 사용했을 것으로 추정되며 조선시대에 널리 보급됐다. 뱃사람, 여행자, 농사꾼, 집터와 묏자리 등을 찾는 지관(地官)이 방향을 볼 때 썼다. 윤도는 중앙 자침(磁針 : 나침반 바늘)을 중심으로 동심원 숫자에 따라 1~36층이 있으며, 각 층에는 음양·오행·팔괘 등을 조합해 배치했다.

문화재청은 이번에 국가무형문화재 '윤도장' 보유자로 인정 예고한 김 씨에 대해서 30일 이상의 예고 기간 동안 각계의 의견을 수렴·검토하고, 무형문화재위원회 심의를 거쳐 최종적으로 국가무형문화재 보유자 인정 여부를 결정할 예정이다. 문화재청은 앞으로도 우리의 전통기술을 전승하고 있는 장인들을 발굴하고, 무형문화재의 전승을 다각적으로 지원할 계획이다.

인간문화재 (人間文化財)

인간문화재란 '중요무형문화재 기능·예능 보유자'를 일컫는다. 한국에서는 무형문화재 가운데 보존 가치가 있다고 생각되는 기능·예능에 대해서 문화재보호법에 의거하여 문화체육관광부 장관이 문화재위원회의 자문을 거쳐 지정·보호한다. 이때 그 대상은 기·예능을 보유한 자연인이다. 인간문화재로 지정되면 정부의 지원(전승지원금)을 받을 권리가 생기며, 전통문화를 재현해 보여주고 또 후학들에게 가르쳐 전승시켜야하는 의무(전수교육의무)를 지닌다.

네이버 열린연단, 동서양 교양서 20권 강연

▲ 네이버 열린연단 홈페이지 캡처

네이버 '열린연단 : 문화의 안과 밖'이 우리 삶의 지침이 돼온 기초 교양서 20권을 선정해 '교양서 20'을 주제로 20회차 온라인 강연을 시작한다고 밝혔다.

네이버 '열린연단'은 2014년부터 매년 우리 사회에 필요한 삶의 여러 문제를 폭넓게 검토하며 지적 담론의 장으로 주목받아왔다. 패러다임, 윤리, 근대성, 삶의 지혜, 문화 정전(正典) 등 매년 다른 강연 주제로 한국 사회 전반에 대한 문화적 화두를 던졌다.

2021년을 맞아 시즌 8인 '교양서 20' 강연 시리즈는 자기 수련과 타자에 대한 공감, 우리 삶의 배경이 되는 기초적인 교양 도서 20권을 선정해 미래 세대의 지식 교양을 함께 쌓아 보자는 취지로 기획됐다. 인류 문명에서 고전으로 받아들여진 도서들이 오늘날 현대 사회에 어떻게 영향을 미쳤고 왜 다시 읽어 봐야 하는지 사유 넘치는 강연으로 풀어낼 예정이다.

네이버 열린연단 '교양서 20' 강연은 7월부터 앞으로 6개월간 3섹션 총 20회 석학 강연을 선보인다. 첫 섹션인 서양 사상에서는 플라톤 '국가'부터 데카르트 '방법서설', 칸트 '실천이성비판', 토크빌 '미국의 민주주의' 등 근현대 사상사에 영향을 준 교양서를, 동양 사상에서는 '논어', '맹자', '노자', '장자'에 '묵자'와 '전등록'까지, 문학 섹션에서는 '당시삼백수', 톨스토이, 도스토옙스키, 제인 오스틴 등의 현대적 의미와 그 영향을 짚어본다.

열린연단 자문위원장을 맡고 있는 최장집 고려대 명예교수는 "교양은 자기 수양의 지혜는 물론, 동서양의 문화적 전통을 넘어 인간과 세계와 관계되는 넓은 독서를 포함한다"고 말하며 "이번 '교양서 20' 강연을 통해 교양서를 왜 읽어 봐야 하는지 오늘날 우리 삶과 사고에 어떤 영향을 미쳤는지 검토해보는 계기가 되기를 바란다"고 밝혔다.

열린연단 선정 교양서 20선

구분	교양서	저자
서양 사상	국가	플라톤
	성경(마태복음, 요한복음, 욥기)	–
	니코마코스윤리학	아리스토텔레스
	방법서설	데카르트
	군주론	마키아벨리
	사회계약론	루소
	실천이성비판	칸트
	정신현상학	헤겔

	미국의 민주주의	토크빌
	혁명론, 어두운 시대의 사람들	아렌트
동양 사상	논어	공자
	맹자	맹자
	노자	노자
	장자	장자
	묵자	묵자
	전등록	도원
문학	당시삼백수	–
	안나 카레니나	톨스토이
	카라마조프가의 형제들	도스토옙스키
	이성과 감성	제인 오스틴

▌임시정부 '독립공채' 1호 원본 최초 공개

[대통령기록관 소장] 독립공채 원본(1호)

▲ 미주지역 독립공채 1호 증서
(자료 : 대통령기록관)

독립공채 관련 기록물이 최초로 공개됐다. **대통령기록관**은 8·15 광복절을 맞아 그간 대통령기록관에서 소장하고 있던 독립공채 증서 1호를 포함한 원본 60매와 구매자 15명의 명단을 최초로 공개했다.

이번에 공개된 독립공채표는 1919년 9월 1일 발행된 것으로, 1953~1954년 이승만 대통령 지시로 미국 로스앤젤레스와 샌프란시스코, 하와이 호눌룰루 영사관에서 수집한 미주지역 독립공채표다. 여기에는 'C.S. HONG' 소유로 된 액면가 50달러의 제1호 증서도 포함됐다.

이 외에 독립공채표 소유자 가운데에는 **차정석, 오충국 등 미국에서 독립운동을 한 인물**도 포함돼 있다. 대한민국임시정부에 활동했던 차리석의 동생인 차정석은 로스앤젤레스지방회 회장으로 활동하며 1908~1945년 여러 차례 독립운동 자금을 지원했다. 오충국은 1907~1945년 수십 차례에 걸쳐 독립운동 자금을 지원했다.

박종철 대통령기록관 기록서비스과장은 "독립공채 관련 기록물은 미주지역에서 독립운동을 지원한 한인들의 사례를 보여주는 자료"라며 "독립공채는 일제강점기에 소지한 것만으로 처벌받아 숨기거나 태워버린 경우가 많아 이번 공개는 더욱 의미 있다"고 말했다.

*독립공채 (獨立公債)

독립공채는 대한민국 임시정부가 독립운동 자금 조달을 위하여 1919년 중국 상하이와 미국 하와이에서 각각 원(圓)화와 달러화로 표시해 발행한 채권이다. 정식 명칭은 '대한민국공채표'(Republic of Korea Certificate of Indebtedness)이며, '대한민국집정관총재(大韓民國執政官總裁) 이승만'과 '특파주차구미위원장(特派駐箚歐美委員長) 김규식' 명의로 발행됐다.

*대통령기록관 (大統領記錄館)

대통령기록관은 대통령의 주요 정책 결정 과정, 보고에 대한 지시 또는 언행 따위와 관련된 각종 기록과 같은 대통령 기록물을 수집·정리·보존·관리하는 기관이다. 국정운영의 투명성과 책임성을 확보하여 민주주의 발전에 기여하기 위한 목적으로 운영된다. 2007년에 대통령기록물 관리에 관한 법률이 제정되었고 그해 7월 28일 시행되었으며, 2015년 5월에는 세종특별자치시에 대통령기록관 신청사가 준공됐다.

삼성 갤럭시 언팩 2021 개최...
베일 벗은 폴더블폰

'폴더블 대중화' 선언

삼성전자가 '갤럭시 언팩 2021'을 통해 갤럭시 Z폴드3와 Z플립3를 공개하며 3세대 폴더블폰의 시대를 알렸다. 삼성전자는 스마트폰 갤럭시노트 시리즈를 공개하지 않고 폴더블폰에 승부수를 걸었다. 8월 11일 오후 11시 공식 유튜브 채널에서 '갤럭시 언팩 2021' 행사를 개최하고 Z폴드3와 Z플립3, 새로운 운용체계(OS)를 탑재한 '갤럭시워치4', 무선이어폰 '갤럭시버즈2' 등 신제품을 처음 공개했다.

이날 **언팩의 주인공**은 Z폴드3·Z플립3이었다. 플래그십폰 부진과 세계 시장 점유율 하락 등 안팎의 사정이 좋지 않은 상황에서 삼성전자는 폴더블로 프리미엄 시장에서는 애플, 중저가 시장에서는 샤오미의 공세에 밀리는 위기 상황에서 새 판을 짜고, '**퍼스트무버**'로서 혁신 리더십까지 이어가겠다는 전략을 세웠다. 노태문 삼성전자 무선사업부장은 "갤럭시 Z폴드3와 Z플립3는 스마트폰의 새로운 표준을 제시하는 제품"이라며 '폴더블 대중화'를 선언했다.

˙퍼스트무버 (first mover)

퍼스트무버는 산업의 변화를 주도하고 새로운 분야를 개척하는 선도 그룹을 말한다. 퍼스트 무버는 시장을 선점할 수 있지만 신기술이 실패하면 더 큰 리스크를 떠안을 수 있다. 한편, 다른 기업이 새로운 분야를 개척해 놓으면 이를 벤치마킹해 더 개선된 제품을 내놓는 전략이 있는데 이는 패스트팔로워(fast follower)라고 한다.

IPX8·S펜·UDC 최초 지원

삼성전자는 앞선 기술력을 바탕으로 기존 제품들과의 차별화를 선언했다. Z폴드3·Z플립3 모두 수심 1.5m에서 30분간 견딜 수 있는 IPX8 등급의 방수기능이 최초로 적용됐다. Z폴드3는 고객들의 요청에 따라 노트 시리즈의 대표 기능인 S펜을 폴더블폰 최초로 지원한다. 또한 **스마트폰 화면에 카메라 구멍이 보이지 않는 언더디스플레이카메라(UDC)가 첫 탑재돼 풀 스크린을 구현했다.**

삼성전자는 **Z폴드3·Z플립3의 출고가를 전작 대비 약 40만원씩 낮추며 그간 진입 장벽으로 꼽혀온 가격 장벽도 허물었다.** Z폴드 시리즈 최초로 첫 100만원대에 판매된다. 이로써 폴더블폰 간의 경쟁이 아닌 '아이폰13'(가칭) 등 플래그십 스마트폰과의 경쟁까지 노렸다.

'폴더블폰 대중화' 승부수

삼성전자는 현재 글로벌 스마트폰 시장에서 출하량 기준 1위 자리를 지키고 있지만 시장의 상황은 그 어느 때보다 위태롭다. 프리미엄 스마트폰 시장에서는 하반기 신작 아이폰을 출시하는 애플의 위협을 받고 있다. 중저가 시장에서는 샤오미 등 중국 업체들이 턱밑까지 쫓아왔다.

시장조사업체 카운터포인트리서치에 따르면 2분기 전 세계 스마트폰 시장에서 삼성전자는 점유율 18%로 1위를 유지했지만, 2위에 오른 샤오미(16%)와 격차가 2%p까지 좁혀졌다. 월간으로는 샤오미에 1위 자리를 내준 상태다.

갤럭시S21 시리즈는 출시 이후 6개월 동안 1350만 대 판매됐지만, 같은 기간 1700만 대가 팔려나간 전작 갤럭시S20보다 20% 적은 수준이

다. 2019년 출시된 갤럭시S10과 비교하면 47% 감소했다. 지난해 10월 출시된 애플 아이폰12는 올해 4월까지 약 7개월 동안 누적 판매 1억대를 넘어섰다.

현재 글로벌 스마트폰 제조사 중에서 폴더블폰을 대량 양산할 수 있는 곳은 삼성전자가 유일하다. 폴더블폰을 대중화만 할 수 있다면 얼마간은 특수를 누릴 수 있는 셈이다. 이는 아이폰의 역대급 흥행에 밀린 '갤럭시S' 시리즈의 자존심을 회복할 수 있는 카드이기도 하다. 샤오미의 추격에도 맞설 차별화 전략이 될 것이란 기대감도 나온다.

삼성, '지구 위한 갤럭시' 발표

삼성전자는 갤럭시 언팩 2021에서 더 나은 갤럭시 생태계를 위한 무선사업의 환경 지속가능 비전인 '지구를 위한 갤럭시(Galaxy for the Planet)'를 발표했다. '지구를 위한 갤럭시'는 생산부터 사용. 폐기에 이르는 제품 수명 주기와 사업 운영 전반에 걸쳐 지속가능한 미래를 위한 노력에 대한 선언이다.

삼성전자는 우선 2025년까지 모든 갤럭시 신제품에 재활용 소재를 적용한다는 계획이다. 자원 순환을 위해 심미성·내구성을 고려한 혁신적인 친환경 소재 개발에 주력하는 가운데 이를 단계적으로 확대해 제품 전반에 접목하기로 했다. 아울러 2025년까지 전 세계 무선사업장에서 발생하는 폐기물의 재활용을 통해 매립 폐기물도 제로화하기로 했다.

✋ 세 줄 요약

❶ 삼성전자는 8월 11일 갤럭시 언팩 2021에서 폴더블폰 등 새로운 기기를 선보였다.

❷ 이번 제품은 IPX8·S펜·UDC 등 새로운 기능을 최초 지원하고, 기존의 가격 장벽을 허물었다.

❸ 삼성전자는 폴더블폰이 중국 업체와 애플의 위협에 맞설 차별화 전략이 될 것이라 기대하고 있다.

카카오웹툰, 론칭 하루 만에 네이버웹툰 추월

▲ 카카오웹툰 (홈페이지 캡처)

카카오웹툰이 론칭 하루 만에 양대 앱마켓에서 경쟁 플랫폼인 네이버웹툰을 눌렀다. 8월 2일 카카오웹툰은 구글 앱마켓의 만화 앱 중 선두에 있던 네이버웹툰을 제치고 1위에 올랐다. 또한 국내에 론칭한 지 이틀 만에 거래액 10억원을 달성했으며 태국, 대만 시장에서도 흥행하며 성공적인 출발을 알렸다.

카카오웹툰은 카카오엔터테인먼트의 IT 기술력과 IP 역량을 한 데 모아 2년여간 개발한 글로벌 스탠다드 웹툰 플랫폼이다. IP(지식재산)를 최고의 가치로 여기는 자사 철학을 바탕으로, '이전과 차원이 다른 IP 경험'을 뜻하는 새로운 비전, IPX(IP eXperience)를 플랫폼 전반에 녹였다.

카카오웹툰은 텍스트는 최소화하고 웹툰 섬네일로 화면을 가득 채웠다. 일부 작품의 섬네일은 유튜브 미리보기처럼 짧은 시간 캐릭터가 배경과 함께 움직여 스토리나 분위기를 가늠케 한다. 또 콘텐츠 큐레이션의 연속성을 보장하기 위해 아래로 스크롤하면 회차별 작품을, 우측으로 넘기면 연관 작품을 보여주도록 설계했다.

UI·UX 호불호 논란

혁신적인 *UI·UX로 무장한 카카오웹툰이지만, 생소한 사용 방식으로 웹툰 사용자의 호불호가 크게 갈렸다. 카카오웹툰의 구글 앱마켓 평점은 5점 만점에 2.1점을 기록했다. "화면이 어둡고 움직이는 영상이 너무 커서 가독성이 떨어진다" "과한 UI(사용자 인터페이스)가 팝업 광고처럼 느껴진다. 웹툰을 차분하게 보고 싶은데 너무 강렬하고 자극적이다" 등의 이용자 불만이 이어졌다.

통상적으로 앱 개발사들은 UI를 바꾸더라도 사용자의 사용 습관을 최대한 유지하기 위해 사용자 목소리를 반영하는 게 일반적인데, 카카오웹툰은 디자인을 강조하는 과정에서 그런 배려를 하지 않아 사용자의 저항을 불러왔다는 것이다.

반면 역동적인 UI·UX를 향한 호평도 이어졌다. "웹툰이 살아 움직인다", "칼을 간듯한 세련됨이다", "화려하고, 또 새롭다" "작품별 그림체 개성을 느낄 수 있다" "움직이는 섬네일로 웹툰의 새로운 가능성을 열었다"는 등의 평가가 이어졌다.

---

*UI(User Interface)·UX(User Experience)

UI는 사용자가 웹을 사용할 때 시각적으로 접하는 화면 디자인을 말한다. 흔히 웹이나 앱을 켰을 때 화면이 뜨는 디자인 구조 자체를 UI라고 한다. 반면, UX란 사용자가 서비스나 제품을 직간접적으로 사용하면서 느끼고 생각하는 총제적인 경험을 말한다.

이더리움 '런던 하드포크' 완료

비트코인에 이어 시가총액 2위인 가상화폐 이더

리움이 런던 *하드포크(업그레이드)를 성공적으로 시행했다. 이더리움 블록체인 탐색기인 이더스캔에 따르면 8월 5일 이더리움의 1295만5000번째 블록에서 런던 하드포크가 실행됐다. **하드포크는 기존 블록체인 네트워크에서 분리되는 업그레이드 방식을 말한다.**

이번 런던 하드포크에는 이더리움의 거래 수수료 체계를 바꾸는 EIP(Ethereum Improvement Proposals·이더리움 개선 제안) 1559가 포함됐다. 이전 이더리움 블록체인에서는 거래자가 수수료를 스스로 책정해왔는데 이 같은 방식은 평균 거래 수수료를 높이는 단점이 있었다. 네트워크에 거래량이 갑자기 몰리게 되면 수수료가 높은 거래부터 처리되므로 일부 거래가 실패하고 거래자는 거래 성사를 위해 불필요한 수수료 경쟁을 해야 했다.

EIP 1559는 기본 수수료를 도입해 이 같은 문제를 해결하기로 했다. 수수료 체계를 기본 수수료와 채굴자에게 주는 팁으로 개편해 수수료가 급등하거나 수수료 변동성이 심해지는 현상을 해결하는 방식이다. 또한 EIP 1559에서는 기본 수수료로 지불한 이더리움을 영구 소각하기로 했다.

이더리움 개발자인 비탈릭 부테린은 "런던 하드포크는 2015년 이더리움 출범 이래 가장 중요한 업그레이드"라며 "이번 하드포크는 에너지 사용을 줄

이기 위한 것으로서 앞으로 전기 사용을 99%까지 줄이겠다"고 밝혔다.

런던 하드포크를 둘러싸고 여러 전망이 나온다. 일각에서는 런던 하드포크가 이더리움의 공급 감소로 이어지면서 2022년에 이더리움이 현재 가격 대비 5배 이상 상승할 수 있다고 전망했다. 반면 이더리움은 이미 고점에 도달했으며 가격 조정이 이뤄질 수 있다는 반론도 있다.

암호화폐 채굴은 탄소중립의 적

한편, 각국은 비생산적으로 전력을 소모하며 환경 오염까지 유발하는 가상화폐에 철퇴를 가하고 있다. 가상화폐 채굴은 고성능 컴퓨터 수십, 수백 대를 쉼 없이 가동해야 하므로 전력 소모가 막심하고 열을 방출한다.

지난 5월 영국 케임브리지대 대안금융센터(CCAF)의 분석에 따르면 비트코인은 매년 149TWh(테라와트시) 전력을 소모한다. 이는 세계 전력 소비량의 0.69%를 차지하며 말레이시아(147TWh)나 스웨덴(131TWh), 아르헨티나(125TWh) 등을 앞지르는 규모다. 전 세계가 탄소중립 목표에 사활을 걸고 있는 시점에서 **암호화폐 채굴은 세계적 흐름에 역행한다는 지적이 많다.**

ˢ하드포크 (hard fork)

하드포크는 기존 블록체인(거래 내역이 기록된 공개 장부)과 호환되지 않는 새로운 블록체인에서 다른 종류의 가상화폐(암호화폐)를 만드는 것이다. 암호화폐의 기반이 되는 블록체인 프로토콜(protocol : 컴퓨터 간 정보를 주고받을 때의 규칙)이 어느 한 시점에서 급격하게 변경된다.
하드포크와 반대로 소프트포크(soft fork)는 기존 암호화폐와 호환할 수 있는 수준으로 블록체인을 업그레이드하는 것을 말한다.

줄기세포로 미니 뇌 만들어 치매 연구 등에 활용

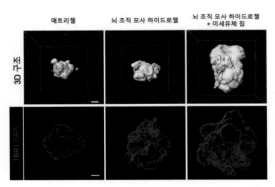

▲ ISB가 만든 미니 뇌와 기존 뇌 오가노이드 비교 이미지
(자료 : ISB)

국내 연구진이 사람의 뇌를 연구할 수 있는 미니 뇌(●오가노이드)를 만들었다. 기초과학연구원(ISB)은 나노의학 연구단 조승우 연구위원팀이 인간 뇌와 비슷한 환경의 배양 플랫폼을 통해 실제 사람의 뇌와 유사한 뇌 오가노이드 제작에 성공했다고 8월 5일 밝혔다.

뇌 오가노이드는 ●유도만능줄기세포를 배양해 만든다. 기존 뇌 오가노이드는 배양 지지체가 뇌 발달에 필요한 환경을 구현하지 못해 성숙도가 태아 수준으로 낮고 성장할수록 중심부까지 산소와 영양분을 공급하기 어려워 세포가 죽는 등 한계가 있었다.

연구진은 우선 뇌의 세포외기질(세포 밖 물질)과 비슷한 젤리 형태의 3차원 하이드로겔을 만들었다. 이어 마이크로미터(㎛ : 100만 분의 1m) 크기의 미세한 관으로 산소와 영양분을 공급할 수 있도록 했다. 120일간 미니 뇌를 배양한 결과 최대 8mm까지 성장해 신생아 수준까지 발달했다. 기존 뇌는 2mm 크기에 불과하다.

연구진은 이 미니 뇌가 치매, 간질, 파키슨병 등 뇌 질환을 연구하고 치료제를 개발하는 데 사용될 것이라고 설명했다. 이번 연구 결과는 자연과학 분야의 권위 있는 국제 학술지인 네이처 커뮤니케이션즈 온라인판에 8월 5일 공개됐다.

●오가노이드 (organoid)

오가노이드는 배아줄기세포, 성체줄기세포, 유도만능줄기세포 등을 3차원적으로 배양하거나 재조합해서 만든 장기 유사체다. 흔히 '미니 장기', '유사 장기'라고도 부른다. 실제 장기의 구조와 기능을 재현하는 것이 가능하다. 기존에 2차원 배양접시에 세포를 배양하던 것과 달리, 3차원 세포 구조체를 하이드로겔 안에서 배양하는 것이 특징이다. 오가노이드는 신약을 개발하거나 질병 치료, 인공장기 개발 등의 목적에 활용할 수 있다.

●유도만능줄기세포 (iPS, induced Pluripotent Stem cell)

유도만능줄기세포는 아직 분화가 덜 되어 다른 세포로 분화될 수 있는 세포다. 특정한 유전자를 인위적으로 발현시켜 비만능세포인 성체체세포를 유도해 인공적으로 만든 만능줄기세포이다. 배아줄기세포와 같은 자연적인 만능줄기세포와 많은 면이 비슷하다.

줄기세포 (stem cell)

줄기세포란 각 신체조직으로 분화수정한 지 14일이 안 된 배아 내부에서 떼어낸 세포이다. 이 세포는 혈액, 신경, 근육, 연골 등 인체 모든 조직의 세포로 분화할 수 있는 가능성을 지니고 있으며 이론상 무한정 세포분열을 할 수 있다. 따라서 줄기세포를 손상된 신체조직의 재생에 이용할 수 있으리란 기대가 크다.

줄기세포를 성인의 골수나 지방 조직에서 추출한 것은 ▲성체줄기세포, 수정란이 세포분열하며 생긴 배아에서 얻은 것은 ▲배아줄기세포라고 한다. 성체줄기세포는 생명체로 간주하기 어려우므로 배아줄기세포보다 윤리적 문제가 적은 편이다. 다 자란 세포를 원시상태로 되돌린 것을 ▲유도만능줄기세포라고 한다.

과방위, '구글 갑질방지법' 통과 위한 국제연대 강화

국회 과학기술정보방송통신위원회가 *인앱결제의 강제 도입을 막는 전기통신사업법 개정안, 이른바 '구글 갑질방지법' 통과를 위해 국제 공조를 강화하고 있다. 지난 8월 3일 미국 앱공정성연대(CAF) 마크 뷰제 창립임원은 국회 과학기술정보방송통신위원회(과방위) 소회의실에서 열린 '국회 민주당 과방위-CAF 정책간담회'에 참석했다.

CAF는 구글과 애플의 앱 마켓 불공정 행위에 반대하기 위해 에픽게임즈, 스포티파이, 매치그룹 등 업체가 연대해 공동으로 설립한 단체다. 뷰제 창립임원은 이날 1시간여의 간담회를 가지며 **한국 국회의 인앱 결제 방지 노력이 애플과 구글의 독점적 지위 남용을 막는 세계적인 의미를 가진다**고 재차 강조했다.

뷰제 창립임원은 "앱마켓 공정성을 위해 입법 노력을 보인 한국 국회에 대한 감사를 표시하기 위해 태평양을 건너왔다"며 "전 세계 앱 개발자들이 한국 국회의 노력에 환영하고 있으며, 세계적으로도 선도적인 노력이 될 것"이라고 평가했다.

그는 "미국에서는 약 15개 주에서 앱 생태계 규제 관련한 입법안이 발의됐고, 내년쯤에는 관련 입법안을 발의할 주가 2배 정도로 증가할 것"이라며 "연방정부와 주 정부가 모두 한국에서의 성과를 바라보고 이를 바탕으로 입법을 추진할 것으로 보인다"고 예상했다.

이어 "한국이 이 분야에서 적극적으로 행동한다면, 한국 시장에서는 개발자들이 30%에 달하는 어마어마한 수수료를 물지 않아도 되기 때문에 본사를 한국으로 옮기려는 시도들도 일어날 것"이라고 덧붙였다.

과방위 위원들 국제 연대 필요성에 공감

이날 간담회에 참여한 더불어민주당 과방위 조승래, 김상희, 윤영찬, 정필모, 이용빈 의원과 안정상 수석전문위원, 박성호 한국인터넷기업협회장 등은 국제 연대의 필요성에 공감을 보였다.

김상희 의원은 "인앱결제 강제와 관련해서 한국에서 입법을 추진하고 있지만, 이 문제는 국제적 공조 연대를 통해서만 해결할 수 있다고 생각한다"고 발언했다. 또 이용빈 의원은 "세계 시민들의 자유 의지를 보장하는 중요한 일에 연대하는 열정을 보여줘 고맙다"고 전했다. 한편, 구글 갑질방지법은 지난 7월 20일 여당 단독으로 국회 과방위 전체회의를 통과했다. 개정안은 법제사법위원회 심사를 거쳐 본회의에 상정된다.

---

*인앱결제 (in-app purchase)

인앱결제는 소비자가 유료 앱 콘텐츠를 결제할 때 앱마켓 운영 업체가 자체적으로 개발한 시스템을 활용해 결제하는 방식을 말한다. 구글이나 애플 등은 인앱결제 과정에서 수수료를 최대 30% 가져가 논란을 일으켰다. 한편, 구글은 올해 10월부터 플레이스토어에서 판매되는 모든 앱과 콘텐츠의 결제 금액에 인앱결제를 의무화할 예정이다.

베이조스, 100km 우주 관광 성공

▲ 블루오리진의 첫 유인비행팀. 왼쪽부터 베이조스의 동생 마크, 베이조스, 올리버 대먼, 월리 펑크 (자료 : 블루오리진)

세계 최고 억만장자이자 아마존 창업자인 제프 베이조스가 우주 관광에 성공했다. 베이조스는 7월 20일 자신이 세운 우주개발기업 **블루오리진의 뉴셰퍼드 로켓을 타고 10분간에 걸친 고도 100km**(카르만 라인) **준궤도 우주비행에 성공했다.** 2000년 시애틀 외곽에 회사를 설립한 지 21년 만이다.

블루오리진은 뉴셰퍼드의 16번째 시험비행이자 첫 유인비행인 이날의 비행 전 과정을 온라인으로 생중계했다. 이날은 베이조스에게 우주여행의 꿈을 심어줬던 아폴로 11호가 달에 착륙한 1969년 7월 20일 이후 정확히 52년 되는 날이었다.

외신에 따르면 베이조스 등 4명은 이날 오전 9시 12분 텍사스 서부 벤혼에서 북쪽으로 40km가량 떨어진 발사기지에서 뉴셰퍼드를 타고 이륙했다. 이후 우주경계선으로 불리는 고도 100km 근처에서 유인캡슐이 분리됐다. 캡슐 안에서 3~4분가량 무중력 체험을 한 뒤 지상으로 돌아왔다. 이날 비행은 조종사 없이 모든 과정이 자동으로 진행됐다.

블루오리진은 국제적으로 공인된 우주경계선 '카르만 라인'(고도 100km) 위를 날았다는 점을 강조했다. 이는 지난 7월 11일 카르만라인에 못 미친 최고 고도 86km로 비행한 버진 갤럭틱의 준궤도 우주비행과 차별화하기 위한 것으로 보인다. 영국의 억만장자 리처드 브랜슨 버진그룹 회장은 자신이 설립한 민간 우주 기업 버진 갤럭틱의 우주선 'VSS 유니티'를 타고 우주 관광 시범 비행에 성공한 바 있다.

로켓에는 베이조스와 함께 그의 동생 마크, 첫 유료 고객인 네덜란드 예비대학생 올리버 대먼, 1960년대 우주비행사 시험을 통과했지만, 여자란 이유로 최종 선발되지 못한 월리 펑크가 탑승했다. 대먼과 펑크는 이날 비행으로 각각 최연소, 최고령 우주비행 기록을 세웠다.

블루오리진은 이번 비행에 대해 뉴셰퍼드의 상업적 운영이 시작됐음을 뜻하는 것이라고 밝혔다. 향후 관광사업 계획은 아직 밝히지 않았지만 오는 9월을 포함해 두 번 더 비행할 것이라는 정도만 알려져 있다.

우주 관광 시대 성큼

억만장자들인 리처드 브랜슨과 제프 베이조스가 잇따라 상업용 우주 비행에 성공하며 우주 관광 시대가 성큼 다가왔다. 뉴욕타임스(NYT)와 월스트리트저널(WSJ)에 따르면 버진 갤럭틱은 오는 2022년 본격적인 우주 관광 사업을 개시할 계획이다. 이미 600여 건의 예약이 잡혔다. 하지만 억대 비용으로 진입장벽은 여전히 높다. 버진 갤럭틱 우주 관광 좌석값은 총 90분 여행에 25만 달러(2억8600만원)가량으로 알려졌다. 전문가들은 우주 여행 상용화까지 짧게는 반세기 가량 걸릴 것으로 봤다. 투자은행 UBS 애널리스트들은 2030년대 초반이면 우주 관광 시장이 8000억달러(약 919조원) 규모로 성장할 것이라는 전망했다. 기술이 입증되고 비용이 떨어지면서 우주 여행이 주류가 될 것이란 분석이다.

스파이웨어 '페가수스' 스마트폰 해킹 파문

이스라엘 보안기업 *NSO 그룹이 만들어 수출한 *스파이웨어 '페가수스' 파문이 갈수록 퍼지고 있다. 에마뉘엘 마크롱 프랑스 대통령 등 전·현직 국가정상급 인사 14명의 휴대전화도 이 프로그램의 추적 목록에 포함된 것으로 드러났다.

페가수스는 NSO가 테러범이나 중범죄자를 추적하기 위해 10년 전쯤 개발한 프로그램으로, 스마트폰에서 파일, 사진, 통화일지, 위치기록 등 개인정보를 수집할 수 있도록 설계됐다. 40개국에 60곳의 정보기관이나 법집행 기관에 수출된 상태다.

미국 일간 워싱턴포스트(WP)는 페가수스와 관련된 5만 개 이상의 전화번호 목록을 입수한 뒤 이 프로그램이 언론인과 인권 운동가, 기업인 등 해킹에 사용됐다고 지난 7월 18일 폭로했다. 이어 이 전화번호 목록에 전 세계 34개국에서 600명이 넘는 정치인과 정부 관리 명단이 포함돼 있다고 후속 보도를 내놨다.

WP는 페가수스를 통한 해킹 의심 대상자 명단에서 3명의 대통령과 10명의 전·현직 총리, 1명의 국왕이 들어가 있다고 보도했다. 현직 대통령으로 마크롱 대통령과 바르함 살리 이라크 대통령, 시릴 라마포사 남아프리카공화국 대통령이 확인됐다. 현직 총리로는 임란 칸 파키스탄 총리, 무스타파 마드불리 이집트 총리, 사드에딘 엘 오트마니 모로코 총리, 국왕으로는 모로코의 모하메드 6세의 번호가 있었다.

명단의 목적은 아직 밝혀지지 않았지만, NSO는 "수집된 데이터는 완전히 합법적으로 사용됐다"며 해킹 가능성을 일축했다. 한편 이번 목록에 전화번호가 포함됐다는 이유만으로 모두 페가수스의 표적이었다고 단정할 수는 없다. 사실 확인을 위해선 이들 휴대폰에 대한 포렌식 검사가 필요하지만 WP가 이를 전부 확보하지 못한 것으로 알려졌다.

또한 페가수스가 애플의 아이폰도 해킹한 것으로 전해졌다. 특히 WP는 보안에 강하다는 점을 마케팅 전략으로 활용하는 아이폰이 페가수스에 뚫린 점을 시사하며, 아이폰이 실제 보안에 강한지에 대한 논쟁이 거세지고 있다고 전했다.

---

*NSO 그룹 (NSO Group)

NSO 그룹은 주로 범죄와 테러를 막기 위한 사이버 무기를 개발하는 전문 회사다. 2010년 설립된 이스라엘 회사로 미국 투자회사인 샌프란시스코 파트너스가 소유하고 있다. 이 회사의 가치는 약 10억달러에 달하는 것으로 알려져 있다.

NSO 그룹이 개발한 프로그램 페가수스는 2014년 멕시코 정부가 마약왕 '엘 차포'를 찾아내는 데 쓰였으며, NSO 그룹은 2015년 샌버나디노 테러 공격 당시 미 연방수사국(FBI)이 총격범의 아이폰을 열 수 있도록 도와준 것으로 알려지는 등 범죄 소탕에 공을 세우고 있다.

한편 NSO 그룹이 개발한 페가수스는 지난 수년 동안 개발 목적과 달리 '불법 사찰'에 악용되면서 논란이 끊이지 않고 있다. 2019년 왓츠앱(WhatsApp)의 모회사인 페이스북이 NSO그룹의 페가수스가 인도 언론인, 활동가, 변호사 및 고위 정부 관리를 표적으로 광범위한 감시를 벌였다며 소송을 제기한 바 있다. 이외에도 멕시코 마약 카르텔에서 멕시코 언론인을 표적으로 사용한 것, 사우디아라비아의 자말 카슈끄지 암살 사건 등과 관련돼 있다는 의혹이 끊이지 않는 가운데, 최근 전·현직 국가정상급 인사의 휴대전화를 해킹하는 데 관련된 것으로 알려져 논란이 일고 있다.

스파이웨어 (spyware)

스파이웨어는 스파이(spy)와 소프트웨어(software)의 합성어로, 다른 사람의 휴대전화, 컴퓨터 등에 잠입해 사용자도 모르게 개인정보를 빼가는 악성 프로그램이다.

당국 "AZ-화이자 교차접종, AZ 2회 접종보다 중화항체 6배↑"

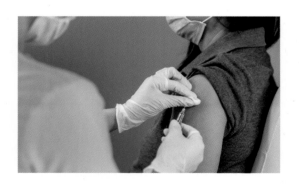

아스트라제네카(AZ)사의 코로나19 백신을 1차로 맞은 뒤 2차로 화이자 백신을 맞는 '교차 접종' 시 AZ 백신으로만 2회 접종한 것보다 6배 높은 **중화항체**의 값을 형성한다는 연구결과가 나왔다. 바이러스 예방 효과가 더 뛰어나다는 것이다.

질병관리청 국립보건연구원 국립감염병연구소는 수도권 지역 의료기관 10곳의 의료인 499명을

대상으로 백신 효과를 비교·연구한 결과를 7월 26일 발표했다. 연구 결과, 1차 접종 후 중화항체 생성률은 AZ 백신 96%, 화이자 백신 99%로 나타났다. 2회 접종 시 동일 백신 접종군과 교차 접종군 모두 100% 중화항체가 생성됐다.

특히 교차 접종을 했을 때 AZ 백신 2회를 접종한 것보다 중화항체의 값이 6배 높은 것으로 확인됐다. 화이자 백신 2회 접종군과는 유사하게 나타났다. 중화항체는 바이러스의 감염을 중화시켜 예방 효과를 유도하는 항체를 뜻한다.

그러나 최근 전 세계적으로 빠르게 퍼지고 있는 인도발 '델타형' 변이 바이러스에는 백신 효과가 떨어졌다. 델타형 변이를 비롯해 베타·감마형 변이에 대해서는 동일백신 접종군과 교차접종군 모두 **바이러스를 무력화하는 능력**(중화능)이 2.4~5.1배 감소한 것으로 나타났다. 알파 변이 바이러스에 대한 중화능은 감소하지 않았다.

한편 AZ 백신 접종자와 화이자 백신 접종자 모두 1차 접종 때보다 2차 접종 후 이상반응이 더 많이 발생했다. 동일 및 교차 접종 모두 중증 이상 반응 사례는 보고되지 않았으며, 접종부위 통증, 발적, 부종, 구토, 두통 등 통상적인 이상반응만 확인됐다.

중화항체 (中和抗體)

중화항체란 세균, 바이러스 등의 병원체가 몸속에 침투했을 때 병원체에 결합해 감염성·독성 등 생물학적으로 미치는 악영향을 중화하고 세포의 감염을 방어하는 항체이다. 중화항체는 치료제와 백신 개발에서 중요한 지표 역할을 하기 때문에 코로나19 종식의 핵심 키로 꼽힌다. 개발된 백신의 효용성을 파악할 때 중화항체 생성 여부는 핵심 지표 중 하나로 꼽힌다. 또한 중화항체 생성 여부로 코로나19 감염 여부를 확인할 수 있어, 역학조사 등에도 쓸 수 있다.

'폐 손상 유발' 코로나19 면역세포 기원·특성 규명

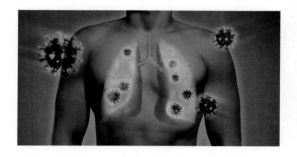

폐 손상을 일으키는 코로나19 면역세포의 기원과 특성이 국내 연구팀에 의해 밝혀졌다. 이는 코로나19 바이러스 증식의 절정기와 회복기에 나타나는 면역반응의 양적·질적 변화를 규명해 폐 손상을 일으키는 특정 면역세포의 기원과 특성을 규명한 것이다.

한국과학기술원(KAIST)은 의과학대학원 박수형 교수팀과 충북대 의대 최영기 교수, 지놈인사이트 이정석 박사팀 등 연구팀이 코로나19 폐 손상 유발 면역세포의 특성과 역동적 변화를 규명했다고 8월 4일 밝혔다.

공동연구팀은 페럿(식육목 족제비과의 포유류)과 같은 호흡기 감염 동물모델을 이용해 코로나19 감염 초기부터 절정기, 회복기에 걸쳐 일어나는 폐 면역세포 변화를 첨단 연구기법인 단일세포 시퀀싱을 이용해 정밀하게 분석했다.

또한 폐 면역세포의 대부분을 차지하는 대식세포를 10가지 아형으로 분류해 이 가운데 어떤 대식세포군이 폐 손상을 일으키는지도 분석했다. 그 결과, **코로나19 바이러스 감염 이틀 뒤부터 혈류에서 활성화한 단핵구가 급격하게 폐 조직으로 침투**(침윤)

해 대식세포로 분화하며 양적으로 증가함을 연구팀은 확인했다.

연구팀은 현재 면역억제제를 투약받은 코로나19 환자들의 면역반응 변화를 추적하며, **°사이토카인 폭풍**과 같은 치명적인 중증 코로나19의 과잉 면역반응의 적절한 제어와 약물의 면역학적 효과를 규명하는 후속 연구를 진행하고 있다.

이번 연구의 제1저자인 지놈인사이트 이정석 박사와 KAIST 고준영 박사과정생은 "이번 연구 결과는 코로나19 환자의 폐가 경험하는 선천 면역반응을 다각적으로 분석해, 바이러스 감염으로 발생하는 대식세포 면역반응의 이중성을 이해하는 중요한 자료"라고 설명했다.

°사이토카인 폭풍 (cytokine storm)

사이토카인 폭풍이란 바이러스 등 외부 병원체가 인체에 들어왔을 때 체내 면역 물질인 사이토카인이 과도하게 분비돼 정상 세포를 공격하는 면역 과잉반응 현상을 일컫는다. 즉, 인체 내에 외부에서 침투한 바이러스에 대응하기 위한 사이토카인의 지나친 분비로 대규모 염증 반응이 나타나고 이 과정에서 정상 세포들의 DNA가 변형되어 일어나 신체 조직을 파괴하는 것이다. 사이토카인 폭풍은 높은 사망률로 20C 최악의 감염병 사례인 스페인 독감의 주원인으로 지목되기도 한다. 스페인 독감은 1918년 발병한 이래 5000여만명의 사망자가 발생했는데, 희생자의 70% 이상이 25~35세 젊은 층이었다.

◐ **기출tip** 2020년 TV조선 필기시험에서 사이토카인 폭풍을 묻는 문제가 출제됐다.

호텔 술판부터 올림픽 노메달...
한국 야구의 추락

사상 첫 리그 잠정 중단

도쿄 올림픽에 출전한 한국 야구 대표팀이 빈손으로 돌아왔다. 예고된 참사였다. 발단은 NC 다이노스 선수들의 호텔 술판 사건이었다. 앞서 7월 6일 NC의 핵심 선수 **박석민과 박민우, 권희동과 이명기** 등 4명은 서울 강남의 구단 숙소 호텔방에 외부인 여성 2명을 불러 새벽 4시를 넘겨 술판을 벌였다.

이튿날 해당 여성 2명이 코로나19 확진 판정을 받았고 백신 접종자인 박민우를 제외한 나머지 선수 3명 모두 코로나19에 감염됐다. 7월 6일 NC와 경기를 벌인 두산에서도 확진자가 나왔다. 이밖에도 키움 히어로즈 한현희, 안우진 등이 방역 수칙을 어긴 술자리를 가졌고, 이중 코로나19 확진자가 나오면서 **사상 최초로 KBO리그가 중단되는 초유의 사태를** 맞았다. 다만 연기된 30경기는 취소되지 않고 추후에 재편성된다.

올림픽 야구는 파리 목숨?

야구는 프로 리그가 열리는 한국과 일본. 미국 등에서는 인기 스포츠이지만 저변이 넓지 않아 올림픽에서 붙박이 정식 종목으로 인정받지 못한다. 2008년 퇴출됐다가 12년 만에 2020년 도쿄올림픽에 복귀한 야구는 2024년 파리올림픽에서 다시 퇴출될 위기에 몰렸다. 파리올림픽 조직위원회는 야구와 함께 소프트볼과 가라테도 정식 종목에서 제외하고 브레이크 댄스를 대신 정식 종목으로 채택하고자 한다.

NC 선수 4인은 방역 수칙을 어기고 리그 중단이라는 오점을 남긴 것도 모자라 역학조사에서 "자기 방에만 있었다"며 거짓 진술을 하는 바람에 경찰 조사까지 받았다. 물의를 빚은 이들과 선수단을 제대로 관리하지 못한 NC 구단에 대한 비판 여론은 거셌다.

한국야구위원회(KBO)는 7월 16일 상벌위원회를 열고 NC 선수 4인에 대해 72경기 출전정지와 제재금 1000만원 징계를 내렸다. NC 구단에도 선수단 관리 소홀 책임을 물러 제재금 1억원을 부과했다. 올림픽 대표로 선발돼 주전 2루수가 유력했던 박민우는 책임을 지고 태극 마크를 반납했다.

원칙 없는 엔트리...초라한 성적표
야구 대표팀은 엔트리 구성부터 잡음이 나왔다. 김경문 대표팀 감독은 2018년 자카르타 팔렘방 아시안게임 당시 병역 혜택과 관련한 논란에 휩싸인 바 있는 오지환과 박해민의 대표팀 발탁에 대해 부정적인 의견을 표했다가 결국 이들을 최종 엔트리에 넣으며 말을 바꿨다. *에이징 커브를 피해가지 못한다는 논란과 함께 과거 불법 해외 원정 도박으로 물의를 빚었던 오승환도 대체 선수로 선발됐다.

여러 잡음에도 불구하고 야구팬들은 2008년 베이징 올림픽 9전 전승의 신화 재현을 기대했다. 그러나 한국 대표팀은 **디펜딩 챔피언**(defending champion : 전 대회 우승자 또는 우승팀)의 명성을 이어가지 못하고 메달 하나 없이 이번 도쿄올림픽 무대에서 퇴장했다.

결국 연봉 합계 110억원이 넘는 대표팀 선수들은 도미니카공화국과의 동메달 결정전에서 6-10으로 완패하며 6팀 중 4위로 일정을 마무리했다. KBO 연봉 전체 1위인 양의지는 이번 대회 7경기에 선발 및 교체로 모두 출전해 타율 0.136에 3안타에 그치며 국내용이란 비판을 받았다. 연봉 2위인 오승환 역시 3.2이닝 간 평균 자책점 14.73으로 부진했다.

강백호는 동메달 결정전에서 패색이 짙어지자 경기를 포기한 듯 멍한 표정으로 질겅질겅 씹던 껌을 입 밖으로 내밀어 태도 논란에 휩싸였다. 이날 중계를 맡은 박찬호 해설위원은 "있을 수 없는 일"이라고 질타했다.

한국 야구 원로 가운데 한 명인 김응용 전 대한야구소프트볼협회회장은 "방역 수칙을 못 지키는 프로 선수, 대표 선수가 어디 있나. 그런 책임감 없이 (야구를) 한다는 것은 도저히 있을 수 없는 일이다. 돈을 많이 받아서 그런지 배에 기름이 꼈다"고 독설을 날렸다.

---

*에이징 커브 (aging curve)

에이징 커브는 '나이(age·에이지)'와 꺾이는 곡선을 말하는 '커브(curve)'를 합친 말로 운동선수가 나이가 들면서 신체 능력의 저하로 운동 능력과 기량이 하락하는 것을 말한다. 일반적으로 운동 선수들은 30대 중반부터 에이징 커브가 시작된다고 한다.

세 줄 요약

❶ NC 다이노스 선수들의 호텔 술판 사건으로 KBO 리그가 중단되는 초유의 사태를 맞았다.

❷ 어수선한 분위기 속에서 도쿄 올림픽 대표팀 엔트리 구성부터 잡음이 나왔다.

❸ 디펜딩 챔피언인 한국 야구 대표팀은 도쿄 올림픽에서 6개 팀 중 4위로 메달 획득에 실패했다.

메시 바르셀로나 떠난다...
차기 행선지는 PSG

▲ 리오넬 메시

세계 축구계의 '살아 있는 전설' 리오넬 메시가 결국 스페인 1부 리그(라리가) 소속의 FC바르셀로나를 떠났다. 바르셀로나 측은 8월 5일(현지시간) 성명을 내고 라리가 규정에 따른 경제적·구조적 문제로 메시와의 재계약이 불발됐으며 메시가 팀을 떠날 것이라고 밝혔다.

바르셀로나는 "선수와 구단은 서로의 바람이 결국 충족되지 못한 것에 대해 매우 유감스러워 하고 있다"고 밝혔다. 아르헨티나 출신 메시가 바르셀로나를 떠나는 것은 13세 나이로 바르셀로나 유소년팀에 입단한 지 20여년 만이다.

메시는 바르셀로나에서 등번호 10번을 달고 통산 778경기에 출전해 672골을 넣었다. 명문 바르셀로나 구단에서 역대 최다 출장과 최다 득점 기록을 모두 보유하고 있다. 지난 6월 자유계약(FA) 선수 자격을 얻은 메시는 바르셀로나 잔류를 우선 순위에 두고 재계약 협상을 진행했다.

메시는 연봉을 50% 삭감하고 바르셀로나와 5년 계약을 맺는 데 원칙적으로 합의한 것으로 전해졌으나 라리가 재정 규정에 막혔다. 라리가는 구단 총수입과 선수단 인건비 지출이 일정 비율을 넘지 않도록 제한하는 비율형 *샐러리캡 규정을 시행하고 있다.

메시는 바르셀로나의 재정 문제로 결국 바르셀로나와의 계약이 무산됐다. 바르셀로나는 8월 5일 구단 홈페이지를 통해 메시와의 재계약 포기를 선언했다. 계약이 불발된 메시는 8월 11일 차기 행선지로 프랑스 1부 축구리그(리그앙) 파리 생제르맹(PSG) 구단과 계약을 맺었다.

---

*샐러리캡 (salary cap)

샐러리캡은 프로구단에 소속된 선수들의 총연봉 액수가 일정 액수를 넘지 못하도록 제한한 연봉총액상한제이다. 미국프로농구협회(NBA)에서 최초로 시작됐다. 샐러리캡은 재력을 보유한 구단이 돈으로 우수한 선수를 독점하는 사태를 막고, 스타 선수의 연봉이 지나치게 높아져 구단에 부담을 주는 것을 방지하기 위한 목적이다.

◑ 기출tip 2021년 SBS 필기시험에서 샐러리 캡을 묻는 문제가 출제됐다.

국제축구역사통계연맹(IFFHS) **선정 프로축구리그 순위**
(2020년 기준)

순위	국가	리그 명칭
1	이탈리아	세리에A
2	잉글랜드	프리미어리그
3	브라질	캄페오나투 브라질레이루 세리에A
4	스페인	프리메라리가
5	독일	분데스리가
6	포르투갈	프리메이라리가
7	프랑스	리그1(리그앙)
8	파라과이	파라과이 프리메라 디비시온
9	아르헨티나	아르헨티나 프리메라 디비시온
10	에콰도르	에콰도르 세리에A
20	대한민국	K리그1

모가디슈 올해 한국 영화 최고 흥행 기록 달성

▲ '모가디슈' 공식 포스터 (자료: 롯데엔터테인먼트)

류승완 감독의 영화 '모가디슈'가 올해 한국영화 최고 흥행 기록을 연일 경신하며 올여름 국산 *텐트폴 영화로서의 기대감을 충족했다. 8월 6일 영화진흥위원회 영화관입장권 통합전산망에 따르면 7월 28일 개봉한 '모가디슈'는 할리우드 DC코믹스 기대작인 '더 수어사이드 스쿼드'가 개봉한 8월 4일과 이튿날인 5일에도 박스오피스 정상을 유지했다. 8월 22일 기준 '모가디슈'의 누적 관객 수는 250만 명을 돌파했다.

'모가디슈'는 관객들의 입소문과 평단의 호평이 이어지며 개봉 첫 주보다 오히려 개봉 2주차에 관객 수가 느는 '개싸라기 흥행' 추이를 나타냈다. 흥행작의 필수 요소인 개싸라기 흥행이란 시간이 갈수록 관객 수가 증가한다는 영화계 은어다. 정확한 어원은 명확하게 밝혀지지 않았지만 뒤로 갈수록 높아진다는 뜻의 일본어 게츠아가리, 또는 금싸라기(금의 부스러기)에서 유래한 것으로 추정된다.

'모가디슈'는 1991년 소말리아 내전 당시 남북한 공관원들의 실제 탈출 실화를 모티브로 한 영화로 김윤석, 조인성 등이 출연했다. 남북 외교 공관원들의 합심을 소재로 다루면서도 신파로 흐르지 않도록 절제한 연출이 돋보이며 후반부에 등장하는 강렬한 카체이싱신에 대한 호평도 끊이지 않았다. 코로나19와 사회적 거리두기로 극장가가 침체에서 벗어나지 못한 가운데 '모가디슈'의 흥행 신기록이 다른 신작들과 함께 극장가에 새로운 활력을 불어넣었다.

*텐트폴 영화 (tentpole movie)

텐트폴 영화는 투자배급사의 라인업에서 흥행 성공 확률이 가장 높다고 기대되는 영화를 말한다. 텐트를 칠 때 지지대 역할을 하는 튼튼한 막대기인 텐트폴에서 유래한 말이다. 영화 산업은 리스크가 크고 성공을 예측하기 쉽지 않지만 유명한 감독이 연출을 맡고 상대적으로 많은 제작비를 투입했으며 인기 배우가 등장하는 영화나 성공한 시리즈물의 후속작은 흥행에 성공할 가능성이 커 텐트폴 영화로서 기대를 받는다.

'세계 최악의 국가'로 불리는 소말리아

미국의 외교 잡지 포린폴리시와 비정부기구(NGO)인 평화기구는 매년 공동으로 취약국가지수를 산정하는데 소말리아는 기아와 내전으로 2008년부터 2013년까지 6년 연속 세계에서 가장 실패한 국가 1위의 불명예를 얻었다. 영화 '모가디슈'의 배경이 된 내전 상황은 30년째 현재진행형이다. 소말리아는 영토 북서쪽에서 정부의 통제를 벗어나 소말릴란드라는 미승인 국가가 점유하고 있고 이슬람 근본주의 세력, 무장 군벌 세력이 엉켜 있어 정부 기능이 거의 작동하지 않는다. 아이들까지 총기를 들고 내전에 참전하는 소말리아의 평균 수명은 45세에 불과하다. 우리나라는 소말리아 내전 발발 이듬해인 1992년 소말리아 주재 대사관을 폐쇄했다. 외교부는 소말리아를 2007년부터 계속 여행금지국으로 지정했다. 허가 없이 방문하거나 체류하면 1년 이하의 징역 또는 1000만원 이하의 벌금에 처해진다.

외교부 지정 여행금지국가·지역 현황 (2021년 8월 기준)

▲리비아 ▲소말리아 ▲시리아 ▲아프가니스탄 ▲예멘 ▲이라크 ▲필리핀 일부 지역(잠보앙가, 술루군도, 바실란, 타위타위 군도)

역대 6번째 동·하계 올림픽 동시 메달 획득 진기록

▲ 하계 올림픽(야구)과 동계 올림픽(쇼트트랙)에서 모두 메달을 획득한 에디 알바레스

미국 야구 대표팀의 주전 내야수 에디 알바레스가 역대 6번째로 동계·하계 올림픽에서 모두 메달을 목에 건 선수가 됐다. 미국 프로야구 마이애미 말린스 산하 마이너리거인 알바레스는 2014년 러시아 소치 동계올림픽 쇼트트랙 남자 계주 5000m에서 은메달을 획득한 쇼트트랙 선수 출신이다.

학창시절 쇼트트랙과 야구를 병행했던 알바레스는 소치 동계올림픽이 끝난 뒤 야구에 전념해 화이트삭스와 마이너리그 계약을 맺었다. 지난해에는 마이애미 구단의 코로나19 집단 감염 여파로 메이저리그까지 데뷔했다.

마이너리그 선수들이 주축이 된 미국 야구 대표팀은 8월 5일 일본 가나가와현 요코하마 스타디움에서 열린 한국과의 도쿄 올림픽 야구 패자 준결승전에서 7 대 2로 이기고 결승전에서 일본에 져 은메달을 땄다. 알바레스는 한국전에서 1번 타자 2루수로 출전해 4타수 1안타를 기록했다.

최초의 동·하계 동시 메달의 주인공은 미국의 에디 이건이다. 이건은 동·하계 올림픽에서 모두 금메달을 획득했고 이는 현재까지 전무후무한 기록이다. 그는 1920년 앤트워프 하계올림픽 복싱 라이트 헤비급에서 금메달을 차지했고 1932년 레이크 플래시드 동계올림픽에서 4인승 봅슬레이 선수로 출전해 또 다시 금메달을 목에 걸었다.

더블 엘리미네이션 방식이란?

2020 도쿄 올림픽 야구 종목에서는 더블 엘리미네이션 방식이 도입돼 대진표가 복잡해졌다. 일본이 홈어드밴티지를 극대화하려고 복잡하게 설계했다는 주장이 설득력을 얻는다. 싱글 엘리미네이션이라고 불리는 일반적인 토너먼트는 승리한 팀이 올라가고 패한 팀은 탈락하며 우승자를 결정하는데, 더블 엘리미네이션은 패한 팀에도 다시 기회를 주는 패자부활전이 있다는 게 가장 큰 차이점이다.

첫 경기 결과에 따라 승자조와 패자조로 나뉘어 승자조는 승자조, 패자조는 패자조끼리 각자 토너먼트를 펼친다. 패자조에서도 패한 팀은 두 번 진 것으로서 완전히 탈락한다. 패자조에서 이긴 팀은 승자조에서 패한 팀과 맞붙게 되며 패자조 1위가 나올 때까지 이 과정을 반복한다. 결승전에서는 승자조 우승 팀과 패자조 우승 팀이 맞붙는다. 더블 엘리미네이션은 국제대회에서 대진운이나 당일 컨디션 등 변수 탓에 강팀이나 흥행 카드가 조기에 탈락하는 위험을 줄이려고 고안된 방식으로 바둑이나 태권도, 유도, 레슬링 등에서도 사용된다.

엑소 출신 크리스 '미성년자 성폭행 혐의'로 중국 공안에 체포

한때 아이돌 그룹 엑소의 멤버였던 크리스(중국명 우이판)가 미성년자 성폭행 혐의로 중국 공안에 체포됐다. 중국 관영매체들은 크리스의 중형 가능성을 입을 모아 언급했다. 관영 글로벌타임스는 지난 8월 2일 전문가들의 말을 인용해 크리스 사건은 아이돌뿐만 아니라 권력자들에게 돈과 권력

이 모든 것을 보장해 줄 수 없다는 경종을 울리는 계기가 될 것이라고 보도했다.

중국계 캐나다인인 크리스는 아이돌 그룹 엑소에 소속돼 활동하며 한국에서 인기를 누렸다. 이후 2014년 엑소를 기획한 한국 기획사 SM을 상대로 전속계약 무효 소송을 진행한 뒤 그룹에서 이탈해 중국에서 가수와 배우로 활동하며 톱스타가 됐다.

크리스는 캐나다 국적이지만 중국은 국내에서 범죄를 저지른 사람을 처벌할 수 있기 때문에 크리스는 중국의 법에 따라 처벌받을 것으로 보인다. 중국은 성폭행 사건에 대해 3년 이상 10년 이하의 징역을 선고할 수 있도록 하고 있다. 특히 **미성년자를 성폭행한 경우에 대해서는 최대 사형까지 선고**할 수 있다.

앞서 베이징시 공안국 차오양 분국은 **°웨이보**에 "우ㅇ판(우이판)이 여러 차례 나이 어린 여성을 유인해 성관계했다는 인터넷에서 제기된 의혹과 관련해 조사를 진행했다"며 "현재 캐나다 국적인 우ㅇ판을 강간죄로 형사 구류하고 사건 수사 업무를 전개하고 있다"고 밝혔다. 공안이 형사 구류를 한 피의자가 혐의를 벗는 일은 매우 드물다는 점을 고려하면 크리스는 강간죄로 기소될 가능성이 크다.

SNS 계정 줄폐쇄

크리스는 미성년자 성폭행 의혹이 제기된 뒤 자신의 SNS인 웨이보에 무죄를 주장했다. 그러나 중국 공안은 크리스의 웨이보 계정을 폐쇄했다. 공안은 크리스의 SNS뿐 아니라, 크리스를 옹호하는 글을 쓴 유명인과 팬 커뮤니티에 대해서도 SNS 글쓰기 금지와 계정 삭제 등 조치를 취했다고 밝혔다. 크리스의 소속사 SNS도 폐쇄된 것으로 알려졌다.

한편, 크리스의 성폭행 의혹은 지난 5월 크리스의 전 여자친구라고 밝힌 한 여성의 폭로로 처음 제기됐다. 해당 여성은 크리스가 면접 혹은 팬미팅을 빌미로 술에 취한 여성들을 성폭행했으며 피해자 중에는 미성년자도 있다고 주장했다.

°웨이보 (Weibo)

웨이보는 중국 최대 소셜미디어로, 주로 단문을 실시간으로 전달한다는 점에서 중국판 트위터로 불린다. 수억 명의 가입자를 보유한 중국의 대표 SNS인 만큼 엄청난 파급력을 자랑한다. 웨이보는 2011년에 중국 언론들이 다루지 않는 민감한 사안들을 실시간으로 전달해 주목을 받기도 했다. 이에 중국 정부는 2012년부터 웨이보 실명제를 시행하며 웨이보에 대한 통제를 강화한 바 있다.

▌문 대통령, 대통령 특별사절에 BTS 임명

문재인 대통령이 7월 21일 세계적인 아이돌그룹 BTS(방탄소년단)를 '미래세대와 문화를 위한 대통령 **°특별사절**'에 임명했다. 국내 연예인으로는 최초 사례다. BTS는 대통령 특별사절로서 오는 9월 제75차 유엔총회 등 주요 국제회의에 참석해 전 세계 청년들에게 위로와 희망의 메시지를 전할 예정이다.

▲ BTS (BTS 인스타그램 캡처)

박경미 청와대 대변인은 이날 서면 브리핑을 내고 "지속가능한 성장 등 미래세대를 위한 글로벌 의제를 선도하고, 국제사회에서 높아진 우리나라의 위상에 맞는 외교력의 확대를 위해 BTS를 대통령 특별사절에 임명했다"고 밝혔다.

박 대변인은 특별사절 임명 배경에 대해 "국민의 외교 역량 결집을 통해 외교 지평을 넓혀 나가고자 하는 공공외교의 일환으로, 전 세계를 무대로 탁월한 활동을 펼치는 민간 전문가와의 협업을 통해 글로벌 이슈를 주도하는 국가 이미지 제고를 위해 추진됐다"고 설명했다.

청와대는 "'퍼미션 투 댄스(Permission to dance)' 가사에 담긴 위로의 메시지, 안무에 담긴 수어(手語) 메시지, 다양한 인종의 공존과 화합의 메시지는 전 세계와 연대와 협력을 통해 코로나 위기를 극복해 나가겠다는 대한민국의 의지와 상통하는 바가 있다"고 설명했다.

BTS의 신곡 '퍼미션 투 댄스'는 지난 7월 20일 발표된 빌보드 메인 싱글 차트 핫100에서 지난 7주간 1위를 한 자신들의 곡 '버터(Butter)'에 이어 1위에 오른 바 있다. BTS는 향후 특별사절로서 환경, 빈곤과 불평등 개선, 다양성 존중 등 글로벌 과제 해결을 위한 국제 협력을 촉진할 다양한 활동을 전개할 계획이다.

°특별사절 (特別使節)

특별사절이란 외국에서 거행되는 주요 의식에 참석하거나 특정한 목적을 위하여 정부의 입장과 인식을 외국정부 또는 국제기구에 전하거나 교섭하고, 국제회의에 참석할 수 있는 권한을 가지는 사람을 뜻한다. 특사(特使) 또는 특파사절이라고도 한다. 외교부 장관의 제청으로 국무총리를 거쳐 대통령이 임명한다.

'아기상어' 표절 아니다... 저작권 소송 승소

▲ 핑크퐁 '상어가족' (자료 : 스마트스터디)

세계적인 인기를 얻은 동요 '°**상어가족**(아기상어)'의 제작사가 미국 동요 작곡가와 벌인 저작권 소송 1심에서 승소했다. 서울중앙지법은 7월 23일 미국 동요 작곡가 조니 온리(본명 조나단 로버트 라이트)가 '상어가족'을 만든 국내 기업 스마트스터디를 상대로 낸 손해배상 청구 소송에서 원고 패소 판결했다.

'상어가족'은 스마트스터디가 2015년 유아교육 콘텐츠 핑크퐁을 통해 선보인 동요다. '뚜루루 뚜루'

라는 후렴구가 반복되는 구성의 곡으로 국내는 물론 해외에서도 큰 인기를 얻었다. 유튜브 누적 조회수 90억 회를 넘겨 역대 1위를 기록했고, 미국 빌보드 메인 싱글 차트인 '핫 100'에 오르기도했다.

조니 온리는 '상어가족'이 자신이 구전동요를 리메이크한 '베이비 샤크(Baby Shark)'를 표절했다고 주장하며 2019년 3월 스마트스터디를 상대로 저작권 침해에 따른 손해를 배상하라며 국내 법원에 소송을 제기했다.

이에 스마트스터디 측은 북미에서 오랫동안 구전돼온 동요를 리메이크한 것으로, 조니 온리의 2차적 저작물인 '베이비 샤크'와는 무관하다고 반박했다. **구전동요처럼 작자 미상이거나 저작권 기간이 만료된 경우 저작권 침해의 대상이 되지 않는다.**

▲ 빅뱅 전 멤버 승리

상어가족

상어가족은 국내 기업인 스마트스터디가 유아·아동 브랜드인 핑크퐁의 일환으로 제작해 유명해진 동요다. 핑크퐁은 스마트스터디가 제작한 애플리케이션으로 출발해 동요, 뮤지컬, 게임, 애니메이션 등 여러 분야로 진출했다.
상어가족의 원곡은 북미권 구전 동요 'Baby Shark'다. 아기 상어 이름은 올리, 엄마 상어는 엘리, 아빠 상어는 닉, 할머니 상어는 벨라, 할아버지 상어는 알렉이다.

軍 법원, '성매매 알선' 빅뱅 승리에 징역 3년 선고

외국인 투자자에게 성매매를 알선하고 20억원대 해외 원정도박을 한 혐의 등으로 기소된 그룹 빅뱅 전 멤버 승리(본명 이승현)가 군사법원에서 징역 3년을 선고받고 법정 구속됐다. 지상작전사령부 보통군사법원은 8월 12일 성매매 알선 등 9개 혐의로 기소된 승리에게 이같이 선고하고, 11억 5000여만원 추징을 명령했다.

재판부는 승리의 주요 혐의인 성매매 알선에 관해 "피고인은 유인석 전 유리홀딩스 대표와 공모해 외국인 투자자들에게 성매매를 알선하면서 친분을 두텁게 했다"며 "단기간 많은 여성을 동원해 1회적 성관계를 맺게 하는 등 성접대를 해 얻은 이익이 작지 않아 엄한 처벌이 필요하다"고 판시했다.

재판부는 실형 선고를 하면서 승리에 대한 구속영장을 발부했다. 앞서 군검찰은 외국환거래법에 근거해 승리에게 몰수 또는 추징을 구형해야 했으나, 관련 조처를 하지 않다가 8월 11일에야 뒤늦게 군사법원에 추가 구형을 한 것으로 드러났다.

승리는 2015년 12월부터 이듬해 1월까지 클럽과 금융투자업 등을 위한 투자 유치를 받기 위해 대만, 일본, 홍콩 등의 투자자에게 수차례에 걸쳐 성매매를 알선하고, 본인도 직접 성 매수를 한 혐의로 기소됐다.

그는 서울 강남 주점 '몽키뮤지엄'의 브랜드 사용료 명목 등으로 클럽 '버닝썬' 자금 5억2800여만원을 횡령(특정경제범죄 가중처벌 등에 관한 법률 위반)하고, 직원들의 개인 변호사비 명목으로 유리홀딩스 회사 자금 2200만원을 빼돌린 혐의(업무상 횡령)로도 기소됐다.

유 전 대표는 지난해 6월 서울중앙지법에서 열린 이번 사건과 관련한 첫 재판에서 성매매 알선 혐의 등을 모두 인정한 바 있다. 그는 유죄가 인정돼 같은 해 12월 징역 1년 8개월에 집행유예 3년을 선고받았고 항소를 취하해 형이 확정됐다.

▲ 김연경 (김연경 인스타그램 캡처)

버닝썬 게이트

2018년 11월 말에 발생한 클럽 버닝썬 폭행 사건에서 시작된 연예계와 유흥가의 게이트를 말한다. 연예산업 종사자인 김상교 씨가 클럽 버닝썬에서 보안요원에게 폭행당하는 사건을 검찰이 조사하는 중 클럽과 경찰 간의 유착, 마약, 탈세, 성접대 등 의혹이 연달아 터지며 사회에 큰 충격을 주었다. 이후 불법 촬영 동영상 유포로 정준영 등 연예계 다수가 이 사건에 연루되며 큰 파장을 일으켰으며, 사건의 핵심 인물로 지목된 승리는 2019년 3월 11일 연예계를 떠났고, 2021년 8월 12일 군사재판에서 징역 3년을 선고받아 법정 구속됐다.

김연경의 국가대표 은퇴는 예견된 일이었다. 김연경은 8월 8일 세르비아와의 2020 도쿄올림픽 동메달 결정전에서 패한 뒤 국가대표 은퇴 의사를 내비치고 이를 협회와 상의하겠다고 밝혔다.

김연경은 주니어 시절이던 2004년 아시아청소년 여자선수권대회에서 처음으로 태극마크를 달았다. 2005년 국제배구연맹(FIVB) 그랜드챔피언스컵에 출전해 성인 대표팀에 데뷔했다. 이후 이번 도쿄올림픽까지 세 번의 올림픽, 네 번의 아시안게임, 세 번의 세계선수권대회를 비롯해 수많은 국제대회에 참가해 우리나라 여자배구의 중흥을 이끌었다.

김연경은 협회를 통해 "막상 대표 선수를 그만둔다고 하니 서운한 마음이 든다. 그동안 대표 선수로 뛴 시간은 제 인생에서 너무나 의미 있고 행복한 시간이었다"며 "많은 가르침을 주신 감독님들과 코치진, 같이 운동해온 대표팀 선배님, 후배 선수들 정말 고마웠다"고 소회를 전했다.

'배구 여제' 김연경
17년 태극마크 마침표

'배구 여제' 김연경이 국가대표를 은퇴한다. 대한민국배구협회는 김연경이 8월 12일 오후 서울 강동구 협회 사무실에서 만난 오한남 배구협회장에게 대표 은퇴 의사를 밝혔다고 전했다. 이로써 주니어 시절 포함 17년간 한국 배구의 간판으로 국제무대에서 국위를 선양해 온 **김연경의 국가대표 이력도 마침표**를 찍었다.

김연경 '文 감사' 강요 논란

도쿄올림픽 여자 배구 대표팀 귀국 기자회견에서 사회를 맡은 유애자 경기 감독관이 주장 김연경 선수에게 문재인 대통령을 향한 감사 인사를 강요해 논란을 샀다.

유 감독관은 김연경에게 문 대통령의 축전에 대한 감사 인사를 요구했고 이에 김연경이 "제가 감히 대통령님한테 뭐..."라고 어색해하자 다시 대답을 요구했다. 김연경은 "감사하다"고 답했지만 유 부위원장은 "한 번 더"라고 또 한 번 대답을 요구했으며 김연경은 "감사하고 감사합니다"라고 대답했다. 해당 사건이 논란이 일자 유 감독관은 이에 대해 사과하면서 경기 감독관 겸 배구협회 홍보부위원장을 사퇴했다.

LGU+, 힙합레이블 AOMG와 비대면 증강현실 콘서트 연다

▲ AOMG 소속 연예인들 (AOMG 홈페이지 캡처)

LG유플러스는 국내 최대 힙합 레이블 *AOMG와 손잡고 비대면 '*확장현실(XR) 콘서트'를 선보인다고 8월 4일 밝혔다. 이동통신사와 힙합 레이블이 협업하는 증강현실(AR) 온라인 공연은 국내에선 이번이 처음이다.

양사는 8월 28일 XR 콘서트 'AOMG ONLINE CONCERT' : Above Ordinary 2021'를 개최하고, 실시간 공연 실황을 'U+아이돌Live'에서 단독 중계한다. 이번 온라인 행사의 가장 큰 특징은 무대에 AR(증강현실) 기술을 덧입힌 XR 공연이다.

LG유플러스는 "관람객들은 AOMG 소속 아티스트 '사이먼 도미닉' 등이 마치 영화 속 한 장면처럼 가상 세계를 오가는 듯 펼치는 초실감형 공연을 감상할 수 있게 된다"며 "사이언 도미닉 외에도 다양한 AOMG 소속 가수들의 공연을 감상할 수 있을 것"이라고 말했다.

이번 XR 콘서트는 통신사 관계없이 누구나 시청할 수 있다는 게 LG유플러스 측의 설명이다. 생중계에는 최대 300명까지 입장 가능하다. 공연은 8월 28일 오후 7시부터 약 120분간 진행된다. 티켓을 구매하면 최대 2개의 기기에서 동시 접속을 할 수 있다. 지원 단말은 모바일, PC, TV 등이다.

*AOMG
AOMG는 가수 박재범이 설립한 힙합 레이블이다. 박재범이 대표이사직을 맡고 있으며, 소속 아티스트들은 현재 자신들의 곡뿐만 아니라 타 가수들의 곡에 프로듀싱, 피처링 등으로 활발히 활동하고 있고, 각종 공연의 메인으로 활약하고 있기도 하다. AOMG에 소속된 주요 아티스트로는 사이먼 도미닉, 그레이, 로꼬, 이하이 등이 있다.

*확장현실 (XR, eXtended Reality)
확장현실(XR)은 가상현실(VR)과 증강현실(AR)을 아우르는 혼합현실(MR) 기술을 망라하는 용어다. XR 구현 사례로써 마이크로소프트(MS)가 개발한 홀로 렌즈는 안경 형태의 기기지만 현실 공간과 사물 정보를 파악하여 최적화된 3D 홀로그램을 표시한다는 점에서 XR의 한 형태로 볼 수 있다. XR 기술이 진화하면 평소에는 투명한 안경이지만 AR이 필요할 때는 안경 위에 정보를 표시한다. VR이 필요할 때는 안경이 불투명해지면서 완전히 시야 전체를 통하여 정보를 표시하는 게 가능해진다.

> ◑ **기출tip** 2020년 TV조선 필기시험에서 XR을 풀어쓰고 의미를 설명하라는 문제가 출제됐다.

멀티 페르소나 (multi-persona)

멀티 페르소나란 가면이라는 뜻을 가진 라틴어 '페르소나 (persona)'에 다양한을 뜻하는 '멀티(multi)'를 합성한 말로, 다중적 자아라는 뜻이다. 상황에 따라 가면을 바꿔 쓰듯이 다양한 정체성을 지닌 현대인을 일컬을 때 쓰인다. 많은 현대인들이 직장에서와 퇴근 후의 정체성이 다르고, 일상에서와 SNS를 할 때의 정체성이 다르다. 특히 MZ세대는 SNS를 이용할 때 여러 개의 부계정을 운영하며 각기 다른 자아로서 활동한다. 방송가에서 유행한 본캐(본래 캐릭터)와 부캐(부가 캐릭터) 개념과도 상통한다.

멀티 페르소나 특성은 메타버스(3차원 가상세계) 생태계를 확장하는 데 일조하고 있다. VR(가상현실)·AR(증강현실) 등의 기술이 발전하며 등장한 메타버스 세계 속에서 사용자는 자신을 상징하는 아바타를 멀티 페르소나로 이용해 다양한 활동을 한다. 메타버스의 아바타는 현실세계의 자신과 동일한 사람이 아닌 개인이 설정한 정체성을 지닌 존재로 활약한다.

넷제로 (net zero)

넷제로란 순수 값을 뜻하는 형용사 '넷(net)'과 숫자 '0'을 가리키는 '제로'를 합친 말이다. 배출하는 탄소량과 제거하는 탄소량을 더했을 때 순 배출량이 0이 되는 것을 말한다. 화석연료 등으로 배출한 만큼의 온실가스(탄소)를 청정에너지 투자 등으로 다시 흡수하도록 해 실질적 온실가스 배출량을 0으로 만든다는 것이다. 조 바이든 미국 대통령이 지난해 7월 대선에서 2050년까지 온실가스 배출량 넷제로를 달성하겠다는 공약을 내걸은 바 있다.

한편 KB금융그룹이 NZBA(넷제로은행연합) 최고 의사결정기구인 운영위원회 아시아-태평양 지역 대표은행으로 선출됐다. 임기는 2년이다. NZBA는 2050년까지 넷제로를 목표로 하는 은행 간 리더십 그룹이다. KB금융에 따르면 운영위는 글로벌 금융회사들의 탄소중립 확산 이행계획 수립, 글로벌 정책에 대한 지지와 참여 유도 등 역할을 수행한다.

▌예술인고용보험

예술인고용보험이란 고용안전망 사각지대에 있었던 예술인들에게 실업급여와 출산전후급여 등을 지급해 예술인으로서의 안정적인 삶을 지원하고 예술 창작활동의 기반을 제공하기 위한 제도이다. 2020년 12월 10일부터 시행됐다. 고용보험 적용을 받는 예술인은 문화예술 창작·실연·기술지원 등을 위해 '예술인 복지법'에 따른 문화예술용역 관련 계약을 체결하고, 자신이 직접 노무를 제공하는 사람이다. 각 문화예술용역 관련 계약을 통해 얻은 월평균 소득이 50만원 이상인 예술인에게 고용보험이 적용된다.

예술인고용보험을 통해 코로나19로 발생한 문화예술계의 피해를 줄일 수 있을 것으로 기대된다. 한편 고용노동부는 7월 23일 고용산재보험료징수법 일부개정법률안을 입법예고했다. 개정안에는 예술인 등의 고용보험 적용 최저 연령을 15세로 정하고 본인이 원할 경우 임의 가입을 허용하는 등 고용보험 제도 개선 방안이 포함됐다. 또한 외국인 예술인도 고용보험 적용을 받을 수 있도록 했다.

▌오쿤의 법칙 (Okun's law)

오쿤의 법칙이란 미국의 대침체(Great Recession) 이후 실업률과 성장률의 음의(−) 상관관계를 나타내는 법칙이다. 경기 회복기에는 고용의 증가 속도보다 국민총생산(GDP)의 증가 속도가 더 크지만, 불황일 때는 고용의 감소 속도보다 GDP 감소 속도가 더 크다는 것이다. 1960년대 미국의 존슨 대통령 당시 경제자문위원회 의장을 지낸 경제학자 아서 오쿤에 의해 확인된 것으로, GDP 성장률이 대략 2%p 떨어질 때마다 실업률은 1%p 상승하고 성장률이 2%가량 높게 나타날 때 실업률은 1% 줄어든다는 경제학 개념이다.

성장과 일자리의 중요성을 강조하기 위해 오쿤의 법칙이 주로 인용돼 왔다. 오쿤은 1973년 발표한 그의 논문에서 고압경제(만성적 호황 상태)가 고용을 도와 경제 전체의 생산성을 높인다고 주장했다. 기술혁신과 고용시장의 변화 등으로 경제 여건이 달라지면서 오쿤의 법칙이 더 이상 성립하지 않는다는 주장이 제기되기도 했지만, 최근 연방준비제도(Fed)의 자산 매입 축소(테이퍼링) 논의가 시장의 이슈가 되면서 다시 주목받고 있다.

▌테이퍼링 트레이드 (tapering trade)

테이퍼링 트레이드란 **주식과 원자재를 팔고, 장기 국채를 사는 형태의 거래다.** 경기와 물가가 상승할 것으로 전망해 장기 채권을 매도하고 주식을 매수하는 **리플레이션 트레이드**(reflation trade)와 반대되는 개념이다. 글로벌 투자자들이 미국의 경기 둔화 가능성과 장기간의 높은 인플레이션 전망치를 모두 고려하면서 촉발된 거래로 해석된다.

최근 미국 장기 국채금리가 여전한 인플레이션 우려에도 연일 하락세를 이어가고 있다. 전문가들은 한때 유행했던 리플레이션 트레이드가 전혀 다른 거래로 대체되는 것으로 풀이했다. 뉴욕 채권시장에서 최근 미국 국채금리는 하락세를 나타내고 있다. 지난 3월 1.8%에 근접했던 미국 10년물 국채금리는 현재 1.2% 수준에서 거래되고 있다. 인플레이션에도 불구하고, 투자자들은 경기 둔화 가능성에 무게를 실으며 안전 자산인 미국 국채로 시선을 돌리고 있다는 점을 시사한다.

▌e심 (eSIM)

e심(내장형 가입자 식별모듈)이란 **스마트폰 슬롯에 꽂는 기존의 유심과 달리 단말기 메인보드에 내장된 심이다.** 메인보드에 내장된 모듈에 번호를 등록하는 방식이다. e심을 활용하면 별도의 유심을 구매하지 않아도 되고, 기존 삽입 슬롯이 필요 없어 스마트폰 디자인과 활용도가 개선된다. 스마트폰뿐만 아니라 웨어러블 기기, 사물인터넷 기기에도 활용된다.

소비자 입장에서는 스마트폰 개통 시 대리점 방문 없이 온라인에서 통신사, 요금제 등을 선택해 개통할 수 있다. e심이 사용화되면 기존 대리점 중심의 시스템에 일대 변화를 맞게 돼 이동통신사, 유통업계가 e심 관련 정부 정책을 예의주시하고 있다. e심 사용은 점점 증가하고 있으며, 오는 2025년까지 전 세계 스마트폰의 50%에 e심이 탑재될 것으로 전망된다. 이미 갤럭시S21, 아이폰12 등이 e심을 지원하고 있다. 과학기술정보통신부는 e심 상용화를 위한 제반 작업에 착수했다. 이르면 내년 e심이 도입될 것으로 보인다.

▎이퓨얼 (e-fuel)

▲ 이퓨얼을 생산하는 아우디의 파일럿 설비 (자료 : 아우디)

이퓨얼은 **전기 기반 연료**(electricity-based fuel)**의 약자로,** 글로벌 완성차 업체가 주목하는 신종 연료이다. 이퓨얼은 무색무취에 가까운 액체이지만, 화학적 구성(탄화수소)이 석유와 같아 가솔린·디젤차는 물론, 제트 엔진 연료로도 바로 쓸 수 있다. 이퓨얼은 물을 전기 분해해 얻은 수소를 이산화탄소나 질소 등과 결합해 만드는데, 수소는 태양광이나 풍·수력 같은 재생에너지를 이용해 얻고, 이산화탄소와 질소는 대기 중에서 포집해 쓰기 때문에 온실가스 저감 효과가 크다.

환경 규제가 강화되면서 이에 대응해 글로벌 완성차 업체들은 전기차 전환과 함께 이퓨얼 개발에 나서고 있다. 독일 스포츠카 제조사 포르쉐는 내년부터 풍력 발전을 이용해 수소를 얻어 이퓨얼(e-메탄올)을 생산할 계획이다. 전기차 전환으로 큰 소비 시장을 잃게 된 정유사들도 이퓨얼 개발에 나서고 있다. 미국 엑손모빌은 포르쉐와 이퓨얼 개발에 협력하고 있다. 국내에서도 현대자동차가 SK에너지, 현대오일뱅크, GS칼텍스, S-OIL 등 국내 정유사와 함께 이퓨얼 개발에 나서기로 했다.

▎믹스버스 (mixverse)

▲ 개그맨 김해준의 부캐인 '최준'과 '쿨제이'가 출연한 라이브 방송 (11번가 라이브 방송 화면 캡처)

믹스버스란 **가상의 세계관**(universe)**과 현실을 섞는다**(mix)**는** 의미로 가상의 세계관을 현실에 구현하는 것을 말한다. 현실세계와 같은 사회·경제·문화 활동이 이뤄지는 3차원 가상세계를 일컫는 메타버스(metaverse)도 믹스버스의 일환이다. 최근 유통업계에서는 새로운 경험을 중시하는 MZ세대를 사로잡기 위해 가상의 세계관을 현실에서 경험할 수 있게 하는 믹스버스 마케팅에 주력하고 있다.

유튜브 크리에이터의 콘텐츠 속에 등장하는 소품을 온라인에서 판매하는 것, 부캐가 라이브 방송을 통해 제품을 소개하는 것, 온라인 캐릭터를 활용해 실제 제품을 출시하고 팝업스토어를 오픈하는 것 등이 그 예이다. 가상 세계관 콘셉트를 현실로 구현해 소비자들이 가상 세계관을 현실에서 경험할 수 있게 하는 전략이다.

핑데믹 (pingdemic)

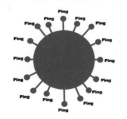

PINGDEMIC

핑데믹은 영국 국민보건서비스(NHS)가 관리하는 앱에서 코로나 확진자와 접촉한 사람에게 보내는 알람 소리인 '핑(ping)'과 세계적 대유행을 뜻하는 '팬데믹(pandemic)'을 결합한 신조어다. 영국은 코로나19 백신 접종률이 높아져 기존의 이동제한 방역을 중단하고 자가격리 방식 방역을 시행 중이다. 자가격리 인원이 치솟아 갑자기 쉬는 근로자가 늘어나자, 인원 부족으로 물류·공공산업 마비 문제가 점점 더 심각해지고 있다. 이에 자가격리 권고 앱에서 보내는 알람 '핑' 소리가 들릴 때마다 옆에서 일하던 근로자들이 일터에서 사라진다며 '핑데믹'이란 신조어까지 나왔다.

'핑' 알람 소리가 나는 '접촉자 추적 애플리케이션'은 반경 1.8m 내에서 15분 이상 접촉한 사람들을 기록하고 접촉자 중 확진 판정이 나오면 앱이 접촉자에게 자동으로 알람을 전송해 열흘 동안의 자가격리를 권고한다. 그러나 너무 많은 이들이 자가격리 대상이 되면서 7월 중순쯤엔 NHS 앱 경고를 받은 인원이 60만 명에 달했다. 인력 공백 커지자 당국은 자가격리 선정 기준을 완화했다. 필수 분야 근로자의 경우 '핑' 알람을 받더라도 매일 실시하는 코로나19 검사에서 음성이 나오면 자가격리를 면제키로 했다.

할파파

할파파란 **할아버지와 파파(papa)의 합성어로 손주의 육아를 맡은 할아버지를 지칭한다.** 코로나19로 부상한 신조어다. 코로나19로 등교가 중단되며 맞벌이하는 자녀와 며느리, 사위를 대신해 손주를 보는 할파파와 할맘(할머니+mom)이 늘어나고 있다. 보건복지부가 육아정책연구소에 의뢰해 실시한 '2018년 보육 실태 조사'에 따르면, 아이 부모를 도와 가정에서 영유아를 돌보는 사람 10명 중 8명(83.6%)이 조부모로 조사됐다.

조부모의 육아 참여 시간은 평균 주 5일, 주 47시간 이상으로 조사됐으며 코로나19로 가정보육이 일반화되면서 육아 시간은 더 늘어났을 것으로 추산된다. 할파파와 할맘은 육아를 통해 척추 및 팔다리 통증과 우울증 등 '손주병'에 시달린다. 전문가들은 혈연 양육이 주로 무급 노동으로 이뤄지는 것을 지적하며 적은 돈이라도 보상을 받는 것이 중요하다고 조언한다.

애프터버너 (afterburner)

▲ 초음속 비행기 콩코드

애프터버너란 제트 엔진의 터빈 뒤쪽에 달린 재연소(再燃燒) 장치로 초음속 여객기의 하나인 콩코드의 초음속 비행을 가능케 한 장치다. 엔진이 배출한 가스에 연료를 분사해 다시 한번 더 태우는 방식으로 추진력을 끌어올린다. 많은 연료 소모량과 배출 가스가 문제로 지적된다. 한편 미국 3대 항공사 중 하나인 유나이티드가 최근 30억달러(약 3조4500억원)를 들여 초음속 여객기 '오버추어(Overture)' 15대 구매 계약을 맺었다.

유나이티드의 계획이 실현되면 지난 2003년 콩코드의 퇴역과 함께 막을 내렸던 초음속 여객기 시대가 26년 만에 다시 재개될 것으로 보인다. 차세대 초음속 항공기는 콩코드의 한계를 극복하기 위해 애프터버너 없이 연비와 추력을 끌어올린 신형 엔진을 탑재할 예정이다. 콩코드는 속도를 초음속으로 끌어올리기 위해 사용한 애프터버너가 막대한 연료를 소모해 항공권 가격이 비쌌고 이로 인해 사업성이 떨어졌다.

스테이블코인 (stable coin)

스테이블코인이란 법정화폐와 연동돼 가격 변동성을 최소화하도록 설계된 암호 화폐다. 스테이블코인은 미국 달러나 유로화 등 법정 화폐와 1 대 1로 가치가 고정되어 있는데, 보통 1코인이 1달러의 가치를 갖도록 설계된다. 테더(Tether, USDT) 코인이 대표적인 스테이블코인이고 이 외에도 HUSD, PAX, GUSD, USDC 등의 다양한 스테이블코인이 발행됐다. 다른 가상화폐와 달리 변동성이 낮아 가상화폐 거래나 블록체인 기반의 탈중앙화 금융서비스인 '디파이(DeFi)' 같은 가상화폐 기반 금융상품에 이용된다.

한편, 한국은행은 8월 8일 발표한 '해외경제포커스'를 통해 비트코인 등 민간 암호자산(가상화폐)이 향후 법정통화의 역할을 대체하지 못할 것이란 분석을 내놨다. 디지털 경제가 커지면서 비트코인 등 암호자산이 법정화폐와 같은 기능을 수행할 수 있을 것이라는 일각의 주장에 대한 반박이다. 반면 스테이블코인의 경우 암호자산 생태계와 가상세계(메타버스), 국가 간 송금 등에 활용될 가능성이 높을 것으로 예상했다. 한은은 "법정화폐와는 별개로 민간영역 일부에서 제한적인 용도로 사용되면서 투자 및 투기수단으로서 (가상화폐에 대한) 관심은 지속될 수 있다"고 평가했다.

페드로 카스티요 (Pedro Castillo, 1969~)

▲ 페드로 카스티요 페루 신임 대통령

페드로 카스티요는 **7월 28일**(현지시간) **취임한 페루의 신임 대통령이다.** 좌파 자유페루당 소속으로 시골 초등학교 교사 생활을 했던 그는 정계·재계 등 엘리트 출신이 아닌 페루의 첫 서민 대통령으로 꼽힌다. 이날 수도 리마의 의사당에서 취임 선서를 한 그는 "부패 없는 나라와 새 헌법을 페루 국민에 맹세한다"고 말했다. 이어 페루 경제의 버팀목인 구리 등 광산업체에 대한 국유화 추진에 대해선 산업 국유화를 추진하지 않을 것임을 재차 밝히며 해외 자본과 경제 엘리트들의 우려를 불식시켰다.

깜짝 승리를 거둔 정치 신인인 카스티요 대통령 앞에는 정국 혼란 수습과 분열된 민심 통합, 코로나19 위기 극복 등 여러 어려운 과제들이 놓여있다. 페루에선 최근 몇 년 새 대통령들이 부패 스캔들 등으로 줄줄이 낙마해 2018년 이후에만 대통령이 5명이었다. 기성 정치권에 대한 불만이 극도로 높아진 상황에서 카스티요 대통령의 서민 이미지가 페루 국민들에게 긍정적인 반응을 이끌어냈다는 분석이 나온다.

마이크로니들 (microneedles)

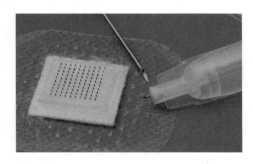

마이크로니들은 사람 머리카락 굵기 3분의 1 정도의 인체에 무해한 미세한 바늘로, 피부 속으로 약물을 전달하는 패치제다. 일명 **붙이는 주사 또는 무통 주사**라고 불린다. 통증은 최소화하되 피부 투과율을 증진시켜 약물 전달 효과를 높일 수 있는 고부가가치 기술로 꼽힌다. 백신을 마이크로니들로 개발한다면 백신 대량생산이 가능하며 운송·보관하기 위한 콜드체인이 필요하지 않고, 백신 접종 의료진도 요구되지 않는다는 장점이 있다. 또한 주사 형태보다 통증이 적은 것도 강점이다.

한편, 코로나19 백신 접종의 부작용 중 하나로 보고된 혈전증이 주삿바늘로 찌르는 백신 접종 방법과 관련됐을 수 있다는 연구결과가 나왔다. 이와 관련 마이크로니들 패치가 주사제나 경구제 의약품 대안으로 떠오르며, 국내외에서는 백신을 마이크로니들 패치화하는 연구가 속도를 내고 있다. 전 세계에서 허가받은 마이크로니들 의약품이 없는 상황에서 라파스, 쿼드메디슨, 신신제약 등 국내 제약·바이오사들은 의약품을 마이크로니들로 개발, 시장을 선도하기 위해 힘쓰고 있다.

▌배리어프리 (barrier free)

▲ 배리어프리 특별 기획전 (자료 : 인디그라운드)

배리어프리란 **고령자나 장애인들도 살기 좋은 사회를 만들기 위해 물리적·제도적 장벽을 허물자는 운동이다.** 1974년 국제연합 장애인생활환경전문가회의에서 '장벽 없는 건축 설계(barrier free design)'에 관한 보고서가 나오면서 건축학 분야에서 사용되기 시작하였다. 이후 휠체어를 탄 고령자나 장애인들도 편하게 살 수 있게 하자는 뜻에서 주택이나 공공시설을 지을 때 문턱을 없애는 운동이 선진국을 중심으로 전개되면서 세계 곳곳으로 확산됐다.

2000년 이후에는 물리적 배리어프리뿐 아니라 자격·시험 등을 제한하는 제도적 법률적 장벽을 비롯해 각종 차별과 편견, 의식상의 장벽, 장애인에서 더 나아가 노인에 대한 마음의 벽을 허물자는 운동으로 의미가 확대되고 있다. 한편, 독립예술영화 유통배급지원센터 인디그라운드는 배리어프리 자막 제작 전문업체 오롯영화를읽는사람들(오롯)과 함께 배리어프리 특별 기획전을 진행했다. 이번 특별전에서는 4개 작품을 청각 장애인을 위한 화면해설 자막을 입힌 배리어프리 버전으로 만날 수 있었다. 출품작은 8월 9일부터 8월 16일까지 인디그라운드 홈페이지에서 상영됐다.

▌모듈러 주택 (modular home)

모듈러 주택이란 **주택자재와 부품 등 집의 주요 부위를 공장에서 제작해 현장에서 유닛을 조립하는 주택이다.** 스마트 건설 기술의 하나로, 일명 '레고형 건축'이라고 불린다. 공사 기간을 최대 50%까지 단축할 수 있고, 시공비는 20%까지 절감할 수 있는 것이 특징이다. 공사현장에서 소음, 분진, 폐기물도 줄일 수 있어 친환경 공법으로도 주목받는다.

한편 국토교통부는 지난 6월 28일 3기 신도시에 모듈러 주택을 도입하는 청사진을 내놨다. 수도권 공공 임대는 물론 3기 신도시까지 주택을 모듈러 공법으로 지어 공급 속도를 높이겠다는 방안이다. 모듈러 주택 발주량은 지난해 709호였으나 올해는 2200호, 내년 2500호로 늘어난다. 3기 신도시에 적용할 모듈러 주택의 규모나 시기 등은 아직 정해지지 않았다. 국토부는 주택 공급 속도를 높이기 위해 모듈러 공법과 같은 '**탈**(脫)**현장 시공**'(OSC, Off-side Construction)을 적극 활용할 예정이다.

전랑외교 (戰狼外交)

▲ 친강 신임 미국 주재 중국 대사 (자료 : 주미 중국 대사관)

전랑외교(늑대외교)란 경제력과 군사력을 바탕으로 무력과 보복 등 공세적인 외교를 지향하는 중국의 외교 방식을 가리킨다. 중국의 애국주의 흥행 영화 제목인 '전랑(戰狼·늑대전사)'에 빗대 늑대처럼 힘을 과시하는 중국의 외교 전략을 지칭한다. 남중국해 분쟁과 홍콩보안법 제정 등을 예시로 들 수 있다. 한편 전랑외교의 원조 격이자 시진핑 중국 국가주석의 총애를 받는 친강 신임 미국 주재 중국대사가 7월 28일 워싱턴에 도착했다.

친 대사는 중국 외교부에서 30년 넘게 근무한 베테랑 외교관이지만 미국 근무는 이번이 처음이다. 과거 주미 중국대사들이 모두 미국 근무 경험이 많은 '미국 전문가'였던 점을 고려하면 이례적이다. 그는 외교부 대변인 출신으로 부부장으로 강경파 이미지가 강한 점이 특징이다. 홍콩 국가보안법과 대만 문제 등에 대해 강경한 모습을 보여 왔다. 미중 관계가 갈수록 격화하는 와중에 대미 초강경파로 불리는 인물이 대사로 임명되며 중국이 조 바이든 미국 행정부의 자국 견제에 맞서 대미 공세외교에 나설 것으로 전망된다.

SWIFT

SWIFT(Society for Worldwide Interbank Financial Telecommunication·스위프트)란 '국제은행간통신협회'를 뜻하는 영어 약자로, 국제 금융거래 정보를 안전한 환경에서 교환할 수 있도록 은행과 기타 금융기관 사이를 네트워크로 연결하는 단체다. 1973년 설립됐으며 벨기에에 본부를 두고 있다. 현재는 200개 이상의 국가와 지역 내 1만1000여 개 이상의 금융기관이 SWIFT 네트워크를 이용해 돈을 지불하거나 무역 대금을 결제하고 있다. 2018년 기준 거액의 국제 결제 가운데 절반 정도가 SWIFT 체제를 이용하는 것으로 알려졌다. SWIFT에서 퇴출당하면 사실상 국제 금융거래가 어렵다.

국제사회는 2012년 SWIFT를 이용해 이란에 경제 제재를 가한 바 있다. 당시 미국과 유럽연합(EU)은 이란에 대한 경제 제재로 이란 중앙은행을 비롯한 30여 개 금융기관과 기업들을 SWIFT에서 강제 탈퇴시켰다. 석유와 가스 수출로 벌어들인 돈을 받을 길이 없어진 이란은 핵 합의에 참여하게 된다. 2017년에는 북한 은행을 시스템에서 퇴출했다. 한편 최근 중국은 달러의 핵심 인프라 격인 SWIFT의 영향에서 벗어나 독자 영역을 구축하고 위안화의 영향력을 키우기 위해 디지털 위안화 도입에 박차를 가하고 있다.

▌아르테미스 협정 (Artemis Accords)

▲ 아르테미스 협정 홈페이지 (화면 캡처)

아르테미스 협정은 미국항공우주국(NASA)이 2024년까지 달에 다시 한번 인류를 보낼 목적으로 추진 중인 우주 계획 '아르테미스 프로그램'에 협력하는 7개 국가들이 체결한 협정이다. NASA는 아르테미스 프로그램을 통해 달 탐사뿐만 아니라 우주 개발과 우주 활용을 위한 혁신적인 신기술과 시스템을 개발하고, 달 탐사를 발판 삼아 화성을 포함한 심우주 탐사로 도약하겠다는 목표를 내세우고 있다. 지난해 10월 13일 ▲호주 ▲캐나다 ▲일본 ▲룩셈부르크 ▲이탈리아 ▲영국 ▲아랍에미리트(UAE) 등 7개 국가와 아르테미스 협정을 체결했다.

한편, 문재인 대통령과 조 바이든 미국 대통령이 지난 5월 한미 정상회담 공동성명에서 "한국의 아르테미스 약정 서명을 위해 협력하겠다"고 밝히면서 한국의 아르테미스 10번째 국가 참여가 확실시되고 있다. 우리나라는 이르면 내년 8월 발사될 한국형 달 궤도선(KPLO) 사업에 NASA의 탑재체를 신기로 하는 등 그간 NASA와 꾸준히 협력 관계를 유지해 왔다. 일각에서는 아르테미스 프로그램이 미국을 주축으로 하는 새로운 우주 개발 질서에 동의한다는 뜻으로 해석될 수 있어 새로운 형태의 우주 경쟁이 촉발될 수 있다는 비판도 나온다.

▌뷰티케이션

뷰티케이션이란 뷰티(beauty)와 베케이션(vacation)을 합성한 말로, 집이나 근교에서 홈 케어 기기를 이용하거나 의료적 시술을 받으면서 외모를 가꾸는 여름휴가를 일컫는 말이다. 코로나19 감염증 확진자 수가 연일 최고치를 기록하고 있는 가운데 여행을 포기한 사람들 사이에서 떠오르고 있는 새로운 트렌드다.

의료 시술을 받으면 회복 기간이 필요하기 때문에 휴가 기간을 활용해 자기만족 실현과 외모 고민을 해소하려는 사람들이 늘어나고 있다. 특히 평소 피부나 헤어 등 미용 관리에 관심이 많은 MZ세대를 중심으로 급부상하고 있다. 이에 홈에스테틱, 뷰티 디바이스 등 관련 제품 수요도 많이 늘어나 업계에서는 이 같은 트렌드에 맞춘 제품을 쏟아내고 있다.

근원 PCE 가격지수

▲ 미국 워싱턴 D.C. 연방준비제도

근원 PCE 가격지수란 **미국 중앙은행인 연방준비제도**(Fed·연준)**가 가장 중요하게 여기는 인플레이션 지표**로, 미국의 개인 소비지출 물가 지수인 PCE(Private/personal Consumption Expenditure)에서 변동성이 높은 음식과 에너지를 제외한 것이다. PCE는 가계와 민간 비영리기관이 물건을 사거나 서비스를 이용하는 데 지불한 모든 비용을 합친 것으로 한 나라에 있는 모든 개인들이 쓴 돈의 총액이다. 인플레이션을 판단할 수 있는 지표 중 하나로 활용되며, 국민이 지출을 늘렸는지 줄였는지 파악할 수 있어 향후 경기를 예측하는 데도 도움이 된다. 향후 통화 정책에 중요한 이정표를 하는 지표로 취급된다.

한편 미국의 근원 PCE 가격지수가 30년 만에 최대 폭으로 증가했다. 7월 30일(현지시간) CNBC 방송에 따르면 미 상무부는 6월 근원 PCE 가격지수가 전월 대비 0.4%, 전년 같은 달보다 3.5% 올랐다고 밝혔다. 전년 동월 대비 상승률은 지난 1991년 7월 이후 가장 크게 올랐다. PCE 가격지수도 글로벌 금융위기였던 2008년 이후 최대 폭으로 상승했다. 급격한 물가 상승이 확인됨에 따라 인플레이션 우려가 커졌다.

에밀 카폰 (Emil Kapaun, 1916~1951)

▲ 에밀 카폰 군종 신부

에밀 카폰은 1950년 한국전쟁 당시 미군 군종 신부(대위)로 참전해 박애를 실천하면서 '한국전의 예수'로 불렸던 인물이다. 전쟁 중 중공군 포로로 끌려가 고문과 학대 후유증으로 이듬해 5월 숨졌다. 이후 동료 병사들의 증언을 통해 카폰 신부가 중공군과 격전 중 여러 동료 병사의 목숨을 구했고, 퇴각 시 자진해 낙오병들과 남았으며, 적군 병사들까지 돌보는 등 인류애를 실천한 사실이 알려졌다. 이 같은 공적이 알려지면서 카폰 신부는 2013년 버락 오바마 당시 미국 대통령으로부터 최고 등급 무공훈장 '명예 훈장'을 받았다.

지난 3월 6·25 미확인 전사자 유해 더미에서 카폰 신부의 유해가 확인돼 오는 9월 고향 캔자스주에서 성대한 안장식이 예정돼 있다. 미 가톨릭계에서는 성인 추대 운동이 일고 있다. 한편 7월 27일 청와대에서 열리는 유엔군 참전의 날 유공 포상 수여식에서 카폰 신부에게 태극무공훈장이 사후 수여됐다. 에밀 카폰 신부의 조카인 레이먼드 카폰이 대리 수상했다. 이로써 카폰 신부는 한국과 미국 두 나라에서 모두 최고 등급 무공훈장을 받게 됐다.

▌아이템 위너 (item winner)

아이템 위너란 동일 상품을 판매하는 여러 판매자 중 가격 등 가장 좋은 조건을 제시한 판매자의 상품을 대표 이미지로 선정해 판매하는 것이다. 쿠팡이 도입한 제도로 아이템 위너로 꼽힌 판매자가 해당 상품의 모든 매출을 사실상 대부분 가져가게 된다. 아이템 위너가 되면 동일 상품을 판매하는 다른 판매자의 이미지와 상품 후기를 공유할 수 있어 문제가 됐다. 공정거래위원회는 7월 21일 아이템 위너를 위해 입점업체의 상품 이미지 등 콘텐츠를 제한 없이 사용할 수 있게 한 쿠팡의 약관 조항을 불공정하다고 보고 시정했다고 밝혔다.

공정위 명령에 따라 쿠팡은 '입점업체가 아이템 위너가 아니면 원칙적으로 그 이미지는 대표 이미지로 사용되지 않는다'는 조항을 신설했다. 이외에도 공정위는 판매자 콘텐츠에 관련된 손해배상책임을 전부 판매자가 지도록 정한 조항 등 쿠팡의 책임을 부당하게 면제하는 조항도 삭제하도록 했다. 개정된 약관은 9월 1일부터 시행된다. 한편 쿠팡은 아이템 위너 제도가 소비자가 최적의 상품을 쉽게 선택할 수 있게 하고 판매자도 광고비 중심의 출혈경쟁에서 벗어나게 한다고 설명하며, 판매자의 콘텐츠에 대한 보호를 강화하기 위해 공정위와 협의해 아이템 위너 등 이용약관 일부를 자진 시정했다고 밝혔다.

▌앰비언트 컴퓨팅 (ambient computing)

앰비언트 컴퓨팅이란 각종 사물인터넷 기기들이 사용자들에게 맞춰 서비스를 전달해 주는 컴퓨팅 환경을 말한다. 구글이 추진하고 있으며, 구글의 음성 인공지능인 '구글 어시스턴트'가 구글 홈, 컴퓨터, 스마트폰, 손목시계 등의 모든 디바이스에 포함돼 어디에서나 사용자가 명령어를 넣으면 척척 문제가 해결되는 환경을 말한다. 앰비언트(ambient)란 '무언가가 은은하게 공간을 채우고 있는'이라는 뜻이다.

1세대 컴퓨팅이 사람이 이동해야만 컴퓨터를 쓸 수 있는 세대였고, 2세대가 '유선 인터넷', 3세대가 '모바일'이었다면 4세대는 우리 주변의 인공지능 기기들이 매우 자연스럽게 자리 잡아 인지하지 못할 정도로 활용된다는 개념이다. 삼성전자 역시 다양한 가전제품에 통용되는 인공지능 환경을 구축하고 있다. 이 같은 앰비언트 컴퓨팅은 가정 내의 스마트 비서 형태로 점차 우리 일상을 파고들 것으로 예상된다.

역꼰대

역(逆)꼰대란 꼭 필요한 조언을 하거나 잘못을 알려주는 상대방을 꼰대라고 지칭하며 소통을 차단하는 사람을 말한다. 꼰대가 젊은 세대를 무시하고 권위적인 사고방식을 지닌 사람을 일컫는데, 이를 젊은 세대가 행한다고 해서 역꼰대라는 이름이 붙었다. 성인 10명 중 4명은 주변에서 이 같은 역꼰대를 목격하거나 경험했다는 응답을 내놨다. 구인구직 매칭 플랫폼 사람인에 따르면 성인 3587명을 대상으로 '역꼰대 현황'을 조사한 결과 40%가 '주변 20~30대 중 역꼰대인 사람이 있다'고 밝혔다.

역꼰대 유형으로는 ▲자신의 생각만 맞고, 타인에게도 동의를 강요하는 '답정너형'(36.3%·복수응답)이 가장 많았다. 이어 ▲상대의 정당한 지적이나 훈계를 꼰대 같다며 무시하는 '벽창호형'(34.8%) ▲선배나 상사의 진심 어린 조언도 듣지 않는 '나잘난형'(34.4%) ▲선배나 상사에게 당연한 듯이 부탁을 하는 '몰염치형'(23.8%) ▲예의없이 행동하고 상대가 쿨하게 받아들이기를 강요하는 '쿨 강요형'(22.9%) ▲선배나 상사에게 밥값, 술값 등 금전적인 부담을 떠넘기는 '흡혈귀형'(22.5%) 등을 꼽았다.

바이든플레이션 (Bidenflation)

▲ 조 바이든 미국 대통령

바이든플레이션이란 조 바이든 미국 대통령과 인플레이션의 합성어로, 바이든 정권의 부양책으로 발생하는 물가 급등을 의미한다. 공화당을 비롯한 보수 세력이 바이든 대통령의 경제정책을 비판할 때 등장하는 용어다. 공화당은 바이든 정부의 대규모 지출과 감세가 1970년대와 같은 악성 인플레이션을 유발하고 있다고 비난한다. 바이든 대통령은 지난 3월 1조9000억달러의 코로나19 감염증 구제 법안을 내놓은 데 이어 3조5000억달러의 대규모 지출안도 추진 중이다.

미국 연방준비제도(Fed·연준)도 정부에 발맞춰 월 1200억달러 규모의 양적완화 프로그램을 실시하고 있다. 지난 6월 미국 소비자물가지수(CPI)는 전년 동월 대비 5.4% 상승해 2008년 8월 이후 약 13년 만에 최고치를 기록했다. CPI는 지난 5월에도 5% 급등한 바 있다. 미국 정부와 연준은 물가 급등이 일시적이라는 입장이지만 많은 경제 전문가들은 일시적이지 않을 가능성을 우려하고 있다.

▍크레디트 임펄스 (credit impulse)

크레디트 임펄스는 민간 부문의 신규 신용이 국내총생산(GDP)에서 차지하는 비중을 나타내는 경제 지표다. '신용자극지수'로도 불린다. 2008년 독일 최대 은행인 도이체방크의 이코노미스트였던 마이클 빅스가 소개한 개념으로, 빅스는 경제 순환 주기를 알기 위해서는 신용의 저량(stock)이 아닌 유량(flow)에 주목해야 한다고 강조했다. 부채 규모와 같은 저량 지표가 아닌 신규 대출 등 유량 지표, 즉 크레디트 임펄스가 증가할 때 민간의 소비가 증가하고 경제가 살아나는 모습을 보이고, 크레디트 임펄스가 떨어지면 그 반대의 경우가 나타난다는 주장이다.

글로벌 금융위기 이후 중국의 신용 사이클이 세계 경제에 미치는 영향이 커지면서 중국의 크레디트 임펄스가 주목을 받고 있다. 글로벌 투자은행(IB)은 미국 금리의 과도한 하락에 선행해 중국 크레디트 임펄스가 하락하는 현상이 나타났다고 설명하기도 했다. 중국의 신용 축소가 장기적으로 글로벌 물가 하락과 경기 둔화에 영향을 미칠 것이라는 지적이다.

▍블루카본 (blue carbon)

블루카본이란 해초, 엽습지, 맹그로브(mangrove : 열대 지역 해안가에 사는 나무) 등 해양 생태계에 의해 흡수되는 탄소를 말한다. 최근 이산화탄소를 둘러싼 기후 문제를 해결할 수단으로 주목 받고 있다. 푸른(blue) 바다가 탄소(carbon)를 흡수한다고 해서 명명됐다. 블루카본이라는 개념은 2009년에 발표된 국제연합(UN)과 세계자연보전연맹(IUCN)의 보고서에 처음 등장한다.

한편, 우리나라 갯벌이 연간 승용차 11만 대가 내뿜는 온실가스를 흡수한다는 연구 결과가 나왔다. 이는 그간 국제사회에서 연안습지 중 블루카본으로 주목받지 못한 갯벌의 이산화탄소 흡수 잠재량을 국가 차원에서 전국적으로 조사한 세계 최초의 연구다. 해양수산부는 갯벌의 블루카본 흡수량 및 범위 등을 전반적으로 파악하기 위해 2017년도부터 연구를 지원하고 있다. 해수부는 해양부문 탄소중립을 위해 갯벌, 염습지 등에서 지속적으로 갯벌복원사업을 추진하고, 2022년부터는 갯벌에 염생식물(鹽生植物 : 바닷가 등 염분이 많은 토양에서 자라는 식물)을 조성하는 사업을 신규로 추진한다는 계획이다.

▌온비드 (onbid)

▲ 온비드 홈페이지 (화면 캡처)

온비드란 국가, 지방자치단체 등의 공매 정보를 통합하여 인터넷을 통해 공매에 참여할 수 있도록 한 공매포털시스템(www.onbid.co.kr)이다. 한국자산관리공사(캠코)가 운영 중이며, 부동산뿐만 아니라 다양한 물건들을 접할 수 있어 갈수록 거래량이 늘고 있다. 토지, 주거용 건물, 상가 운영권 등 국가나 지방자치단체, 공기업 및 공공기관 등이 매각, 임대하는 자산에 대해 입찰자가 인터넷을 통해 온비드에 입찰서를 제출하면 입찰 진행자가 인터넷상에서 낙찰자를 선정하는 방식으로 운영된다. 온비드에는 물건명, 입찰가격, 용도 등의 정보가 게재된다.

한편, 지난 6월 온비드에 이명박 전 대통령의 서울 강남구 논현동 사저가 등록됐다. 온비드에 따르면 이명박 전 대통령이 살던 서울 강남구 논현동 사저가 111억5600만원에 낙찰됐다. 앞서 검찰은 2018년 이 전 대통령을 구속기소 할 당시 이 전 대통령의 자산 등에 대한 추징보전을 청구했고, 법원은 검찰의 청구를 받아들여 논현동 사저 등을 동결했다. 이후 이 전 대통령의 유죄가 인정됐고, 사저가 공매 시장에 나오게 된 것이다. 온비드를 통해서 이 전 대통령 외의 과거 대통령의 자택이 거래되기도 했다.

▌플로깅 (plogging)

플로깅은 조깅을 하면서 쓰레기를 줍는 운동을 말한다. '이삭을 줍는다'는 뜻을 가진 스웨덴어 'plocka upp'과 영어 단어 'jogging(조깅)'을 합성한 말이다. 2016년 스웨덴에서 처음 시작된 이 운동은 북유럽을 중심으로 빠르게 확산됐다. 플로깅은 쓰레기를 줍기 위해 앉았다 일어나는 동작이 하체 운동인 스쿼트 운동 자세와 유사한 등 단순 조깅보다 칼로리 소모가 많고, 환경도 보호할 수 있어 인기를 끌고 있다.

국내 기업에서도 플로깅이 각광받고 있다. GS파워는 최근 안양시 만안종합사회복지관과 언택트 플로깅 캠페인을 개최했다. 또, LG헬로비전은 온라인 다이렉트샵을 통해 가입한 MZ세대에게 플로깅 키트를 선물했다. 나아가 SK이노베이션은 '산해진미 플로깅' 자원봉사 캠페인을 범국민 캠페인으로 확산했다.

패스트패션 (fast fashion)

▲ 패션 잡지 '보그' 표지를 장식한 그레타 툰베리 (홈페이지 캡처)

패스트패션이란 최신 유행을 바로바로 반영해 제작·유통하는 의류를 말한다. 스페인의 자라, 일본의 유니클로, 스웨덴의 H&M 등의 **스파 브랜드** (SPA brand : 의류의 기획부터 생산, 유통, 판매까지 직접 관리하는 브랜드)가 대표적인 패스트패션이다.

세계적인 청소년 환경운동가 그레타 툰베리가 최근 유명 패션 잡지 '보그' 스칸디나비아판 표지 모델로 등장해 화제가 됐다. 툰베리는 표지에서 큰 사이즈의 트렌치코트를 입고 숲에서 말의 머리를 쓰다듬고 있는데, 해당 트렌치코트는 폐기된 옷이나 천연재료, 팔리지 않고 남은 재고 등을 재활용해 만든 것으로 알려졌다. 사실상 툰베리는 패스트패션이 환경에 미치는 악영향을 꼬집은 것이다. 한편, CNN에 따르면 2018년에만 의류 업계에서 배출한 이산화탄소가 23억1000만 톤에 달해, 의류 업계가 환경에 미치는 악영향이 엄청난 것으로 알려졌다.

갓생

갓생이란 신을 뜻하는 영어 '갓(God)'과 '인생'을 합친 말로, 현실에 집중하면서 **성실한 생활을 하고, 생산적으로 계획을 실천해나가는 이른바 '타의 모범'이 되는 삶**을 의미한다. 주로 **MZ세대**(밀레니얼+Z세대, 1981~2010년생)가 커뮤니티 등에서 사용하는 신조어다. 예를 들어 '다음 학기에는 진짜 갓생 산다', '이번 프로젝트는 망했지만 내일은 갓생' 등으로 표현한다. 이번 일은 열심히 하지 않았거나 성과가 없었지만 다음번엔 목표와 계획을 갖고 집중하겠다는 뜻이다.

갓생은 미래의 불안감을 떨쳐내려는 일종의 다짐으로, 큰 성공이나 부를 꿈꾸는 대신 매일 조금씩 발전·성장하는 데 더 큰 의미를 두는 MZ세대의 가치관을 반영한 것이다. 지난해부터 이어진 코로나19로 불확실성과 좌절감이 커졌지만 성실함과 꾸준함으로 일상에서 나만의 성공을 만들어 가겠다는 것이다. 갓생 살기 실천법은 일찍 자고 일찍 일어나기, 좋은 습관 들이기, 계획표 짜기 등 평범하지만 일상의 중요한 가치를 담고 있다.

SNS 톡!톡!

해야 할 건 많고, (이거 한다고 뭐가 나아질까) 미래는 여전히 불안하고 거울 속 내 표정은 (정말 노답이다) 무표정할 때!
턱 막힌 숨을 조금이나마 열어 드릴게요. "톡!톡! 너 이 얘기 들어봤니?" SNS 속 이야기로 쉬어가요.

#이 정도는 알아야 #트렌드남녀

'블랙 위도우' 스칼렛 요한슨 디즈니에 소송제기

▲ 스칼렛 요한슨

마블 영화 '블랙 위도우' 스타 스칼렛 요한슨이 제작사 마블의 모회사 디즈니를 상대로 소송을 제기했다. 디즈니가 이 영화를 극장·스트리밍 동시 개봉한 것은 극장 독점 상영을 전제로 한 출연료 계약 위반이라는 것이다. 요한슨은 극장 흥행 성적에 좌우되는 출연료 계약을 맺었는데 디즈니플러스에도 동시에 공개되면서 극장 관객이 줄고 출연료도 깎이게 됐다고 주장했다. 누리꾼들은 요한슨의 문제 제기를 지지하며 달라진 영화 배급 패러다임을 둘러싼 공방에 집중하고 있다.

@ 디즈니플러스 (Disney+)
월트 디즈니의 OTT 서비스로 2019년 11월 12일 미국, 캐나다, 네덜란드에서 정식 출범했다.
우리나라에는 오는 11월 정식 론칭 예정이다.

#스트리밍_시대 #제작사와_배우_모두가_공감할_계약방식_필요

우주정거장에 피자 배달…"피자 시키신 분?"

국제우주정거장(ISS)으로 피자가 배달됐다. 지난 8월 10일(현지시간) 미국 버지니아 해안에서 쏘아 올린 노스럽그러먼의 시그너스 화물선이 ISS에 우주비행사를 위한 피자를 배달한다고 AP통신과 BBC 등은 보도했다. 이 화물선에는 우주비행사 7명이 먹을 7인분 피자키트와 치즈 모둠이 포함됐다.

소식을 들은 누리꾼들은 우주에서 먹는 피자 맛이 어떨지 궁금하다는 반응을 보였다.

@ 국제우주정거장 (ISS, International Space Station)
미국과 러시아 등 세계 16개국에서 참여하여 1998년에 건설이 시작된 국제우주정거장이다.

#페퍼로니인가요?_포테이토인가요? #아무튼_맛있게_드세요

김용건 39세 연하 연인과 화해...하정우 동생 생긴다

배우 김용건이 혼전 임신한 39살 연하 여성 A 씨와 법적 다툼을 끝내고 태어날 2세를 위해 최선을 다하기로 했다. 이로써 배우 김용건의 아들인 배우 하정우는 동생을 맞이하게 됐다. 앞서 김용건은 지난 4월 초 오래전부터 알고 지낸 A 씨로부터 임신 소식을 전해 들은 뒤 출산을 반대하다 A 씨로부터 임신 중절을 강요한 혐의로 피소됐다. 누리꾼들은 김용건의 개인사를 축하한다는 의견과 39살 연하는 너무했다는 의견으로 나뉘고 있다.

@ 김용건 (1946~)

1967년 KBS 7기 공채 탤런트로 배우 생활을 시작해 대중의 사랑을 받은 배우다. 1996년 이혼한 그는 슬하에 배우 하정우(본명 김성훈)와 차현우(본명 김영훈)를 두고 있다.

#아무쪼록 #순산하시길

인도네시아에서 코로나 백신 '빈 주사기' 접종

인도네시아에서 코로나19 백신을 주사기에 채우지 않고 접종한 사례가 발생해 SNS에서 화제다. 인도네시아 자카르트 북부의 한 고등학교 남학생이 코로나19 백신을 맞는 영상이 SNS에 유포됐는데, 영상을 자세히 보면 주사액이 없는 빈 주사기다. 해당 학생의 어머니는 동영상을 증거로 제시하며 정부 당국에 항의했는데, 간호사는 "그럴 의도가 없었다. 그날 599명에게 백신을 접종을 하다 보니 제대로 확인하지 못했다"고 시인하며 학생에게 사과했다.

@ 코로나19 백신

코로나19 예방을 위해 개발된 백신을 말한다. 대표적으로 아스트라제네카(영국), 화이자(미국·독일), 얀센(미국), 모더나(미국), 노바벡스(미국) 등이 있다.

#긴박하게_이루어지는_백신접종 #놓는사람도_맞는사람도_잘_확인해야

- 페이스북
facebook.com/eduwillnet

페이스북에서 이벤트도 참여하세요.

- 에듀윌 도서몰
book.eduwill.net

- 시사상식 App
에듀윌 시사상식

구글 플레이스토어 or 애플 앱스토어에서 에듀윌 시사상식을 검색하세요.

Cover Story와 분야별 최신상식에 나온 중요 키워드를 떠올려보세요.

01 한국은 올림픽 양궁 여자 단체전에서 몇 회 연속 금메달을 획득했는가? p.8

02 EU 집행위원회가 2021년 7월 14일 발표한, 탄소 배출 감축을 위해 구체적인 실행안을 담은 정책 패키지 명칭은? p.13

03 윤석열 전 검찰총장이 7월 30일 입당한 당 명칭은? p.20

04 문재인 정부가 2017년 7월 시행한 건강보험 보장성 강화 정책을 일컫는 용어는? p.29

05 2020년 7월부터 전면 시행된 전월세신고제·전월세상한제·계약갱신청구권제 등을 핵심으로 하는 법안은? p.36

06 온라인상에서 입소문을 타 개인투자자 눈길을 끄는 주식은? p.38

07 코로나19 방역을 우수하게 해내고 있는 국가 간에 안전막을 형성해 해당 국가 간에는 여행을 허용하는 협약은? p.66

08 경제 위기에 대처하기 위해 정부가 취했던 양적완화의 규모를 점진적으로 축소하는 방법은? p.71

09 아프리카 소말리아 아덴만과 중동 오만만 일대에서 선박보호 임무 등을 수행하는 해외파병 부대로, 최근 코로나19 대량 확진으로 논란이 됐던 부대 명칭은? p.79

10 국제적으로 중요한 습지와 습지의 자원을 보전하기 위한 국제환경협약은? p.82

11 바이러스 등 외부 병원체가 인체에 들어왔을 때 체내 면역 물질이 과도하게 분비돼 정상 세포를 공격하여 발생하는 면역 과잉반응 현상은? p.101

12 프로구단에 소속된 선수들의 총연봉 액수가 일정 액수를 넘지 못하도록 제한한 연봉총액상한제는? p.104

13 가상현실과 증강현실을 아우르는 혼합현실 기술을 망라하는 용어는? p.111

14 화석연료 사용 등으로 배출되는 탄소량을 최대한 줄이고, 청정에너지 분야에 투자함으로써 실질적인 배출량을 0이 되도록 하는 상태를 뜻하는 용어는? p.112

정 답

01 9회   02 핏 포 55   03 국민의힘   04 문재인케어   05 임대차 3법   06 밈 주식   07 트래블 버블   08 테이퍼링
09 청해부대   10 람사르협약   11 사이토카인 폭풍   12 샐러리캡   13 확장현실(XR)   14 넷제로(탄소중립)

당신을 사랑합니다.

있는 그대로의 당신뿐 아니라,
당신과 함께 있는 나도 사랑합니다.

당신이 당신을 만들어 가는 것뿐 아니라
당신이 만들어가는 나의 모습 때문에
당신을 사랑합니다.

– 로이 크로츠(Roy Crotts)

에듀윌, 기업 교육 담당자 등 대상
B2B 교육 홍보 홈페이지 신규 오픈!

종합교육기업 에듀윌 (대표 박명규)이 기업 교육 담당자와 대학 취업교육 담당자 등을 대상으로 하는 B2B 교육 홍보 홈페이지를 새롭게 런칭했다.

에듀윌 B2B 관계자는 "에듀윌 B2B서비스는 기업과 공공기관, 대학 등 고객에 최적화된 맞춤 서비스를 제공 중이다. 에듀윌만의 차별화된 B2B 서비스를 더 많은 고객 분들에게 알리고 홍보하기 위해 홈페이지를 신규 개설했다"고 기획의도를 밝혔다.

에듀윌 B2B 교육 홍보 홈페이지에서는 자격증 및 전문 분야, 재취업, 창업, 은퇴 교육 등 에듀윌이 제공하는 40여 분야의 폭넓은 교육과정을 한 번에 확인할 수 있다. 더불어 온라인 교육, 집합 교육, 최근 다수 기업에서 활용하는 화상(Zoom) 교육, 콘텐츠 제휴까지 고객사가 희망하는 교육 유형 정보를 손쉽게 확인할 수 있다.

이와 함께 해당 홍보 홈페이지에서는 기업/공공기관 교육, 대학/특성화고 교육, 콘텐츠 제휴 각 분야별 담당자와 빠른 상담 문의가 가능하다. 이번 홈페이지 오픈을 통해 에듀윌은 기업교육, 대학교육 등 관련 교육 정보를 제공하고, 교육 담당자와 막힘없이 빠르고 효율적인 의사소통이 가능해 질 전망이다.

에듀윌 B2B교육에 대한 자세한 내용 확인 및 상담신청 등은 에듀윌 B2B 교육 홍보 홈페이지(b2b. eduwill.net)에서 가능하다. 한편, 에듀윌은 세 번의 대통령상 수상을 비롯, 정부기관상 13관왕에 빛나는 종합교육기업이다.

최신시사 TEST

01 문재인 정부에서 진행한 첫 특별검사 수사는?

① BBK 특검
② 스폰서 검사 특검
③ 내곡동 사저 특검
④ 드루킹 댓글조작 특검

해설 문재인 정부에서 진행한 첫 특별검사 수사는 '드루킹 댓글조작 특검'이다. 당시 허익범 변호사가 첫 특별검사로 임명돼 사건을 수사했다. 특별검사는 고위 공직자의 위법 행위나 비리가 드러났을 때 방증 자료를 수집하고 기소하기까지 독자적인 수사를 할 수 있는 독립 수사기구로서 특별검사는 대통령이 임명한다.

김경수 경남지사 징역 2년 확정...지사직 박탈

▲ 김경수 전 경남지사 (자료 : 경남도청)

7월 21일 대법원은 김경수 경남지사가 지난 2017년 대선을 전후해 '드루킹'이라는 별명을 가진 김동원 씨와 공모해 여론을 조작했다는 혐의, 컴퓨터 등 장애업무방해죄를 유죄로 보고 징역 2년을 선고한 원심을 확정했다. 공직선거법 위반 혐의에 관해서는 무죄를 선고한 원심을 확정했다.

이로써 김 지사는 지사직을 잃었으며, 7월 26일 창원교도소에 입감됐다. 한편, 대법원의 결정에 대해 더불어민주당은 판결을 존중한다면서도 김 지사가 억울하게 이용당했다는 의견을 냈고, 국민의힘 등 야권은 문재인 대통령이 사과해야 한다고 비판했다.

정답 ④

02 '대통령 공식 특별사절'로 임명된 국내 최초의 대중문화예술인은?

① 싸이
② 빅뱅
③ 원더걸스
④ 방탄소년단

해설 지난 7월 21일 문재인 대통령은 '미래세대와 문화를 위한 대통령 특별사절'로 방탄소년단(BTS)을 임명했다. 국내 대중문화예술인 가운데 대통령 공식 특별사절로 임명된 것은 BTS가 최초다. 한편, 특별사절은 일국이 특별한 외교적 목적을 달성하기 위해 임무를 부과해 파견하는 일시적 성격의 대표 사절을 말한다.

문 대통령, 대통령 특별사절에 BTS 임명

지난 7월 21일 문재인 대통령이 '미래세대와 문화를 위한 대통령 특별사절'로 방탄소년단(BTS)을 임명했다. 이에 따라 BTS는 오는 9월 미국 뉴욕에서 열리는 제75차 유엔총회 등 국제 주요 회의에 참석해 세계 청년들을 향한 위로와 희망의 메시지를 전하고, 환경, 빈곤, 불평등 개선 및 다양성 존중 등 세계적 과제 해결을 위한 활동에도 참여한다.

박경미 청와대 대변인은 "한국이 지속가능한 성장 등 미래세대 글로벌 의제를 선도하고 국제사회에서 높아진 위상에 맞게 외교력을 확대하는 데 보탬이 되기 위해 사절단을 임명한 것"이라며 "포스트 코로나 시대의 선도국가로 국가 위상을 제고하는 데에도 도움이 될 것"이라고 말했다.

정답 ④

*한 달 동안 세상을 뜨겁게 달구었던 시사 이슈를 핵심 문제에 담았습니다.

03 세계 3대 국제신용평가기관이 아닌 것은?

① 피치
② 무디스
③ 골드만 삭스
④ 스탠더드 앤드 푸어스

해설 세계 3대 국제신용평가기관은 ▲무디스(Moody's) ▲스탠더드 앤드 푸어스(S&P) ▲피치(Fitch) 3곳을 말한다. 이들 기관은 채무상환능력 등을 종합적으로 평가하여 국가별로 등급을 발표한다. 이들이 국가나 기업에 매기는 신용평가는 국제금융시장에서 막강한 영향력을 행사한다.

피치, 한국 신용등급 AA- 유지... 등급 전망 '안정적'

세계 3대 국제신용평가기관 중 하나인 피치(Fitch)가 한국의 국가신용등급을 AA-로, 등급 전망을 '안정적'(stable)으로 유지했다고 7월 21일(현지시간) 밝혔다. 피치는 한국의 현재 신용등급에 대해 강한 대외건전성, 경제회복력과 양호한 재정 여력, 북한 관련 지정학적 위험, 고령화로 인한 구조적 도전을 균형 있게 반영한 결과라고 설명했다.

한국이 부여받은 AA-는 4번째로 높은 국가신용등급이다. AA-에는 영국, 홍콩, 벨기에, 대만 등이 속해있다. 최고등급인 AAA에는 스위스, 독일, 미국, 싱가포르 등 10개국, 다음 등급인 AA+에는 캐나다 등 3개국, 그 다음인 AA에는 프랑스 등 5개국이 속해 있다.

정답 ③

04 2021년 2차 추가경정예산으로 지원하는 코로나 상생 국민지원금 1인당 금액은?

① 25만원
② 50만원
③ 75만원
④ 100만원

해설 정부는 7월 26일 정부세종청사에서 6월분 건강보험료를 기준으로 소득 하위 80% 가구에 1인당 25만원을 지급하기로 결정했다. 여기에 형평성 논란이 일었던 맞벌이 가구와 1인 가구의 지급 기준선을 대폭 완화해 지원금 지급 범위를 소득 하위 87.7%까지 끌어올렸다.

코로나 지원금 기준선 제시

가구원수	가구별 건강보험료 본인부담금 합산액(원)		
	직장	지역	혼합
1인 특례	143,900	136,300	
2인 맞벌이	247,000	271,400	252,300
3인 맞벌이	308,300	342,000	321,800
4인 맞벌이	380,200	420,300	414,300
5인 맞벌이	414,300	456,400	449,400
6인 맞벌이	486,200	531,900	540,200
7인 맞벌이	540,200	583,200	634,400
8인 맞벌이	634,400	661,800	816,600
9인 맞벌이	634,400	661,800	816,600
10인 맞벌이	634,400	661,800	816,600

▲ 국민지원금 특례 선정기준표 (자료 : 기획재정부)

정부는 7월 26일 코로나 상생 국민지원금 지급을 위한 특례 선정기준표를 공개했다. 정부는 6월분 건강보험료를 기준으로 소득 하위 80% 가구에 1인당 25만원을 지급하되, 1인 가구와 맞벌이 가구에 대해서는 지급 기준을 완화하는 특례를 적용하겠다고 설명했다.

특례 선정기준표에 따르면 1인 가구의 경우 지원금을 받을 수 있는 건보료 본인부담금 기준은 직장가입자 14만3900원 이하, 지역가입자 13만6300원 이하다. 맞벌이 가구는 가구원 수를 한 명 더 더해 적용한다. 다만 2020년 재산세 과세표준 합계액이 9억원(공시가격 15억원)을 초과하거나 금융소득 합계액이 2000만원을 초과하면 지원금을 받을 수 없다.

정답 ①

05 비수도권 거리두기 3단계 격상으로 인해 운영시간에 제한을 받는 시설은?

① 백화점
② 독서실
③ 놀이공원
④ 노래연습장

해설 노래연습장 등 다중이용시설은 10시까지 운영한다. ①백화점, ②독서실은 거리두기 1~2단계 때와 마찬가지로 운영시간에 제한이 없다. ③놀이공원은 수용인원만 제한하면 운영시간에 제한을 받지 않는다.

비수도권 비중 40% 돌파...3단계 격상

비수도권의 코로나19 유행 상황이 갈수록 심각해지고 있는 가운데 비수도권 확진자가 7월 26일 40.7%를 기록하며, 4차 대유행 이후 처음으로 40%대를 넘어섰다. 정부는 수도권에서 비수도권으로, 다시 수도권으로 감염 확산의 고리가 이어지는 것을 차단하기 위해 이날부터 비수도권 거리두기를 3단계로 일괄 격상했다.

비수도권 거리두기 3단계로 식당·카페, 노래연습장 등 다중이용시설은 10시까지 운영하며, 사적모임은 5인 이상 금지 조치에 따라 4명까지만 만날 수 있다. 영화관, 독서실·스터디카페, 이·미용업, 오락실·멀티방, 상점·마트·백화점 등은 1~2단계 때와 마찬가지로 운영시간 제한이 없다. 놀이공원과 워터파크는 수용인원을 50%, 30%로 제한하면 영업할 수 있다.

정답 ④

06 애완동물을 자신의 가족처럼 생각하는 사람들을 일컫는 말은?

① 펫시터
② 펫팸족
③ 딩펫족
④ 뷰니멀족

해설 '펫팸족'(petfam族)은 애완동물(pet)과 가족(family)의 합성어로, 애완동물을 자신의 가족처럼 생각하는 사람들을 일컫는 말이다.
① 펫시터(pet sitter) : 반려동물을 돌보는 사람들
③ 딩펫족(DINKpet族) : 딩크족과 펫의 합성어로, 아이를 갖지 않고 애완동물을 기르며 사는 맞벌이 부부들
④ 뷰니멀족(viewnimal族) : 동물을 직접 키우지 않지만, 온라인상에서 영상 등을 통해 반려동물 문화를 즐기는 사람들

법무부, '동물은 물건이 아니다' 민법 개정안 입법예고

지난 7월 19일 법무부는 '동물은 물건이 아니다'라는 조항을 추가한 민법 개정안을 입법 예고했다고 밝혔다. 국내에 반려동물을 키우는 가구가 늘고 있고, 반려동물을 가족처럼 여기는 시대상을 반영한 것이다.

현행 민법에 따르면 법 적용 대상은 '인간'과 '인간이 소유한 물건' 등 두 가지로 나뉜다. 그간 동물은 '물건'(민법 98조상 유체물)으로 간주돼 왔다. 민법 개정안이 발효되면 동물은 인간도, 물건도 아닌 존재로 인정된다. 기본법인 민법에서 동물이 새로운 법적 지위를 갖게 되면 관련 법률도 그에 맞춰 정비될 전망이다. 특히 동물 학대 등에 대한 형사처벌 수위도 강화될 것이란 예측이 나온다.

정답 ②

07 다음 중 생산가능인구에 포함되지 않는 사람은?

① 실업자
② 취업자
③ 구직단념자
④ 공익근무요원

해설 생산가능인구는 생산가능 연령인 15~64세 인구로서 비경제활동인구와 경제활동인구로 구분된다. 경제활동인구는 다시 실업자와 취업자로 나뉜다. 현역 군인 및 공익근무요원, 전투경찰, 형이 확정된 교도소 수감자, 외국인 등은 생산가능인구에서 제외한다.

가구 셋 중 하나는 '나홀로 가구'

우리나라 전체 10가구 중 3가구는 1인 가구인 것으로 조사됐다. 7월 29일 통계청이 발표한 '2020년 인구주택총조사 결과'에 따르면 전체 가구에서 1인 가구

비중은 2019년 처음으로 30%를 넘어서더니 작년엔 31.7%로 전년 대비 1.5%p(49만6000가구) 증가했다. 2005년 이전까지 가장 많은 유형의 가구는 4인 가구였지만 2015년 이후로는 1인 가구가 가장 많다.

전체 인구에서 65세 이상 고령인구가 차지하는 비중도 지난해 처음으로 16%를 넘어섰다. 저출산 고령화에 따라 경제활동을 책임지는 생산가능인구가 갈수록 줄면서 우리나라의 잠재 성장률을 낮출 것이란 경고가 나오고 있다. 앞서 7월 21일 피치는 세계에서 가장 급격한 저출산·고령화를 이유로 우리나라 잠재성장률을 0.2%p 하향 조정했다.

정답 ④

08 코로나19 방역이 우수한 국가 간에 여행을 허용하는 협약은?

① 백신여권
② 메타버스
③ 트래블 버블
④ 오버투어리즘

해설 트래블 버블(travel bubble)에 대한 설명이다.
① 백신여권 : 코로나19 백신을 접종했다는 것을 증명하는 문서
② 메타버스 : 가상현실보다 한 단계 더 나아가 사회·경제적 활동까지 이뤄지는 온라인 공간
④ 오버투어리즘 : 수용 가능한 범위를 넘어서는 관광객이 몰려들어 관광객이 도시를 점령하게 되고 관광지 주민들의 삶을 침범하는 현상

한국─사이판 '트래블 버블' 첫 시행

격리 없는 해외여행으로 기대를 모았던 사이판과의 트래블 버블(여행안전권역)이 시행됐다. 7월 23일 국토교통부 관계자는 "트

래블 버블 시행을 위한 현지 준비 절차가 오늘에서야 마무리됐다"며 "오는 7월 24일 인천에서 사이판으로 가는 첫 항공편에 트래블 버블 적용 관광객 6명이 탑승할 예정"이라고 밝혔다.

트래블 버블은 방역관리에 대한 신뢰가 확보된 국가 간에 격리를 면제해 자유로운 여행을 허용하는 것을 말한다. 앞서 6월 30일 국토부는 사이판과 첫 트래블 버블 협정을 맺었다. 합의 내용에 따르면 백신 접종을 완료한 단체여행객에게만 트래블 버블이 적용된다. 다만 '델타 변이' 확산 등 영향으로 방역 상황이 악화하고 있어 트래블 버블이 얼마나 활성화될지는 미지수다.

정답 ③

09 2021년 8월 기준 일본 총리직을 수행하고 있는 인물은?

① 아베 신조
② 스가 요시히데
③ 소마 히로히사
④ 고이즈미 신지로

스가 요시히데(菅義偉, 1948~)는 일본 관방장관 출신으로, 2020년 9월 16일 아베 신조 전 총리의 뒤를 이어 제99대 총리로 취임했다.

한일 도쿄올림픽 정상회담 끝내 무산

한일 양국이 도쿄올림픽을 계기로 추진해온 문재인 대통령과 스가 요시히데 일본 총리 간 정상회담이 결국 무산됐다. 양국은 그동안 도쿄올림픽 개최를 계기로 정상회담을 여는 방안을 논의해왔다. 그러나 소마 히로히사 주한 일본대사관 총괄공사의 부적절한 발언으로 반일 정서가 고조되자, 청와대 측은 7월 19일 "문 대통령은 도쿄올림픽 계기 방일을 하지 않기로 결정했다"고 밝혔다.

한국과 일본은 문재인 정부 출범 후 일본군 위안부·강제징용 배상문제를 비롯해 일본의 대한국 수출 규제, 한일 군사정보포괄보호협정 연장 등을 놓고 갈등을 빚어 왔다. 한편, 문 대통령의 일본 방문이 무산되고, 7월 20일 한일 외교차관 회담이 열려 소마 공사의 부적절한 발언과 위안부 배상 판결에 대해 논의했다.

정답 ②

10 중국 정부가 세계 각국 대학교와 교류해 중국어나 중국 문화를 교육·전파하려는 목적으로 세운 교육 기관은?

① 맹자학원
② 공자학원
③ 시진핑학원
④ 마오쩌둥학원

공자학원(孔子學院, Confucius Institute)은 중국어 교육을 전파하고 중국 문화를 홍보하는 등 중국의 소프트파워를 강화할 목적으로 세워진 기관으로서 2020년 전 세계 162개국에 수백 곳이 있다. 미국은 자국 내 공자학원이 중국 공산당 사상 선전과 스파이 활동에 이용되고 있다며 2020년 폐쇄했다.

미중 고위급 회담 공방...왕이 '3대 요구안' 제시

왕이 중국 외교부장은 7월 26일 방중한 웬디 셔먼 미국 국무부 부장관과의 미중 고위급 회담에서 "미국이 일방적으로 만든 국제규범을 왜 중국이 지켜야 하는가"라며 대미 3대 요구안을 내놓았다. 이는 ▲중국 특색사회주의를 비난하지 말 것 ▲제재와 보복 관세, 과학 기술 봉쇄 등을 통해 중국의 발목을 잡지 말 것 ▲중국의 영토 보전 노력을 해쳐 국가 주권을 침해하지 말 것 등이다.

앞서 셰펑 중국 외교 부부장도 셔먼 부장관에게 공자학원과 중국 기업에 대한 탄압 중단, 중국 개인·기관에 대한 제재 해제 등을 촉구한 바 있다. 이에 대해 미국은 "중국의 인권 탄압 문제를 계속 제기하겠다"면서 '중국 때리기'를 이어가겠다는 의사를 재확인했다.

정답 ②

11 2009년 3월 창설한 한국군 사상 첫 전투함 파병부대는?

① 맹호부대
② 청룡부대
③ 청해부대
④ 충무부대

해설 청해부대(淸海部隊)는 2009년 3월 3일 국회에서 '국군부대의 소말리아 해역 파병 동의안'이 가결됨에 따라 즉시 창설됐다. 청해부대는 첫 파병 함정인 한국형 구축함(KDX-Ⅱ) 문무대왕함을 이끌고 2009년 3월 13일 임무 지역인 소말리아 해역으로 출항해, 아덴만 해역에서 한국 선박 호송 임무 등을 담당했다.

청해부대원 90% 코로나19 집단 확진

한국군 사상 첫 전투함 파병부대인 청해부대가 코로나19 집단확진으로 조기 귀국했다. 7월 25일 국방부에 따르면 전체 부대원 301명 가운데 코로나19 확진자는 272명(90%)인 것으로 파악됐다. 나머지 29명은 음성 판정을 받았으나, 사람마다 코로나19 잠복기가 달라 추가 확진자가 나올 가능성도 있다.

국군통수권자인 문재인 대통령은 직접적인 사과 메시지를 냈다. 문 대통령은 지난 7월 23일 청해부대 코로나19 집단 감염사태와 관련해 "걱정하실 가족들에게도 송구한 마음"이라고 사과했다. 합동조사단은 8월 10일 청해부대 집단감염이 아프리카 현지 항구에 정박했을 때 코로나19 바이러스가 유입됐다는 조사 결과를 발표했으나, 구체적인 바이러스 유입 경로에 대해 결론을 내리지 못했다.

정답 ③

12 블루 오리진에서 개발해 고도 100km 민간 우주 관광에 성공한 로켓은?

① 크루 드래곤
② 리질리언스
③ 뉴 셰퍼드
④ VSS 유니티

해설 제프 베이조스 아마존 창업자는 7월 20일 뉴 셰퍼드(New Shepard) 로켓을 타고 우주 관광에 성공했다. 뉴 셰퍼드는 블루 오리진에서 개발한 로켓으로 재활용이 가능한 것이 특징이다. ①크루 드래곤은 일론 머스크의 스페이스X에서 개발한 첫 민간 유인우주선이다. ②리질리언스는 스페이스X에서 2020년 11월 16일 국제우주정거장으로 발사한 유인우주선이며, ④VSS 유니티는 리처드 브랜슨의 버진 갤러틱에서 개발한 우주선으로 2021년 7월 21일 고도 86km 우주여행에 성공했다.

베이조스, 100km 우주 관광 성공

세계 최고 부자이자 아마존 창업자인 제프 베이조스가 7월 20일(현지시간) 우주 관광에 성공했다. 베이조스는 이날 '뉴 셰퍼드' 로켓을 타고 우주를 향해 날아올랐다. 10분간 비행을

▲ 우주 관광에 성공한 4인 (자료 : 블루 오리진)

마치고 지구에 안착한 베이조스는 "여태껏 최고의 날"이라며 우주여행 성공을 자축했다.

베이조스는 영국의 억만장자 리처드 브랜슨 버진그룹 회장에 첫 민간 우주여행자의 자리를 내줬지만, 브랜슨보다 더 높은 고도 100km 우주에 도달했다. 베이조스가 고도 100km까지 올라간 이유는 미국 항공우주국(NASA)과 연방항공국(FAA)은 고도 80km 이상을 우주의 기준으로 보지만, 유럽 국제항공우주연맹은 고도 100km인 '카르만 라인'(karman line)을 넘어야 우주로 정의하고 있기 때문이다.

정답 ③

13 다른 사람의 컴퓨터에 첩자처럼 잠입해 개인 정보를 빼가는 소프트웨어는?

① 랜섬웨어

② 스파이웨어

③ 웜바이러스

④ 매크로바이러스

해설 스파이웨어(spyware)에 대한 설명이다. 스파이웨어는 첩자 라는 뜻의 'spy'와 소프트웨어의 'ware'를 합성해 만든 단 어로서 사용자의 동의 없이 설치돼 컴퓨터의 정보를 수집·전송하는 악성 소프트웨어.

스파이웨어 '페가수스' 스마트폰 해킹 파문

스파이웨어 '페가수스' 가 전 세계 유명인·민 간인의 스마트폰을 해 킹해 정보를 빼갔다는 의혹이 제기됐다. 가장 정교한 스파이웨어로 알려진 페가수스는 이스라엘의 보안기업 NSO그룹이 만든 것이다. 본래 테러리스트, 범죄자 등을 추적하고자 개발됐으 나, 그간 1000여 명이 넘는 유명인·민간인의 스마트폰을 해 킹해 감시했다는 의혹이 최근 제기됐다.

해킹 명단에는 에마뉘엘 마크롱 프랑스 대통령도 이름을 올 렸다. 프랑스 일간지 르몽드는 7월 20일(현지시간) 마크롱 대 통령이 사용하는 아이폰 2대 중 한 대의 전화번호가 모로코 정보당국이 관리하는 것으로 보이는 연락처 명단에 들어있다고 보도했다. 마크롱 정부 초대 총리인 에두아르 필리프 전 총리 와 당시 장관 14명의 연락처도 명단에서 확인됐다.

정답 ②

14 빌보드 메인 차트 '핫 100'에 오른 국내 곡이 아닌 것은?

① 버터

② 아기상어

③ 노 모어 드림

④ 라이프 고즈 온

해설 '노 모어 드림'은 방탄소년단(BTS)의 데뷔곡으로, 빌보드 메 인 차트 핫 100에 오르지는 못했다. 한편, BTS는 '버터'로 빌보드 핫 100에서 8주 연속 1위를 기록하는 등, 빌보드 차 트를 휩쓸고 있다.

'아기상어' 표절 아니다...저작권 소송 승소

▲ 스마트스터디의 '상어가족'(아기상 어) (자료 : 스마트스터디)

국내 기업 스마트스터 디가 제작한 동요 '상 어가족'(아기상어)이 표 절이 아니라는 법원의 판결이 나왔다. 서울중 앙지법은 7월 23일 미 국 동요 작곡가 조니 온리가 '상어가족'을 만든 스마트스터디를 상대로 낸 손해배상 청구 소송을 원고 패소로 판결했다.

조니 온리는 지난 2011년 내놓은 자신의 동요 '베이비 샤크' 가 구전동요에 고유한 리듬을 부여해 리메이크한 2차 저작물 인데 '상어가족'이 이를 표절했다고 주장했다. 스마트스터디 는 저작권이 없는 북미권 구전동요를 편곡한 '상어가족'이 조 니 온리의 저작물과는 무관하다고 반박했다. 한편, '상어가족' 은 미국 빌보드 메인 싱글 차트인 '핫 100'에 오르는 등 글로 벌한 인기를 얻은 동요다.

정답 ③

15 국내 영화제 중 처음으로 고야상 공식 인증을 받은 아시아 최대 비경쟁 영화제는?

① 청룡영화상
② 대종상영화제
③ 부산국제단편영화제
④ 부천국제판타스틱영화제

해설 부산국제단편영화제(BISFF, Busan International Short Film Festival)에 대한 설명이다.
① 청룡영화상 : 조선일보가 처음 주최했으며, 현재 스포츠 조선이 주최하는 영화 시상식
② 대종상영화제 : 한국영화인총연합회가 주최하고 문화체육관광부와 영화진흥위원회가 후원하는 영화 시상식
④ 부천국제판타스틱영화제 : 호러·스릴러·미스터리 등의 장르를 중심으로 진행하는 영화제

BISFF, 국내 첫 고야상 인증 영화제 선정

부산국제단편영화제가 국내 영화제 중 처음으로 스페인 '고야상'(Premios Goya)과 캐나다 '캐나다 스크린 어워즈'(Canadian Screen Awards) 공식 인증 영화제로 선정됐다. 이번 인증은 2018년 국내 최초이자 아시아에서 네 번째로 미국 아카데미시상식 공식 인증영화제가 된 이후 4년 만에 이룬 쾌거다.

고야상은 스페인영화예술과학아카데미가 주관하는 시상식으로 스페인 및 전 세계 영화인들에게 미국의 아카데미상과 동등한 수준의 영화상으로 간주된다. 캐나다 스크린 어워즈는 캐나다영화텔레비전아카데미가 주관하며, 시상 부문은 드라마, 다큐멘터리, 애니메이션으로 구성돼 있다. 연이은 세계 주요 영화기관의 공식 인증으로 부산국제단편영화제에 대한 국제적 관심이 높아지고 출품작도 증가할 것으로 기대된다.

정답 ③

16 도쿄올림픽에서 새로 추가된 정식 종목이 아닌 것은?

① 조정
② 가라테
③ 소프트볼
④ 스케이트보드

해설 도쿄올림픽에서 새로 추가된 정식 종목으로는 ▲스케이트보드 ▲서핑 ▲가라테 ▲클라이밍 ▲야구 ▲FIBA 3X3(3대 3 농구) ▲사이클 BMX 프리스타일 ▲철인 3종 경기 혼성 단체 계주 ▲소프트볼 ▲육상 4X400m 혼성 계주 등이 있다.

코로나 시대 2020 도쿄올림픽 '혼돈의 개막'

2020 도쿄하계올림픽이 혼돈 속에 7월 23일 오후 8시 일본 도쿄 올림픽 스타디움에서 17일간 열전의 문을 열었다. 그리스를 시작으로 205개 국가올림픽위원회(NOC) 소속팀과 난민대표팀 등 206개 팀의 선수단이 참가했으며, 대한민국 선수단은 일본어 국가 표기 순서에 따라 한자어 대한민국(大韓民國)의 이름으로 103번째에 입장했다.

그러나 개막 당일까지도 일본 국민에게 사랑받지 못한 대회로 남게 됐다. 올림픽 스타디움 객석은 텅 비었지만, 경기장 바깥은 올림픽을 반대하는 사람들로 인산인해를 이뤘다. 코로나19 재확산 중에 열리는 이 대회에 일본 국민은 반감을 적시에 맞춰 표출했다. 도쿄올림픽을 강행한 스가 요시히데 일본 총리, 국제올림픽위원회(IOC) 토마스 바흐 위원장을 반대하는 시위대가 개회식 전부터 규탄의 목소리를 크게 높였다.

정답 ①

한국공항공사/삼성전자/연합뉴스TV

01 다음 중 관세에 대해 설명한 것으로 옳지 않은 것은?

① 중요한 국내 산업을 보호하려 할 때 긴급 관세를 부과한다.

② 무역 상품에 부과되는 세금이다.

③ 수입품의 일정한 수량을 기준으로 부과하는 관세는 슬라이딩관세다.

④ 일정한 계절에만 부과하는 계절 관세는 대부분 농작물에 적용된다.

> **해설** 수입품의 일정한 수량을 기준으로 부과하는 관세는 할당관세이다. 할당관세는 수입할당제와 관세의 기술적인 특성을 혼합하여 이 두 가지 정책수단이 개별적으로 실시됨에 따라 발생되는 결함을 보완하기 위하여 마련된 정책수단이다. 관세는 국제 무역에 수입되는 상품에 부과되는 세금이다. 수입되는 상품에 대하여 부과함으로써 수입을 억제하고, 그로 인하여 국내산업의 보호, 국제 수지 개선 수출 촉진 등을 추구한다. 넓은 뜻의 국세에는 내국세와 관세 두 가지가 있다.
>
> **정답** ③

부산경제진흥원/한국소비자원/서울시복지재단

02 전문가의 경험적 지식을 통한 미래 예측 기법은?

① 명목 집단법

② 브레인라이팅

③ 델파이 기법

④ 브레인스토밍

> **해설** 전문가의 경험적 지식을 통한 문제 해결 및 미래 예측을 위한 기법은 델파이 기법(delphi technique)이다. 이는 자료가 부족한 문제에 관해 전문가들의 견해를 통해 집단적 판단으로 정리하는 절차다.
>
> **정답** ③

LG/한국남부발전/한국산업인력공단/국민건강보험공단/매일경제

03 다음 중 환율이 하락할 때 일어나는 현상으로 옳지 않은 것은?

① 수출이 감소한다.

② 경상 수지가 악화된다.

③ 국내 물가가 하락한다.

④ 외채 상환 부담이 증가한다.

> **해설** 환율이 하락하면 수출품 가격의 상승으로 수출이 감소하고 수입품 가격의 하락으로 수입이 증가하기 때문에 경상 수지가 악화되나, 국내 물가도 함께 하락하고 기업의 외채 상환 부담이 줄어드는 장점도 있다.
>
> **정답** ④

*제공된 문제는 2020 에듀윌 多통하는 일반상식에서 발췌했습니다.

한국토지주택공사/새마을금고/국민연금공단

04 도시의 급격한 발전으로 인해 도시 주변이 무질서하게 확대되는 현상을 무엇이라고 하는가?

① 공동화 현상
② 스프롤 현상
③ 시티홀 현상
④ 도시화 현상

> **해설** 스프롤 현상이란 도시의 급속한 발전이 대도시 주변의 무계획적 건설, 교통량의 폭주, 환경 오염 등의 문제를 발생시키는 현상을 말한다.
>
> **정답** ②

YTN

05 식품 원재료의 생산에서 최종 소비자의 섭취까지 전단계에 걸쳐 위해 물질로 식품이 오염되는 것을 사전에 방지하기 위하여 위해 요소를 규명하고 이를 중점적으로 관리하기 위한 식품위생관리시스템은?

① FDA
② ESI
③ HACCP
④ KGMP

> **해설** HACCP(Hazard Analysis Critical Control Point)이란 식품의 안전성, 건전성 및 품질을 확보하기 위한 식품 위해 요소 중점관리 기준을 말하며, '해썹' 또는 '해십'이라고 부른다.
>
> **정답** ③

한국공항공사/한국남부발전/삼성/SBS/MBN

06 다음 중 오픈 프라이머리(open primary)에 대한 설명으로 옳지 않은 것은?

① 상향식 공천에 부합하는 제도이다.
② 역선택을 방지할 수 있다는 장점이 있다.
③ 개방형 국민경선제 또는 완전 국민경선제라고 부른다.
④ 당원과 비당원의 차이를 두지 않아 정당 정치의 실현이 어려워지는 단점이 있다.

> **해설** 오픈 프라이머리는 대통령 등의 공직 후보를 선발할 때 일반 국민이 직접 참여하여 선출하는 방식으로 완전 국민경선제 또는 개방형 국민경선제라고 한다. 하지만 오픈 프라이머리는 후보 선출권을 소속 당원에 한정시키지 않고 당적이 없는 일반 국민들이 직접 후보를 선출하기 때문에 역선택을 방지할 수 없다는 단점이 있다. 또한 일반 국민들이 후보 선정에 참여하기 때문에 당원의 역할이 약화되고 장기적으로 정당 기능이 축소될 수 있다.
>
> **정답** ②

서울도시철도공사/동아일보/한국일보

07 다음 중 입체파 화가가 아닌 사람은?

① 파블로 피카소

② 조르주 브라크

③ 페르낭 레제

④ 빈센트 반 고흐

> **해설** 입체파 화가의 대표적인 화가로는 파블로 피카소, 조르주 브라크 등이 있으며, 빈센트 반 고흐는 인상파이다.
>
> **정답** ④

방송통신심의위원회/MBC/YTN/연합뉴스

08 일정 시간까지 어떤 기사에 대하여 한시적으로 보도를 중지하는 것은?

① 엠바고

② 게이트키핑

③ 퍼블릭 액세스

④ 오프 더 레코드

> **해설** 엠바고(embargo)에 대한 설명이다. ②게이트키핑은 미디어 조직 내에서 뉴스를 취사선택하는 과정을 뜻하며, ③퍼블릭 액세스는 일반인이 직접 기획·제작한 영상물을 그대로 방영하는 것을 뜻한다. ④오프 더 레코드는 기록에 남기지 않는 비공식 발언으로, 정보 제공자가 정보를 제공할 때 보도하지 않을 것을 약속하고 제보하는 것을 말한다.
>
> **정답** ①

안전보건공단/한국농어촌공사/CJ/한겨레신문

09 사단(四端) 중 사양지심(辭讓之心)과 관련있는 것은?

① 仁

② 義

③ 禮

④ 知

> **해설** 사단(四端) : 인간의 본성에서 네 가지 마음씨가 우러나온다. 즉, 인(仁)에서 우러나는 측은지심(惻隱之心), 의(義)에서 우러나는 수오지심(羞惡之心), 예(禮)에서 우러나는 사양지심(辭讓之心), 지(知)에서 우러나는 시비지심(是非之心)이 그것이다.
>
> **정답** ③

MBC/SBS/EBS/매일신문/한국일보, 국민일보

10 다음 중 맨부커상을 수상한 한강 작가의 작품이 아닌 것은?

① 채식주의자
② 사평역에서
③ 소년이 온다
④ 희랍어 시간

> **해설** 「사평역에서」는 곽재구가 지은 1연 27행의 자유시이다. 1981년 중앙일보 신춘문예에 당선된 시로, 1980년대 이후 대표적인 서정시로 자리매김하였다.
>
> **정답** ②

SBS/교통안전공단/한국보훈복지의료공단/인천국제공항공사

11 다음 순우리말 풀이 중 바르지 않은 것은?

① 가뭇없다 : 감쪽같이 눈에 띄지 않다.
② 곰살갑다 : 성질이 보기보다 부드럽고 상냥하다.
③ 댕돌같다 : 매우 둔하며 슬기롭지 못하고 어리석다.
④ 마수걸이 : 맨 처음으로 물건을 파는 일 또는 얻은 소득

> **해설** ③은 '덩둘하다'에 대한 설명이다. '댕돌같다'는 돌처럼 야무지고 단단하다는 뜻이다.
>
> **정답** ③

KBS

12 영화 속 시대적 배경을 순서대로 바르게 나열한 것을 고르면?

① 물괴 – 안시성 – 명량 – 남한산성
② 물괴 – 안시성– 남한산성 – 명량
③ 안시성 – 명량 – 물괴 – 남한산성
④ 안시성 – 물괴 – 명량 – 남한산성

> **해설** '안시성'(고구려, 645년) – '물괴'(조선 중종 22년, 1527년) – '명량'(조선 선조 30년, 1597년) – '남한산성'(조선 인조 14년, 1636년) 순서다.
>
> **정답** ④

스튜디오S (2021년 6월 12일)

01 고출력 펄스 레이저를 목표물에 방출하고 빛이 돌아오기까지 걸리는 시간 및 강도를 측정해 3차원 공간 정보를 획득하는 기술은?

① GPS
② V2X
③ 레이더
④ 라이다

해설 'Light Detection And Ranging(빛 탐지 및 범위 측정)' 또는 'Laser Imaging, Detection and Ranging(레이저 이미징, 탐지 및 범위 측정)'의 줄임말인 라이다(LIDAR)에 대한 설명이다. 라이다는 고출력 펄스 레이저를 목표물에 방출하고 빛이 돌아오기까지 걸리는 시간 및 강도를 측정해 거리, 방향, 속도, 온도 등을 감지함으로써 사물의 형상 데이터를 추출한다. 이는 고해상도 3차원 공간정보 획득을 통해 자율주행차를 완성할 수 있는 기술로 주목받고 있다. ③레이더(RADAR)는 전자파 기반 센서로서 물체의 형상을 확실하게 인식할 수는 없지만 날씨나 시간과 관계없이 높은 성능을 발휘할 수 있다.

02 영화에서 다른 창작자나 작품에 대한 존경의 표시로 다른 작품의 주요 장면 및 대사를 인용하는 것은?

① 표절
② 패러디
③ 오마주
④ 트리뷰트

해설 오마주(Hommage)란 원래 '존경의 표시로 바치는 것'이란 뜻의 프랑스어다. 주로 영화에서 다른 감독이나 작품에 대한 존경심을 표시하기 위해 특정 장면을 그대로 모방하거나 유사한 분위기를 차용하는 것을 가리킨다. 대표적인 예로 브라이언 드 팔마 감독의 '언터처블'(1987)에서 세르게이 에이젠슈타인 감독의 '전함 포템킨'(1925)에 나오는 오데사 계단 시퀀스를 오마주한 장면을 들 수 있다.
①표절은 타인의 저작물을 마치 자신의 저작물인 것처럼 공표하는 것이다. ②패러디는 기존의 것을 모방하는 것이지만 조롱이나 풍자의 성격이 강하다는 점에서 오마주와 성격이 다르다.

03 다음 중 카카오TV 오리지널 콘텐츠로 방영된 웹툰 원작 드라마는?

① 스위트홈
② 모범택시
③ 연애혁명
④ 놓지마 정신줄

해설 '연애혁명'은 네이버 웹툰에서 연재된 232 작가의 동명 원작 웹툰을 카카오TV에서 오리지널 콘텐츠로 제작해 방영한 드라마다. ①'스위트홈'은 넷플릭스, ②'모범택시'는 SBS, ④'놓지마 정신줄'은 시즌과 JTBC에서 방영됐다.

04 공직자의 이해충돌 방지법에 대한 내용으로 옳지 않은 것은?

① 부동산을 직접 취급하는 공공기관의 공직자는 업무와 관련된 부동산을 보유하거나 매수할 수 없다.
② 공직자는 직무수행 중 알게 된 비밀 및 미공개 정보를 이용하여 재물 또는 재산상의 이익을 취득해서는 안 된다.
③ 공직자는 공공기관이 소유하거나 임차한 물품·차량·선박·항공기·건물·토지·시설 등을 사적인 용도로 사용·수익해서는 안 된다.
④ 공개경쟁채용시험 등에 합격한 경우 등 예외를 제외하고는 소속 고위공직자 및 채용업무를 담당하는 공직자의 가족을 채용할 수 없다.

해설 2021년 5월 18일 제정돼 2022년 5월 19일 시행될 예정인 공직자의 이해충돌 방지법 제6조에 따르면 부동산을 직접 취급하는 공공기관의 공직자는 업무와 관련된 부동산을 보유하고 있거나 매수하면 이를 신고해야 한다.

05 포털 사이트 업체 네이버가 운영하는 음원 스트리밍 서비스는?

① 멜론　　　　　② 지니뮤직

③ 바이브　　　　④ 플로

> **해설** 바이브(VIBE)는 네이버가 2018년 출시한 음원 스트리밍 서비스다. 국내에서 서비스 중인 음원 스트리밍 서비스로는 바이브, 멜론, 벅스, 소리바다, 스포티파이, 애플뮤직, 유튜브뮤직, 지니뮤직, 카카오뮤직, 플로 등이 있다.

06 은행·보험·카드사 등에 흩어져 있는 개인신용정보를 한곳에 모아, 이를 기반으로 새로운 금융 서비스를 제공하는 사업은?

① 빅데이터　　　② 데이터 뉴딜

③ 마이데이터　　④ API

> **해설** 마이데이터(MyData)에 대한 설명이다. 마이데이터는 금융뿐만 아니라 관공서, 병원, 커머스 등 여러 기관에 흩어진 개인 정보도 개인이 동의한다면 제3의 업체에 전달해 새로운 서비스를 받을 수 있도록 하는 사업이다.
>
> ❖ API (Application Programing Interface)
>
> > API는 응용 프로그램에서 사용할 수 있도록, 운영체제나 프로그래밍 언어가 제공하는 기능을 제어할 수 있게 만든 인터페이스를 뜻한다. 주로 파일 제어, 창 제어, 화상 처리, 문자 제어 등을 위한 인터페이스를 제공한다. 마이데이터 사업은 표준 API를 통해 개인 데이터를 수집 및 활용하므로, 특정 프로그램의 기능이나 데이터에 다른 프로그램이 접근할 수 있도록 정해진 통신 규칙으로서 API의 중요성이 크다.

07 다음 중 넛지의 사례에 해당하지 않는 것은?

① 화장실 남자 소변기 중앙에 파리 모양 스티커를 붙여 놓는 것

② 학교 급식에서 몸에 좋은 채소를 눈에 잘 띄는 위치에 두는 것

③ 버스정류장에 흡연하면 10만원의 과태료가 부과된다는 표지판을 세워둔 것

④ 별도의 거부 의사를 밝히지 않았을 경우 자동으로 장기 기증에 동의한 것으로 간주하는 것

> **해설** 넛지(nudge)는 '팔꿈치로 슬쩍 찌른다'는 뜻으로, 타인의 선택을 강요하기보다 감성적이고 부드러운 개입을 통해 행동의 변화를 유도하는 사회심리학적 기법을 의미한다. 과태료를 부과한다는 표지판은 선택을 부드럽게 유도하는 것이 아니라 경고를 통해 타인의 선택을 강요하는 수단이므로 넛지의 사례라고 볼 수 없다.

08 다음 중 '점진적인 양적완화(QE) 축소'라는 의미로 사용되는 용어는?

① 타이트닝　　　② 테이퍼링

③ 테이퍼 탠트럼　④ 포워드 가이던스

> **해설** 테이퍼링(tapering)은 본래 '점점 가늘어진다'는 뜻으로, 자산매입규모를 줄여나가는 방식을 통해 양적완화(QE, Quantitative Easing)를 점진적으로 축소한다는 의미로 사용되고 있다.
> ① 타이트닝 : 금리 인상을 통한 적극적인 양적완화 축소 방법
> ③ 테이퍼 탠트럼 : 선진국의 양적완화 축소 정책이 신흥국의 통화 가치 및 증시 급락을 초래하는 현상
> ④ 포워드 가이던스 : 중앙은행이 미래 정책 방향을 선제적으로 외부에 알리는 조치

정답 　01 ④　02 ③　03 ③　04 ①　05 ③　06 ③　07 ③　08 ②

09 〈보기〉의 빈칸에 들어갈 말은?

> **보기**
>
> (　　)은(는) 빌 게이츠 마이크로소프트 창업자와 배우자 멀린다 게이츠 부부, 워런 버핏 버크셔해서웨이 회장이 2010년 설립한 기부 클럽으로 사후에 재산의 절반을 기부하자는 캠페인을 벌이고 있다. 부호들이 생전이나 사후에 재산의 절반 이상을 기부하겠다고 공개적으로 약속하면 (　　) 회원이 될 수 있다.

① 컴패션
② 굿네이버스
③ 더 기빙 플레지
④ 빌 앤 멀린다 게이츠 재단

> **해설** 〈보기〉는 더 기빙 플레지(The Giving Pledge)에 대한 설명이다. 더 기빙 플레지에 참여하려면 재산이 10억달러(약 1조1000억원) 이상이고 여기에 5억달러 이상을 기부하겠다고 서약해야 한다. 배민 창업자 김봉진 의장은 재산 절반인 5000억원 이상을 기부하기로 서약하고 지난 2월 국내 최초로 더 기빙 플레지에 가입했다.

10 〈보기〉의 빈칸에 들어갈 단어를 바르게 연결한 것은?

> **보기**
>
> (　㉠　)은(는) 러시아 출신 개발자 파벨 두로프가 만든 모바일 메신저로서 대화에 암호를 설정할 수 있고 주고받은 메시지를 삭제할 수 있어 보안성이 뛰어나다고 평가받는다. (　㉡　)은(는) 실리콘밸리 창업가 폴 데이비슨과 구글 출신 로언 세스가 만든 SNS로 음성으로 대화하며 초대받은 청취자들이 이 대화를 들을 수 있는 구조다.

	㉠	㉡
①	사일런트폰	클럽하우스
②	시그널	챗시큐어
③	챗시큐어	텔레그램
④	텔레그램	클럽하우스

> **해설** ㉠은 텔레그램(Telegram), ㉡은 클럽하우스(Clubhouse)에 대한 설명이다. 텔레그램 이외에 보안성이 뛰어나다고 평가받는 모바일 메신저로 시그널, 챗시큐어, 사일런트폰이 꼽히고 있다. 음성 기반 클럽하우스는 초대장이 있어야만 입장할 수 있는 폐쇄형 SNS였으나 최근 개방형으로 전환했다.

11 다음 중 패스트트랙으로 지정됐던 법안이 아닌 것은?

① 사회적 참사 특별법
② 유치원 3법
③ 공수처 설치 방안
④ 민식이법

> **해설** 민식이법은 스쿨존에서 어린이 교통사고를 줄이겠다는 취지로 개정된 도로교통법과 특정범죄가중처벌 등에 관한 법률이다. 민식이법은 패스트트랙으로 지정된 적이 없으며 2019년 본회의에서 통과됐다. 패스트트랙은 국회에서 발의된 안건을 신속처리하기 위한 제도로 '안건신속처리제'라고도 한다. 상임위원회, 법제사법위원회 단계에서 법안 심사 시한을 정해 놓고 이 기간을 넘으면 법안이 자동으로 상정되도록 한 제도로서 국회선진화법 제85조의 2에 규정돼 있다. 국회에서 어떤 안건을 패스트트랙 대상으로 지정하려면 재적 과반수 요구 발의 후 재적 5분의 3이상이 찬성으로 가결해야 한다. 패스트트랙으로 지정된 안건에 대한 심사는 조정위원회에서 180일 이내, 법제사법위원회에서 90일 이내에 마쳐야 한다. 패스트트랙으로 지정된 법안으로는 ①2016년 사회적 참사 특별법, ②2018년 유치원 3법, ③2019년 고위공직자 범죄수사처(공수처) 설치법안, 2019년 선거제 개혁안, 2019년 검경 수사권 조정안 등이 있다.

12 〈보기〉의 빈칸에 들어갈 화가의 이름은?

보기

삼성가 유족이 국가에 기증한 고(故) 이건희 회장의 미술품이 국립중앙박물관과 국립현대미술관에서 선보이고 있다. 이번 전시에는 '황소'와 '흰 소' 등 (   )의 작품도 출품됐다. 황소는 (   )이(가) 일본 유학 시절부터 즐겨 그리던 소재 중 하나로서 일제 강점기에 소는 한민족의 인내와 끈기를 나타내는 상징물이었다.

① 이중섭   ② 김환기
③ 박수근   ④ 장욱진

해설 이중섭(李仲燮. 1916~1956)은 박수근과 함께 한국 근대서양화의 양대 거목으로 꼽히는 화가다. 그의 작품은 향토성을 강하게 띠며 동화적이며 자전적인 요소가 드러난다. 이중섭은 시대의 아픔과 굴곡 많은 생애의 울분을 주로 '소'라는 모티프를 통해 분출해냈다. 그의 작품은 대담하고 거친 선묘를 특징으로 하면서도 해학과 천진무구한 소년의 정감이 작품 속에 녹아든 것이 특징이다.

13 어떠한 일에 몰두하다가 결국 신체적·정신적 스트레스가 계속 쌓여 무기력증이나 심한 불안감과 자기혐오, 분노, 의욕 상실 등에 빠지는 상태는?

① 번아웃 증후군
② 파랑새 증후군
③ 리플리 증후군
④ 피터팬 증후군

해설 번아웃 증후군(burnout syndrome)에 대한 설명이다.
② 파랑새 증후군 : 급변하는 현대 사회에 발맞추지 못하고 현재의 일에는 흥미를 못 느끼면서 미래의 막연한 행복만을 추구하는 현상
③ 리플리 증후군 : 현실 세계를 부정하고 허구의 세계만을 진실로 믿으며 상습적으로 거짓된 말과 행동을 일삼는 반사회적 인격 장애
④ 피터팬 증후군 : 성인이 되어서도 현실에서 도피하기 위해 자신을 어른으로 인정하지 않은 채 타인에게 의존하고 싶어 하는 심리

14 음주운전으로 인명 피해를 낸 운전자에 대한 처벌 수위를 높이는 법은?

① 신해철법   ② 윤창호법
③ 태완이법   ④ 세림이법

해설 윤창호법은 2018년 12월 18일 시행된 특정범죄 가중처벌 등에 관한 법률 개정안(제1윤창호법)과 2019년 6월 25일부터 시행된 도로교통법 개정안(제2윤창호법)을 말한다. 제1윤창호법은 음주운전으로 사람을 다치게 하면 1년 이상 유기징역에서 무기 또는 3년 이상 징역으로 개정했고 제2윤창호법은 운전이 금지되는 음주 기준인 혈중 알코올 농도를 0.05%에서 0.03%로 낮추었다.
① 신해철법 : 중대한 의료사고의 피해자가 발생했을 때 가족이 한국의료분쟁조정원에 분쟁 조정을 신청하면, 의료인의 동의 여부와 관계없이 의료사고분쟁 조정을 시작할 수 있는 법
③ 태완이법 : 살인죄를 저질러 법정 최고형이 사형인 경우 25년으로 돼 있던 공소시효를 폐지하고 아직 공소시효가 만료되지 않은 범죄에 대해서도 이를 적용토록 한 법
④ 세림이법 : 어린이 통학차량 안전기준을 강화한 법

❖ 네이밍(naming) 법안

네이밍 법안은 실제 법의 명칭이 따로 있지만 복잡하고 어려운 법률명을 대신해 법안 발의자나 사건 피해자 및 가해자 등 특정 인물의 이름을 붙여 부르는 것으로서 주목도와 홍보 효과가 높다.

정답 09 ③ 10 ④ 11 ④ 12 ① 13 ① 14 ②

15 〈보기〉의 이것은 무엇에 대한 설명인가?

보기

이것은 생산에서의 과학적 관리법이다. 시간·동작 연구를 바탕으로 공정한 1일 작업 표준량인 과업을 제시해 과업 관리를 하고 노동 의욕을 고취하기 위해 차별적인 성과급 제도를 채택했다. 그러나 조직 구성원을 수동적 존재로 전제한다는 문제점도 존재한다.

① 뉴거버넌스
② 테일러리즘
③ 포스트포디즘
④ 포스트모더니즘

해설 경영학자 테일러가 창안한 과학적 관리법인 테일러리즘(Taylorism·테일러주의)에 대한 설명이다. 테일러리즘은 노동자의 움직임과 동선, 작업 범위 등 노동 표준화를 통해 생산 효율성을 높이는 체제로서 각각의 작업들에 정확하게 시간을 부여하고 조직화된 단순 조작으로 세분화하는 것이다.
① 뉴거버넌스 : 정부 단독이 아니라 여러 주체가 자발적으로 공동체를 맺어 서비스를 주고받는 형태를 이루는 것을 목표로 하는 행정 이론
③ 포스트포디즘 : 미숙련 노동자를 통해 표준화된 제품을 대량 생산했던 체제에서 벗어나 시장의 변화에 적절히 대처할 수 있도록 범용 기계와 숙련 노동자들로 구성되는 혁신적인 생산 체제
④ 포스트모더니즘 : 이성 중심주의에 근본적 회의를 지니며 탈근대성을 지향한 1960년대 사상적 경향

16 기업의 상품이나 서비스를 별로 구매하지 않으면서 부가 혜택을 통해 실속 차리기에만 관심을 두는 소비자를 일컫는 말은?

① 리서슈머
② 안티슈머
③ 체리피커
④ 트윈슈머

해설 체리피커(cherry picker)에 대한 설명이다. 체리피커의 본래 뜻은 '신포도 대신 체리만 골라 먹는 사람'이다.
① 리서슈머 : 관심 있는 소비 분야에 대해서 지속적으로 연구하고 탐색하는 전문가적 소비자
② 안티슈머 : 소비 욕구를 상실해 소비를 회피하거나 거부하는 소비자
④ 트윈슈머 : 생각과 취향, 소비 패턴이 비슷한 다른 사람의 소비 경험을 중시하고 의견을 공유하는 새로운 유형의 소비자

17 〈보기〉의 빈칸에 들어갈 영화 용어를 바르게 연결한 것은?

보기

1990~2000년대 개봉한 영화 '스타워즈 에피소드 1·2·3'은 1970~1980년대 개봉한 '스타워즈 에피소드 4·5·6'의 (㉠)에 해당한다. 2015년 개봉한 '스타워즈-깨어난 포스'는 이후의 사건을 다룬 (㉡)이다. 2018년 나온 '한 솔로 : 스타워즈 시리즈'는 스타워즈 등장인물인 한 솔로의 젊은 시절을 그린 번외편 격인 (㉢) 작품이다.

	㉠	㉡	㉢
①	프리퀄	시퀄	리부트
②	프리퀄	시퀄	스핀오프
③	시퀄	프리퀄	리부트
④	시퀄	프리퀄	스핀오프

해설
• 프리퀄(prequel) : 전편보다 이후에 제작됐지만 시간상으로 전편 이전 사건을 다룬다.
• 시퀄(sequel) : 전편의 주인공이 재등장해 이후의 사건을 다루는 후속편이다.
• 스핀오프(spin off) : 전편의 등장인물 중 한 명을 중심으로 이야기를 전개하는 외전 또는 번외편이다.
• 리부트(reboot) : 전편의 주인공과 소재 등 기본 설정만 빌려와 새로운 이야기를 다룬다.

18 〈보기〉의 이것은 무엇에 대한 설명인가?

이것은 주식을 실제 보유하지 않더라도, 주식을 빌려서 판매하고 나중에 주식을 구입해 갚는 거래 방식을 의미한다. 주가 하락을 조장한다는 비판이 있으나, 주식시장의 효율성과 유동성을 높이는 장점이 있다.

① 공매도　　　　② 대차거래
③ 사이드카　　　④ 서킷브레이커

해설 보유하지 않은 주식을 빌려 판매하고, 이후 주식을 구입해 갚는 행위를 공매도라고 한다.
②대차거래는 주식을 빌리는 행위 자체를 의미하고, ③사이드카와 ④서킷브레이커는 주식의 가격이 크게 변동할 때 거래가 일시정지되는 상황을 말한다. 사이드카는 프로그램 매매를, 서킷브레이커는 전체 거래를 중지한다.

19 본래 '문화적 유전자'라는 의미로서 온라인상에서 재창조되고 복제되는 영상이나 그림 등을 뜻하기도 하는 것은?

① 짤　　　　　　② 밈
③ 드립　　　　　④ 아비투스

해설 밈(meme)은 1976년 영국 진화생물학자 리처드 도킨스가 저서 『이기적 유전자』에서 문화의 진화를 설명할 때 사용한 용어로서 생물학적 유전자(gene)처럼 개체의 기억에 저장되거나 다른 개체의 기억으로 복제될 수 있는 '문화적 유전자'를 의미한다. 최근에 밈은 온라인이나 SNS에서 널리 유행하는 특정 사진이나 영상 등을 의미하는 용어로 자주 쓰이고 있다.

20 모든 사용자가 공개된 공공 장부를 통해 다수 간의 검증으로 거래가 이루어지는 기술은?

① 비트코인　　　② P2P
③ 블록체인　　　④ 랜섬웨어

해설 국가 간 거래나 개인의 신용정보를 근간으로 하는 지금까지의 금융거래는 은행이나 신용정보기관과 같은 중간자를 통해 신뢰성을 확보하고 인증 및 보증이 이루어졌다. 이와 달리 블록체인은 P2P(Peer To Peer : 개인과 개인이 직접 연결되어 파일을 공유) 방식으로 모든 사용자가 공개된 공공 장부를 통해 다수 간의 검증으로 거래가 이루어지는 기술이다.

21 각국의 민주화 운동에 대한 설명으로 옳지 않은 것은?

① 우산혁명 : 홍콩 행정장관 선거의 완전 직선제를 요구한 민주화 시위
② 8888항쟁 : 민 아웅 흘라잉 최고사령관이 주도한 미얀마 군부 쿠데타에 항거하는 시민운동
③ 재스민혁명 : 23년의 독재 정권에 반대해 전국적으로 확산된 튀니지의 민주화 혁명
④ 노란조끼 시위 : 에마뉘엘 마크롱 프랑스 대통령이 발표한 유류세 인상에 반대로 시작되어 점차 반정부 시위로 번져나간 시위

해설 8888항쟁은 1988년 미얀마에서 네 윈 군부 독재 정권에 항거해 100만 명 이상이 참여한 민주화 시위이다. 2021년 민 아웅 흘라잉 최고사령관이 주도한 미얀마 군부 쿠데타에 항거하는 시민운동은 8888항쟁을 빗대 2222항쟁이라고 불린다.

정답　15 ②　16 ③　17 ②　18 ①　19 ②　20 ③　21 ②

22 코로나19 확산으로 일상생활이 망가지면서 생긴 우울감이나 무기력증을 뜻하는 말은?

① 큐코노미　　② 코로나 블루

③ 코로노미 쇼크　④ 코로나 디바이드

해설　코로나 블루(corona blue)는 코로나19와 우울감을 뜻하는 'blue(블루)'를 합성한 말로 코로나19 확산으로 일상생활이 망가지면서 생긴 우울감이나 무기력증을 뜻한다. ①큐코노미는 코로나19 봉쇄 및 격리 조치가 초래한 경기 위축, ③코로노미 쇼크는 코로나19로 인한 경제적 위기, ④코로나 디바이드는 코로나19로 인한 경제적 충격이 취약 계층에 가중되며 나타나는 사회·경제적 양극화를 말한다.

23 〈보기〉의 내용과 가장 관련 깊은 용어는?

보기

한국의 쿠팡, 크래프톤, 바바리퍼블리카, 중국의 샤오미, 디디추싱, 미국의 우버, 에어비앤비 등 기업은 상장 전 기업가치가 10억달러 이상을 기록한 스타트업 기업이다. 비상장 스타트업이 상장하기도 전에 기업 가치 10억달러 이상을 기록한 것은 상상하기 어려울 정도로 큰 성과다.

① IPO　　② 유니콘

③ 히든 챔피언　④ 가젤형 기업

해설　유니콘(unicorn)은 대성공을 거둔 스타트업(start up : 신생 벤처기업)을 일컫는다. 보통 기업 가치가 10억달러(약 1조1150억원)를 넘어가는 스타트업을 유니콘이라고 한다. IT(정보통신) 분야에서 스타트업은 많지만 페이스북처럼 크게 성공하는 스타트업은 머리에 뿔이 달린 상상 속의 동물(유니콘) 만큼이나 찾아보기 어렵다는 의미다. 기업가치 100억달러 이상인 스타트업은 10을 뜻하는 접두사 데카(deca)를 붙여 데카콘(decacorn)이라고도 하고 1000억달러 이상이면 헥토콘(hectorcorn)이라고 한다.

24 금융상품의 명칭과 설명이 올바르지 않은 것은?

① 인덱스 펀드 : 특정 지수의 수익률을 추종하도록 만들어진 펀드

② 뮤추얼 펀드 : 다수의 개인 투자자에게서 자본을 끌어모아 주식이나 채권 등의 투자 자산을 매수 및 운용하는 상품

③ ELS : 자산을 우량채권에 투자하여 원금을 보존하고 일부를 주가지수 옵션 등 금융파생 상품에 투자해 고수익을 노리는 주가연계증권

④ ETF : 개별 주식 또는 주가지수와 연계해 미리 매매 시점과 가격을 정한 뒤 약정된 방법에 따라 해당 주식 또는 현금을 사고 팔 수 있는 권리만 주어지는 증권

해설　ETF(Exchange Traded Fund·상장지수펀드)는 인덱스펀드를 거래소에 상장시켜 투자자들이 주식을 사고파는 것처럼 편리하게 거래할 수 있도록 만들어 놓은 상품이다. 개별 주식 또는 주가지수와 연계해 미리 매매 시점과 가격을 정한 뒤 약정된 방법에 따라 해당 주식 또는 현금을 사고 팔 수 있는 권리만 주어지는 증권은 ELW(Equity Linked Warrant·주가연계워런트)이다.

25 대통령의 권한 중 국회의 동의를 얻어야 하는 경우가 아닌 것은?

① 일반사면

② 계엄선포

③ 국군의 해외 파병

④ 조약의 체결·비준

해설　대통령이 계엄령을 선포할 때는 지체 없이 국회에 통고하여야 한다. 국회가 재적의원 과반수의 찬성으로 계엄의 해제를 요구한 때에 대통령은 이를 받아들여 계엄을 해제하여야 한다.

26 유명인이 자신의 성명이나 초상을 상품 등의 선전에 이용하는 것을 허락하는 권리는?

① 초상권
② 저작권
③ 저작인접권
④ 퍼블리시티권

해설 퍼블리시티권이란 특정인의 이름·얼굴·이미지 등의 경제적인 이익 혹은 가치를 상업적으로 사용 또는 통제할 수 있는 권리를 말한다. ①초상권은 자신의 얼굴·신체 등 특정인으로 식별할 수 있는 특징에 관해 허락 없이 공표 또는 이용되지 않을 권리다. 퍼블리시티권은 특정인의 초상을 마음대로 사용하지 못하게 한다는 점에서 초상권과 유사하지만 인격권보다는 재산으로서의 가치에 더 초점을 두고 있다는 점에서 초상권과 차이가 있다.

27 복고풍을 새롭게 향유하는 경향을 일컫는 말은?

① 메트로
② 레트로
③ 뉴트로
④ 리메이크

해설 뉴트로(new-tro)는 새로움(new)과 복고풍(ret-ro)을 합친 말이다. 과거를 그리워하며 과거에 유행했던 것을 그대로 다시 꺼내 향수를 느끼는 것이 레트로라면, 뉴트로는 과거의 유행을 최신유행처럼 재창조해 즐기는 것을 의미한다.

28 기업 경영의 지속가능성을 위해 필요한 환경·사회·지배구조 등 3가지 핵심 요소를 일컫는 말은?

① CSR
② ESR
③ SRI
④ ESG

해설 ESG는 기업 경영의 지속가능한 발전을 위해 필요한 기업의 비재무적 요소인 환경(Environment)·사회(Social)·지배구조(Governance)를 말한다. 기업과 투자자의 사회적 책임이 중요해지면서 기업의 재무적 성과만을 판단하던 전통적 방식과 달리 장기적 관점에서 기업가치와 지속가능성에 영향을 미치는 ESG 등 비재무적 요소를 기업 투자 가치 평가에 활용하는 사례가 늘고 있다.

29 민주화 운동 전개 순서를 올바르게 나열한 것은?

① 4·19혁명 → 5·18민주화운동 → 6월 민주항쟁 → 서울의 봄
② 4·19혁명 → 서울의 봄 → 5·18민주화운동 → 6월 민주항쟁
③ 4·19혁명 → 5·18민주화운동 → 서울의 봄 → 6월 민주항쟁
④ 4·19혁명 → 6월 민주항쟁 → 5·18민주화운동 → 서울의 봄

해설 4·19혁명(1960) → 서울의 봄(1979) → 5·18민주화운동(1980) → 6월 민주항쟁(1987) 순서다.

30 '시대 변화에 따라 새롭게 떠오르는 기준이나 표준'을 뜻하는 말은?

① 밈
② 뉴노멀
③ 뉴애브노멀
④ 민스키 모멘트

해설 뉴노멀(new normal)은 2008년 글로벌 경제위기 이후 부상한 저성장, 저소비, 고실업 등과 같은 경제 질서를 일컫는 말이다. 코로나19 팬데믹 사태와 같은 거대 사건의 변화에 따라 새롭게 떠오르거나 변화하여 정착된 기준이나 표준을 뜻하는 의미로도 쓰이고 있다.

정답 22 ② 23 ② 24 ④ 25 ② 26 ④ 27 ③ 28 ④ 29 ② 30 ②

01 (가) 시대의 생활 모습으로 옳은 것은?

> 이곳 여주 흔암리 선사 유적은 [(가)] 시대 한강 유역의 대표적인 유적입니다. 여기에서 확인된 20여 기의 집자리에서는 민무늬 토기, 반달 돌칼 등이 출토되었습니다. 특히 토기 안에서는 탄화된 쌀·겉보리·조·수수가 발견되어 이 시대에 벼농사가 이루어졌음을 알 수 있습니다.

① 주로 동굴이나 강가의 막집에서 살았다.
② 계급이 없는 평등한 공동체 생활을 하였다.
③ 오수전, 화천 등의 중국 화폐를 사용하였다.
④ 많은 인력을 동원하여 고인돌을 축조하였다.
⑤ 실을 뽑기 위해 가락바퀴를 처음 사용하였다.

해설 자료에서 여주 흔암리 선사 유적이 제시되었고, 민무늬 토기, 반달 돌칼 등이 출토되었다는 점, 이 시대에 벼농사가 이루어졌다는 점 등을 통해 (가)가 청동기 시대임을 알 수 있다.
④ 청동기 시대에는 계급이 발생하였고, 지배자의 무덤인 고인돌을 축조하였다.

[오답 피하기]
① 주로 동굴이나 강가의 막집에 거주한 것은 구석기 시대이다.
② 계급이 없는 평등한 공동체 생활은 구석기·신석기 시대에 해당한다.
③ 오수전, 화천 등의 중국 화폐는 철기 시대에 사용되었다.
⑤ 신석기 시대에는 가락바퀴와 뼈바늘을 사용하여 옷을 지었다.

02 다음 상황이 전개된 배경으로 가장 적절한 것은?

> 당 현종은 (대)문예를 파견하여 유주에 가서 군사를 징발하여 이를 토벌케 하는 동시에, 태복원외경 김사란을 시켜 신라에 가서 군사를 일으켜 발해의 남쪽 국경을 치게 하였다. 마침 산이 험하고 날씨가 추운 데다 눈이 한 길이나 내려서 병사들이 태반이나 죽으니, 전공을 거두지 못한 채 돌아왔다.
>
> — 「구당서」 —

① 장문휴가 등주를 공격하였다
② 대흥이라는 연호를 사용하였다.
③ 철리부 등 동북방 말갈을 복속시켰다.
④ 별무반을 편성하고 동북 9성을 축조하였다.
⑤ 연개소문이 정변을 일으켜 권력을 장악하였다.

해설 자료에서 당의 현종이 발해의 남쪽 국경을 공격하게 한 것으로 보아 당과 발해가 적대적인 관계임을 알 수 있다. 이는 발해 무왕 때의 일로 무왕은 당이 말갈을 이용하여 발해를 압박하려 하자 장문휴로 하여금 등주(덩저우)를 공격하게 하였다. 그러나 문왕 때부터는 당의 문물을 받아들이며 당과 친선 관계를 형성하였다.
① 장문휴가 등주를 공격한 것은 무왕 때의 일로 이로 인해 당이 발해를 공격하게 되었다.

[오답 피하기]
② '대흥'은 발해 문왕 때의 연호이다.
③ 철리부 등 동북방 말갈을 복속시킨 것은 발해 문왕이다.
④ 별무반을 편성하고 동북 9성을 축조한 것은 고려 때의 일로 별무반은 윤관의 건의로 편성되었다.
⑤ 연개소문이 정변을 일으켜 권력을 장악한 나라는 고구려에 해당한다.

03 (가) 인물에 대한 설명으로 옳은 것은?

이것은 문종의 아들인 (가) 이/가 송·요·일본 등 동아시아 각지의 불교 서적을 수집하여 그 목록을 정리한 신편제종교장총록(新編諸宗教藏總錄)의 일부입니다.

① 국청사를 중심으로 해동 천태종을 창시하였다.

② 법화 신앙에 중점을 둔 백련 결사를 주도하였다.

③ 정혜사를 결성하여 불교계를 개혁하고자 하였다.

④ 유불 일치설을 주장하여 심성의 도야를 강조하였다.

⑤ 승려들의 전기를 정리하여 해동고승전을 편찬하였다.

해설 자료에서 (가) 인물이 문종의 아들이라고 하였고, 그가 여러 나라에서 수집하여 그 목록을 『신편제종교장총록』으로 정리하였다는 것으로 보아 (가) 인물이 의천임을 알 수 있다. 고려 중기의 승려인 의천은 불교 개혁에 앞장서 교단 통합 운동을 벌여 교종 중심으로 선종을 통합하고자 하였다. 또한 천태종을 창시하였고, 교관겸수를 제창하였다.
① 국청사를 중심으로 해동 천태종을 창시한 것은 의천이다.

[오답 피하기]
② 법화 신앙에 중점을 둔 백련 결사를 주도한 것은 요세이다.
③ 정혜사를 결성한 것은 지눌이다.
④ 유불 일치설을 주장한 것은 혜심이다.
⑤ 『해동고승전』을 편찬한 것은 각훈이다.

04 밑줄 그은 '왕'의 재위 기간에 있었던 사실로 옳은 것은?

포도대장 김순고가 <u>왕</u>에게 아뢰기를, "풍문으로 들으니 황해도의 흉악한 도적 임꺽정의 일당인 서임이란 자가 이름을 엄가이로 바꾸고 숭례문 밖에 와서 산다고 하므로, 가만히 엿보다가 잡아서 범한 짓에 대하여 심문하였습니다. 그가 말하기를, '…… 대장장이 이춘동의 집에 모여서 새 봉산 군수 이흠례를 죽이기로 의논하였다. ……'고 하였습니다. …… 속히 달려가서 봉산 군수 이흠례, 금교 찰방 강여와 함께 몰래 잡게 하는 것이 어떻겠습니까?"라고 하였다.

① 청의 요청으로 조총 부대를 파견하였다.

② 4군 6진을 설치하여 북방 영토를 개척하였다.

③ 외척 사이의 권력 다툼으로 을사사화가 발생하였다.

④ 남인이 축출되고 노론과 소론이 정국을 주도하였다.

⑤ 이조 전랑 임명을 둘러싸고 사림이 동인과 서인으로 나뉘었다.

해설 자료에서 임꺽정의 일당이 잡혔다는 내용으로 보아 임꺽정이 활약한 시기임을 알 수 있다. 임꺽정은 조선 명종 때의 도적이다.
③ 명종 때는 대윤과 소윤으로 나뉘며 외척 사이의 권력 다툼이 일어나 을사사화가 발생하였다.

[오답 피하기]
① 효종은 청의 요구에 따라 청을 도와 조선의 조총 부대를 나선 정벌에 파병하였다.
② 4군 6진을 설치하여 북방 영토를 개척한 것은 세종 때의 일이다.
④ 남인이 축출되고 노론과 소론이 정국을 주도한 것은 갑술환국으로 숙종 때의 일이다.
⑤ 사림이 동인과 서인으로 나뉜 것은 선조 때의 일이다.

정답 01 ④ 02 ① 03 ① 04 ③

05 밑줄 그은 '거사'에 대한 설명으로 옳은 것은?

S# 9. 가산군 다복동 부근 비밀 회의 장소

이회저: 조정의 지나친 세금 수탈로 인해 평안도민들의
불만이 매우 많습니다. 또 계속된 자연 재해로
인해 많은 사람이 굶어 죽고 있습니다.

우군칙: 금광을 연다고 하여 사람들을 모으고, 군사
훈련을 하여 <u>거사</u>를 일으킵시다.

김창시: 평안도민에 대한 차별을 부각하는 격문을 발표
한다면 더 많은 사람이 호응할 것입니다.

홍경래: <u>거사</u> 날은 12월 20일입니다. 백성들이 잘 살
수 있는 세상을 만들 수 있도록 마지막까지
힘을 냅시다.

① 청의 군대에 의해 진압되었다.
② 백낙신의 탐학이 발단이 되어 일어났다.
③ 왕이 도성을 떠나 공산성으로 피란하였다.
④ 정부와 약조를 맺고 집강소를 설치하였다.
⑤ 선천, 정주 등 청천강 이북의 여러 고을을
점령하였다.

해설 자료에서 홍경래가 거사 날을 언급하고 있는 점,
조정의 지나친 세금 수탈과 평안도민에 대한 차
별을 언급하고 있는 점으로 보아 밑줄 그은 '거사'
가 1811년에 일어난 홍경래의 난임을 알 수 있다.
⑤ 홍경래의 난은 삼정의 문란에 따른 지배층의
수탈과 평안도민에 대한 차별 대우 등이 배경
이 되어 일어났다. 한때 선천, 정주 등 청천강
이북 지역을 장악하였으나 관군에 패하며 실
패하였다.

[오답 피하기]
① 청의 군대에 의해 진압된 것은 임오군란
(1882), 갑신정변(1884) 등에 해당한다.
② 백낙신의 탐학이 발단이 된 것은 진주 농민 봉
기(1862)이다.
③ 왕이 공산성으로 피난을 가게 된 것은 인조 때
일어난 이괄의 난(1624)이다.
④ 집강소는 전주 화약 이후 농민군이 설치한 농
민 자치 기구로, 집강소를 중심으로 폐정 개혁
안이 추진되었다.

06 다음 사건이 일어난 시기를 연표에서 옳게
고른 것은?

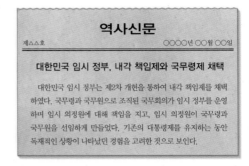

① (가)
② (나)
③ (다)
④ (라)
⑤ (마)

해설 자료에서 대한민국 임시 정부가 2차 개헌을 통해
내각 책임제와 국무령제를 채택했다는 점을 통해
1925년의 상황임을 알 수 있다. 대한민국 임시 정
부는 3·1 운동 이후 민족의 독립운동을 이끌고자
하였으나, 독립운동의 방향을 둘러싼 내부의 대
립으로 1925년에는 내부적으로 내각을 구성하지
못할 정도로 세력이 약화되어 있었다. 그리하여
국무령 중심의 내각 책임제로 개헌을 하였다.

07 (가) 종교의 활동으로 옳은 것은?

> (가) 은/는 지금으로부터 20년 전 나철이 조직한 것으로 ……
> (그들은) 대한 독립 군정서를 조직하여 본부를 밀산에 두고 북간도
> 일원에 걸쳐 활동을 개시하였다. 총지휘관 서일은 약 1만 명의 신도를
> 거느리고 폭위를 떨쳤다가 …… 자연히 해산된 상태이다. ……
> 김교헌은 최근 (가) 부활을 목적으로 …… 일반 신도에게
> 정식으로 발표하고 사무를 개시함에 따라 각지에 산재한 군정서
> 간부원은 본부를 출입하며 무언가 획책하고 있다.
> ― 「불령단관계잡건」 ―

① 개벽, 신여성 등의 잡지를 발행하였다.
② 항일 무장 단체인 중광단을 결성하였다.
③ 배재 학당을 세워 신학문 보급에 기여하였다.
④ 만주에서 의민단을 조직하여 무장 투쟁을 전개하였다.
⑤ 어린이 등의 잡지를 발간하여 소년 운동을 주도하였다.

해설 (가)는 나철이 조직하였다고 한 점을 통해 단군 신앙을 기반으로 한 대종교에 대한 것임을 알 수 있다.
　　② 대종교는 국권 피탈 이후 교단을 만주로 옮겨 항일 무장 단체인 중광단을 결성하였다. 중광단은 이후 북로 군정서로 개편되었다.

[오답 피하기]
① 『개벽』, 『신여성』 등의 잡지를 발행한 것은 천도교이다.
③ 아펜젤러가 세운 배재 학당은 개신교 계열의 학교이다.
④ 선교사 천주교는 만주에서 항일 부대인 의민단을 조직하였다.
⑤ 천도교 소년회는 『어린이』 등의 잡지를 발간하여 소년 운동을 주도하였다.

08 다음 뉴스가 보도된 정부 시기의 통일 노력으로 옳은 것은?

> 대통령은 신년사에서 작년에 제정한 국민 기초 생활 보장법을 통해 IMF 외환 위기로 어려워진 중산층과 서민들의 삶의 질 향상을 위해 노력하겠다고 강조하였습니다. 또한 새천년에는 남북 경제 공동체 구성을 위한 협의와 남북 이산가족 상봉을 추진하겠다고 발표하였습니다.
>
> 대통령 신년사, 복지와 통일 정책 방향 제시

① 남북한이 한반도 비핵화 공동 선언을 채택하였다.
② 최초의 이산가족 고향 방문과 예술 공연단 교환이 이루어졌다.
③ 남북한의 교류 협력을 위한 개성 공업 지구 조성에 합의하였다.
④ 남북한 간 최초의 공식 합의서인 남북 기본 합의서를 교환하였다.
⑤ 7·4 남북 공동 성명을 실천하기 위한 남북 조절 위원회를 구성하였다.

해설 자료에서 작년에 국민 기초 생활 보장법이 제정(1999)되었다는 사실을 통해 금년이 2000년임을 알 수 있다. 이 당시는 김대중 정부 때이다.
　　③ 김대중 정부 때는 최초로 남북 정상 회담(2000)이 열리고 6·15 남북 공동 선언이 발표되었다. 이후 남북한의 교류 협력을 위하여 개성 공단 건설, 경의선 복구 사업, 금강산 육로 관광, 이산가족 상봉 등이 추진되었다.

[오답 피하기]
① 한반도 비핵화 공동 선언(1991)은 노태우 정부 때 발표되었다.
② 최초의 이산가족 고향 방문과 예술 공연단 교환(1985)은 전두환 정부 때 이루어졌다.
④ 남북 기본 합의서를 교환(1991)한 것은 노태우 정부 때이다.
⑤ 7·4 남북 공동 성명(1972)과 이를 실천하기 위한 남북 조절 위원회는 박정희 정부 때 구성되었다.

정답　**05** ⑤　**06** ②　**07** ②　**08** ③

01 〈보기〉의 밑줄 친 부분에 해당하지 않는 것은?

보기

'먹다'의 '먹–'과 같이 실질적인 뜻을 나타내는 부분을 어근이라고 하고, 어근과 어근이 결합한 단어를 합성어라고 한다. 합성어의 의미를 살펴보면 각각의 어근이 지닌 원래 의미가 유지되는 경우, 일부 어근의 의미만 유지되는 경우, 제3의 새로운 의미가 되는 경우가 있다.

① 점심으로 오징어 덮밥을 먹었다.
② 늦봄의 따가운 햇볕이 내리쬐였다.
③ 동생이 돌다리를 건너 집으로 왔다.
④ 안개비가 연기가 깔리듯 자욱이 내리기 시작했다.
⑤ 대형 마트가 생기면서 구멍가게가 사라지고 있다.

해설 **문장 표현**
'구멍가게'는 단어의 결합에 의해 제3의 의미가 되는 경우이다.
정답 ⑤

02 두 단어 간의 관계가 나머지와 다른 것은?

① 이면(裏面) : 표면(表面)
② 비탄(悲嘆) : 애통(哀慟)
③ 급격(急激) : 완만(緩慢)
④ 침식(侵蝕) : 퇴적(堆積)
⑤ 할인(割引) : 할증(割增)

해설 **어휘**
'비탄'과 '애통'은 모두 '슬픔'을 뜻하는 단어들로 유의 관계에 있는 반면 나머지 것들은 반의 관계에 있는 단어 들이다.
정답 ②

03 다음 중 로마자 표기가 적절하지 않은 것은?

① 부산 – Busan
② 알약 – allyak
③ 해돋이 – haedoji
④ 압구정 – Apkkujeong
⑤ 압록강 – Amnokgang

해설 **외래어**
로마자 표기법 제3장 표기상의 유의점 제1항 [붙임]에 '된 소리되는 표기에 반영하지 않는다'고 되어 있다. 그러므로 압구정[Apgujeong]로 적어야 한다.
정답 ④

04 다음 밑줄 친 단어의 발음이 표준 발음에 맞는 것은?

① 다음 정차할 역은 선릉[선능]입니다.
② 안팎으로[안파크로] 나라가 뒤숭숭하다.
③ 설익은[서리근] 과일을 먹고 배탈이 났다.
④ 염불도 몫몫이[몽목시]요, 쇠뿔도 각각이다.
⑤ 이번엔 진짜 효과[효꽈]가 있기를 바랍니다.

해설 **표준 발음법**
'효과'는 [효과]와 [효꽈] 모두 표준 발음이다.
① 선릉[설릉] : 'ㄴ'은 'ㄹ'의 앞이나 뒤에서 [ㄹ]로 발음한다.
② 안팎으로[안파끄로] : 쌍받침이 모음으로 시작된 조사나 어 미, 접미사와 결합되는 경우에는, 제 음가대로 뒤 음절 첫 소리로 옮겨 발음한다.
③ 설익은[설리근] : 'ㄹ' 받침 뒤에 첨가되는 'ㄴ' 음은 [ㄹ]로 발음한다.
④ '몫몫이'는 제18항 '받침 'ㄱ, ㄷ, ㅂ'은 'ㄴ, ㅁ' 앞에서 [ㅇ, ㄴ, ㅁ] 으로 발음한다.'에 따라 [몽목씨]로 발음한다. (몫몫 –이 [몽목– 이] → [몽목씨])
정답 ⑤

*제공된 문제는 『2020 에듀윌 KBS한국어능력시험 한권끝장』에서 발췌했습니다.

05 밑줄 친 외래어를 순화한 표현으로 적절하지 않은 것은?

① 그녀의 외모에 대한 <u>콤플렉스</u>(→ 욕구 불만)가 이번 사건을 만들었다.
② 버스가 출발하기 전에, <u>차장</u>(→ 운전사)이 승객들의 차표를 검사하고 있다.
③ 이번에 새로 지은 빌딩이 그 지역의 <u>랜드마크</u>(→ 상징물)로 거듭날 것이다.
④ 짙은 산과 들에서 자라는 대표적인 덩굴성 <u>다년생</u>(→ 여러해살이) 식물이다.
⑤ 건물 내에 있는 <u>가스 마스크</u>(→ 방독면)의 수는 위급 상황 시 사용하기에 턱없이 부족하다.

해설 순화어
'차장(車掌)'은 '기차, 버스, 전차 따위에서 찻삯을 받거나 차의 원활한 운행과 승객의 편의를 도모하는 사람'으로 '승무원 또는 안내원'으로 순화하도록 한다.
정답 ②

06 다음 빈칸에 들어갈 한자성어로 적절한 것은?

고객이 가급적 더 많은 용량의 제품을 구매할 것을 바라는 게 기업의 입장인 요즘, 오히려 일부 화장품 업체를 중심으로 '(   ) 마케팅' 바람이 불고 있다. 그에 따라 많은 성분, 다양한 제품이 아닌 필요한 용량과 성분만을 쓰고 불필요한 성분은 줄인 화장품이 잇따라 출시되고 있다.

① 과유불급(過猶不及)
② 군계일학(群鷄一鶴)
③ 다다익선(多多益善)
④ 화룡점정(畵龍點睛)
⑤ 십시일반(十匙一飯)

해설 관용표현
과유불급(過猶不及)은 '정도를 지나침은 미치지 못함과 같다는 뜻으로, 중용(中庸)이 중요함을 이르는 말'로, 제시문의 '필요한 용량과 성분만을 쓰고 불필요한 성분은 줄인'의 문맥적 의미를 고려할 때 적절한 표현이다.
정답 ①

자주 출제되는 고유어	
곰비임비	물건이 거듭 쌓이거나 일이 계속 일어남을 나타내는 말
똘기	채 익지 않은 과일
미쁘다	믿음성이 있다
실없다	말이나 하는 짓이 실답지 못하다
장사눈	장사의 잇속에 대한 안목

자주 출제되는 외래어 표기법	
Malaysia	말레이시아
Sapporo	삿포로
brochure	브로슈어
massage	마사지
data	데이터

01 밑줄 친 부분과 의미가 가장 가까운 것을 고르시오.

> It was personal. Why did you have to stick your nose in?

① hurry

② interfere

③ sniff

④ resign

유형 어휘

어휘 personal 개인적인 / stick 내밀다, 붙이다, 찔리다

해설 stick ones nose in(~에 참견하다)은 interfere 와 유사한 의미를 가지고 있다.

해석 그건 개인적인 일이었어. 왜 너는 참견을 해야만 했니?

정답 ②

02 밑줄 친 부분에 가장 적절한 것을 고르시오.

> The young knight was so _____ at being called a coward that he charged forward with his sword in hand.

① aloof

② incensed

③ unbiased

④ unpretentious

유형 어휘

어휘 charge forward 돌진하다

해설 '겁쟁이'라고 불린 것에 대해 빈칸의 반응이 와서 검을 들고 돌진했다면, 그 반응은 '화가 난'일 것이다.

해석 그 젊은 기사는 겁쟁이라 불린 것에 너무 ②격노하여 손에 검을 들고 돌진했다.

정답 ②

03 어법상 옳지 않은 것은?

① The main reason I stopped smoking was that all my friends had already stopped smoking.

② That a husband understands a wife does not mean they are necessarily compatible.

③ The package, having wrong addressed, reached him late and damaged.

④ She wants her husband to buy two dozen of eggs on his way home

유형 문법

해설 주소가 '쓴' 것이 아니라 '쓰여진' 것이므로 addressed를 been addressed로 써야 한다. 또한 wrong은 wrongly로 변경하는 것이 적절하다. wrong은 부사의 뜻으로도 쓰여 분사 앞에 쓰일 수 있지만, wrongly의 형태로 더 많이 쓰인다. 마지막으로 The package는 '파손된' 것이므로 동사의 형태가 능동형이 아닌 수동형이 되어야 한다.

해석
① 내가 금연을 하게 된 주된 이유는 내 친구들이 모두 이미 금연했기 때문이었다.
② 남편이 아내를 이해한다는 것은 그들이 반드시 사이좋게 지낼 수 있다는 의미는 아니다.
③ 그 소포는 주소가 잘못 쓰여져서 그에게 늦게 그리고 손상된 채로 도착했다.
④ 그녀는 남편이 집에 오는 길에 달걀 24개를 사오길 원한다.

정답 ③

04 밑줄 친 부분에 가장 적절한 것을 고르시오.

A : What business is on your mind?
B : Do you think that owning a flower shop has good prospects nowadays?
A : It could. But have you prepared yourself mentally and financially?
B : _____.
A : Good! Then you should choose a strategic place and the right segment too. You must do a thorough research to have a good result.
B : I know that. It's much easier to start a business than to run it well.

① I plan to go to the hospital tomorrow.

② I can't be like that! I must strive to get a job.

③ I'm ready to start with what I have and take a chance.

④ I don't want to think about starting my own business.

유형 생활영어

해설 A가 정신적, 재정적으로 준비가 되었느냐고 질문을 했는데 B의 대답을 듣고는 "Good!"이라고 하면서 일의 진행에 대해 설명해 주고 있으므로 B가 준비가 되었다고 말했음을 유추할 수 있다.

해석
A : 어떤 사업을 구상 중에 있으신가요?
B : 요즘 꽃 가게를 운영하는 건 전망이 좋다고 생각하세요?
A : 그럴 수 있죠. 그런데, 정신적으로나 재정적으로 준비가 되어 있으신가요?
B : ③저는 제가 가진 것으로 시작하고, 해볼 준비가 되어 있어요.
A : 좋아요! 그렇다면 당신은 전략적인 장소와 알맞은 분야를 선택해야 해요. 좋은 결과를 위해 철저한 조사를 꼭 하도록 해요.
B : 알고 있어요. 사업을 잘 운영하는 것보다 시작하는 게 훨씬 쉽다는 걸요.

정답 ③

시각적 사고

01 다음에 주어진 그림을 보고 유추했을 때 '?'에 들어갈 수 없는 모양으로 알맞은 것을 고르면? (단, 점선은 안으로 접고, 실선은 밖으로 접는다. 그리고 겹선은 안과 밖으로 모두 접을 수 있고 최종 모양은 앞, 뒤 모양이 모두 가능하다.)

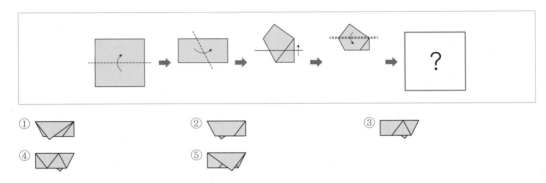

① ② ③
④ ⑤

해설 선택지를 보면 ①, ②는 좌우반전이 되지 않았고, ③, ④, ⑤는 좌우반전이 되었다. 따라서 정답은 ③, ④, ⑤ 중에 있으며, 마지막 단계에서 안으로 접었을 때의 뒷면과 밖으로 접었을 때의 뒷면을 제외한 나머지 하나가 정답이 된다.

밖으로 접었을 때의 뒷면이 좀 더 쉬우므로 먼저 살펴보자. 마지막 단계에서 밖으로 접혀지는 [그림1]의 색선으로 둘러싸인 부분이 뒷면에 가게 된다. 이때 뒷면으로 가면서 상하반전이 되고, 뒷면을 보기 위해 종이 전체를 뒤집을 때 좌우반전이 되므로 색선으로 둘러싸인 부분은 [그림2]처럼 나타나게 된다. 따라서 [그림2]를 포함하고 있는 ⑤가 밖으로 접었을 때 뒷면의 모습이다.

[그림1]　　　　　[그림2]

한편 안으로 접었을 때의 뒷면을 알기 위해선 마지막 단계보다는 세 번째 단계를 주목해야 한다. 세 번째 단계에서 [그림3]의 색선으로 둘러싸인 부분은 밖으로 접히기 때문에 뒷면으로 가면서 상하반전이 되고, 뒷면을 보기 위해 도형 전체를 뒤집을 때 좌우반전이 되므로 색선으로 둘러싸인 부분은 [그림4]처럼 나타나게 된다. 따라서 [그림4]를 포함하고 있는 ③이 안으로 접었을 때 뒷면의 모습이다.

[그림3]　　　　　[그림4]

그러므로 남은 ④가 정답이다.

정답 ④

*제공된 문제는 『2020 하반기 에듀윌 GSAT 삼성직무적성검사 최신기출유형+실전모의고사 5회+온라인 실전연습 서비스』에서 발췌했습니다.

02 다음 그림에서 찾을 수 없는 도형을 고르면?

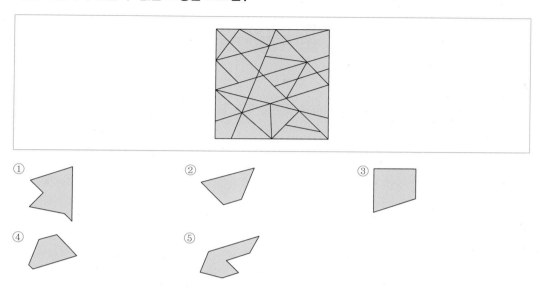

해설 ①부터 차례대로 도형을 찾아보면 다음과 같이 찾아낼 수 있다. 이때 ①은 수직인 우변과 좌하향하는 윗변을, ②는 우상향하는 윗변과 각각 윗변과 예각을 이루는 좌·우변을, ④는 우상향하는 윗변과 아랫변을, ⑤는 우상향하는 윗변과 둔각을 이루는 좌변을 기준으로 찾으면 보다 쉽게 찾을 수 있다. ③은 수평인 윗변과 직각을 이루는 좌·우변을 찾아보아도 도형이 존재하지 않는다.

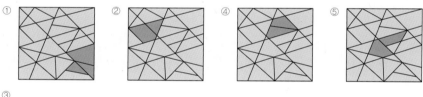

정답 ③

자원관리능력

01 다음 글의 밑줄 친 ㉠~㉤을 대체할 수 있는 단어로 옳지 않은 것을 고르면?

> 국립공원이 많이 생겨나는 가운데 이를 잘 보존하기 위한 방안에 대한 논의가 지속적으로 있어 왔다. 우리나라는 1967년 제1호 국립공원으로 지리산이 지정될 때부터 보존보다는 '이용 증대 도모'에 초점을 맞추고 출발하였다. 이러한 측면은 국립공원이 관광지로서 개발되는 것에 박차를 가하게 되었고, 지역적 ㉠ 여망(興望)에 따라 여러 곳이 국립공원으로 지정되고 오픈되었다. 이러한 조치는 최근까지도 개발과 보존이 충돌할 때 보존이 뒤로 밀리는 ㉡ 형국(形局)을 자아내는 문제를 야기시켰다. 이에 따라 ㉢ 주무(主務) 부처인 환경부가 국립 공원 관리의 무게추를 보존 쪽으로 이동시키는 법제화를 추진하였다. 공개된 자연공원법 개정안에서 중요 목표로 꼽은 '온전한 보전'을 ㉣ 이행(履行)하기 위해서 앞으로 국립공원의 자연을 영구 변형시키는 개발은 허용되지 않을 전망이다. 더불어 설악산 오색 케이블카와 다도해 흑산공항과 같은 국립공원 안 개발 사업을 둘러싼 사회적 갈등을 막는 ㉤ 방안(方案)으로도 활용될 것으로 보인다.

① ㉠ 중망(衆望)
② ㉡ 국면(局面)
③ ㉢ 직할(直轄)
④ ㉣ 실행(實行)
⑤ ㉤ 방책(方策)

해설 '주무'는 '사무를 주장하여 맡음.'을 뜻한다. 즉, '주무 부처'란 해당 사무를 관장하는 부처를 이른다. '중간에 다른 기구나 조직을 통하지 아니하고 직접 관할함.'을 뜻하는 '직할'과는 그 의미가 다르므로 대체하여 쓸 수 없다. 오히려 '주무(主務)'는 '주관(主管)'과 유사한 뜻을 지녔다고 볼 수 있다.
① • 여망(興望) : 많은 사람들이 간절히 기대하고 바람. 또는 그 기대나 바람
　• 중망(衆望) : 여러 사람에게서 받는 신망
② • 형국(形局) : 어떤 일이 벌어진 형편이나 국면
　• 국면(局面) : 어떤 일이 벌어진 장면이나 형편
④ • 이행(履行) : 실제로 행함.
　• 실행(實行) : 실제로 행함.
⑤ • 방안(方案) : 일을 처리하거나 해결하여 나갈 방법이나 계획
　• 방책(方策) : 방법과 꾀를 아울러 이르는 말
정답 ③

02 다음 글의 밑줄 친 단어와 사용상의 의미가 동일한 것을 고르면?

법원 경매시장에 '무자격 대리 입찰'이 흔하지만 법원에서 이를 걸러 내는 절차가 사실상 없는 것으로 나타났다. 대리인은 입찰서류에 의뢰인과의 관계를 표시해야 하는데 '친인척', '지인' 등으로 써 놓으면 다른 첨부서류나 검증 절차 없이 무자격 입찰이 가능한 것으로 확인됐다. 무자격 대리 입찰자가 많아지면 경매로 싸게 집을 마련하려 했던 서민들의 피해는 커질 수밖에 없다. 고가 낙찰, 권리 분석 오류 등에 따른 피해이다. 이런 업체들은 일단 낙찰을 받아야 감정가의 1~2% 정도인 수수료를 받기 때문에 무리하게 응찰하는 경향이 크다. 최근 매매시장은 얼어붙기 시작했는데 경매시장에는 응찰자가 대거 몰리고 과열된 분위기를 <u>띠는</u> 건 이런 무자격 대리 입찰자들의 영향이 클 것이라는 게 전문가들의 판단이다. 그들에 따르면 이달 20일 기준 수도권 아파트의 평균 낙찰가율(감정가 대비 낙찰가 비율)은 82.4%로 주택시장 활황기 수준으로 높다.

① 그녀의 얼굴은 발갛게 홍조를 <u>띠었다.</u>
② 추천서를 <u>띠고</u> 회사를 찾아가라.
③ 그는 비단옷을 입고 옥대를 <u>띠고</u> 있었다.
④ 그날의 모임은 다분히 정치적 성격을 <u>띠고</u> 있었다.
⑤ 그는 조직의 비리를 파헤치는 임무를 <u>띠고</u> 파견되었다.

해설 '과열된 분위기를 띠다'의 '띠다'는 '분위기나 기운 따위를 나타내다.'의 의미로 쓰인 단어로, '성질이나 경향 따위를 밖으로 드러나도록 지니다.'의 의미를 가진 '정치적 성격을 띠다.'가 동일한 의미로 쓰인 문장이 된다.
각 선택지의 '띠다'는 다음과 같은 의미를 지닌 경우이다.
① 빛깔이나 색채 따위를 가지다.
② 물건을 몸에 지니다.
③ (띠나 끈을) 자신의 몸에 두르다.
⑤ 용무나 직책, 사명 따위를 지니다.

정답 ④

01 다음 [표]는 2016~2019년 갑국의 방송 통신 매체별 광고 매출액에 관한 자료이다. 이에 대한 [보기]의 설명 중 옳은 것을 모두 고르면?

[표] 방송 통신 매체별 광고 매출액

(단위: 억 원)

매체	세부 매체 \ 연도	2016년	2017년	2018년	2019년
방송	지상파TV	15,517	14,219	12,352	12,310
	라디오	2,530	2,073	1,943	1,816
	지상파DMB	53	44	36	35
	케이블PP	18,537	17,130	16,646	( )
	케이블SO	1,391	1,408	1,275	1,369
	위성방송	480	511	504	503
	소계	38,508	35,385	32,756	31,041
온라인	인터넷(PC)	19,092	20,554	19,614	19,109
	모바일	28,659	36,618	45,678	54,781
	소계	47,751	57,172	65,292	73,890

┤ 보기 ├
⊙ 2017~2019년 동안 모바일 광고 매출액의 전년 대비 증가율은 매년 25% 이상이다.
⊙ 라디오와 케이블PP의 광고 매출액은 매년 감소한다.
⊙ 2017년의 경우, 방송 매체 중 지상파TV 광고 매출액이 차지하는 비중은 온라인 매체 중 인터넷(PC) 광고 매출액이 차지하는 비중보다 작다.
⊙ 2016년 대비 2019년 광고 매출액 증감률이 가장 큰 세부 매체는 2019년 해당 매체에서 70% 이상의 비중을 차지한다.

① ㉠, ㉡   ② ㉠, ㉢   ③ ㉡, ㉢
④ ㉡, ㉣   ⑤ ㉢, ㉣

정답 풀이

ⓒ 주어진 자료의 수치를 보면 라디오의 광고 매출액은 2,530억 원 → 2,073억 원 → 1,943억 원 → 1,816억 원 씩 매년 감소하고 있다. 케이블PP 광고 매출액의 경우, 2016~2018년 동안 매년 감소하고 있으며, 2019년 매출액에 따라 증감 여부를 판단할 수 있다. 2019년 케이블PP의 광고 매출액을 구하면, 31,041−(12,310+1,816+35+1,369+503)=15,008(억 원)이다.

2018년 케이블PP 광고 매출액은 16,646억 원이고, 2019년은 15,008억 원이므로 전년 대비 감소함을 알 수 있다. 따라서 케이블PP의 광고 매출액 역시 매년 감소한다.

ⓔ 세부 매체별 2016년 대비 2019년 광고 매출액의 증감률을 구하면 다음과 같다.

지상파TV: $\dfrac{15,517-12,310}{15,517} \times 100 ≒ 20.7(\%)$

라디오: $\dfrac{2,530-1,816}{2,530} \times 100 ≒ 28.2(\%)$

지상파DMB: $\dfrac{53-35}{53} \times 100 ≒ 34.0(\%)$

케이블PP: $\dfrac{18,537-15,008}{18,537} \times 100 ≒ 19.0(\%)$

케이블SO: $\dfrac{1,391-1,369}{1,391} \times 100 ≒ 1.6(\%)$

위성방송: $\dfrac{503-480}{480} \times 100 ≒ 4.8(\%)$

인터넷(PC): $\dfrac{19,109-19,092}{19,092} \times 100 ≒ 0.0(\%)$

모바일: $\dfrac{54,781-28,659}{28,659} \times 100 ≒ 91.1(\%)$

따라서 2016년 대비 2019년 광고 매출액의 증감률이 가장 큰 세부 매체는 모바일이다. 2019년 모바일은 온라인 매체에서 $\dfrac{54,781}{73,890} \times 100 ≒ 74.1(\%)$로 70% 이상의 비중을 차지한다.

정답 ④

오답 풀이

㉠ 2017~2019년 모바일 광고 매출액의 전년 대비 증가율을 구하면 다음과 같다.

2017년: $\dfrac{36,618-28,659}{28,659} \times 100 ≒ 27.8(\%)$

2018년: $\dfrac{45,678-36,618}{36,618} \times 100 ≒ 24.7(\%)$

2019년: $\dfrac{54,781-45,678}{45,678} \times 100 ≒ 19.9(\%)$

2017년의 전년대비 증가율은 25% 이상이지만, 2018~2019년의 전년대비 증가율은 25% 미만이다.

ⓒ 2017년 방송 매체 중 지상파TV 광고 매출액이 차지하는 비중은 $\dfrac{14,219}{35,385} \times 100 ≒ 40.2(\%)$이고, 온라인 매체 중 인터넷(PC) 광고 매출액이 차지하는 비중은 $\dfrac{20,554}{57,172} \times 100 ≒ 36.0(\%)$이다. 따라서 방송 매체 중 지상파TV 광고 매출액이 차지하는 비중이 온라인 매체 중 인터넷(PC) 광고 매출액이 차지하는 비중보다 크다.

해결 TIP

이 문제는 2020년 민간경력자 PSAT 기출 변형 문제로 자료를 바탕으로 보기의 정오를 판단하여 정답을 선택하는 전형적인 NCS 자료해석 빈출유형입니다. 소거법은 보기의 정오에 따라 선택지에 포함된 보기를 소거하면서 푸는 방법으로 해당 유형을 빠르게 해결하는 데 쓰이는 보편적인 방법입니다. 이러한 유형의 문제를 풀 경우에는 선택지의 구조를 고려하면서 어려운 보기보다는 비교적 빠르게 해결할 수 있는 보기부터 해결하는 것이 하나의 방법입니다. 그리고 대소 관계를 비교하는 내용이 있을 때에는 정확한 수치를 구하기 위한 계산보다는 계산 과정에서 영향을 미치지 않는 수치를 생략하거나 수치 비교법, 분수 비교법을 바탕으로 계산을 하지 않고 빠른 시간 내에 해결하도록 합니다.

주어진 보기 ㉠~㉣의 내용을 살펴보면, 비율에 대한 내용을 물어보는 보기 ㉠, ㉢, ㉣과 달리 ㉡은 단순 사칙연산과 주어진 표의 수치를 바탕으로 해결할 수 있는 보기이므로 ㉡부터 먼저 풀도록 합니다.

㉡을 보면, 라디오의 경우에는 계산 없이 표의 수치를 통해 2,530 → 2,073 → 1,943 → 1,816으로 매년 감소한다는 것을 알 수 있습니다. 케이블PP의 경우에는 2019년 매출액을 통해 감소 여부를 판별할 수 있는데, 구체적인 수치가 필요하지 않으므로 대소 관계를 판별할 수 있는 정도의 수치만 계산하도록 합니다. 2019년 케이블PP를 제외한 남은 세부 매체의 광고 매출액의 합을 어림셈으로 계산하면, 약 16,000억 원 정도이므로 2019년 케이블PP의 매출액은 약 15,000억 원임을 알 수 있습니다. 따라서 케이블PP 역시 18,537 → 17,130 → 16,646 → 약 15,000으로 매년 감소하므로 ㉡은 옳은 보기임을 알 수 있습니다. 그러므로 선택지 ②, ⑤를 소거할 수 있고, 그다음으로 남은 보기 ㉠, ㉢, ㉣ 중 두 항목만을 비교하면 해결할 수 있는 ㉢을 풀도록 합니다.

㉢을 보면, 2017년 방송 매체 중 지상파TV 광고 매출액이 차지하는 비중인 $\frac{14{,}219}{35{,}385}$와 온라인 매체 중 인터넷(PC) 광고 매출액이 차지하는 비중인 $\frac{20{,}554}{57{,}172}$를 비교하도록 합니다. 각 분수의 분자는 14,219 → 20,554로 50% 미만으로 증가한 반면, 분모는 35,385 → 57,172로 50% 이상 증가하였으므로, $\frac{14{,}219}{35{,}385} > \frac{20{,}554}{57{,}172}$임을 알 수 있습니다. 따라서 ㉢은 틀린 보기이므로 선택지 ③을 소거할 수 있습니다. 남은 보기 ㉠과 ㉣ 중 비교적 해결하기 쉬운 ㉠을 보면, 2018년 대비 2019년 증가율의 경우에는 $\frac{9{,}103}{45{,}678}$으로 분모>분자×4이므로 25% 미만이라는 것을 쉽게 알 수 있습니다. ㉠은 틀린 보기이므로 정답을 ㉡, ㉣이 포함된 ④로 선택할 수 있습니다.

참고로 ㉣을 보면, 모든 세부 매체의 증감률을 계산할 필요 없이 자료의 수치를 확인해 보면, 2016년 대비 2019년 광고 매출액이 크게 변동된 세부 매체는 지상파DMB와 모바일임을 알 수 있습니다. 지상파DMB의 2016년 대비 2019년 광고 매출액 증감률은 $\frac{18}{53}$로 분자×2<분모이지만, 모바일의 증감률은 $\frac{26{,}122}{28{,}659}$로 분자×2>분모이므로 $\frac{18}{53} < \frac{26{,}122}{28{,}659}$임을 알 수 있습니다. 따라서 2016년 대비 2019년 광고 매출액의 증감률이 가장 큰 세부 매체는 모바일임을 알 수 있습니다.

김성근
에듀윌 취업연구소 연구원

PART

04

상 식 을
넘은 상식

사고의 틀이 넓어지는 깊은 상식

재난지원금, 선별지급 VS 보편지급

"선별적 코로나19 손실 보상에 초점"–"소득 경계선에 따른 형평성 문제 고려"

이슈의 배경

코로나19 5차 재난지원금 지급을 위한 추가경정 예산안(추경안)이 진통 끝에 통과됐다. 7월 24일 새벽 국회에서 통과된 2차 추경안은 정부안의 33조에서 1조9000억원이 늘어난 34조9000억원 규모다. 보편지급이냐, 선별지급이냐를 두고 논란이 됐던 지급 범위와 관련해서는 고액자산가 등을 제외한 88%가량 국민에게 1인당 25만원씩 지급하는 것으로 결정됐다.

정부가 발표한 재난지원금 선정 기준에 따르면 직장 가입자 기준 6월분 가구별 월 건보료 합산액이 1인 가구 14만3900원, 2인 가구 19만1100원, 3인 가구 24만7000원, 4인 가구 30만8300원, 5인 가구 38만200원, 6인 가구 41만4300원(맞벌이는 가구원 수에 +1명) 이하면 재난지원금을 받는다.

단, 고가의 부동산이 있는 사람들은 지급받을 수 없다. 재산세 과세표준 9억원 이상으로, 주택 공시가격으로는 15억원 정도, 시가로는 21억원 정도의 부동산을 소유하고 있으면 재난지원금을 받을 수 없다. 또한 주식이나 예금으로 생기는 금융소득이 2000만원 이상인 사람들도 제외된다.

이번 재난지원금 지급을 두고 여당과 야당 그리고

정부의 삼각 줄다리기가 팽팽하게 이어졌다. 당초 더불어민주당은 전 국민에게 재난지원금을 지급하자는 당론을 정했다. 그러나 정부가 격렬하게 반대했다.

기획재정부는 "모든 국민에게 보편적으로 재난지원금을 주겠다"는 민주당에 반대해 "상위 20% 소득자를 제외하고 소득 하위 80%에게만 선별적으로 줘야 한다"고 주장했다. 홍남기 기획재정부 장관은 여당의 해임 건의 압박에 맞서 사실상 사의까지 불사한 배수진 전략까지 펼쳤다. 국민의힘 원내지도부 역시 코로나19 4차 대유행 상황을 반영해 소상공인에 대한 피해지원 확대는 필요하다면서도 추경 증액과 재난지원금의 전 국민 지급엔 반대 입장을 보였다.

줄다리기 끝에 재난지원금을 80%에 주느냐, 전 국민에게 주느냐에 대한 논란을 피하고자 88%라는 타협된 기준선을 제시했지만, 논란은 계속되고 있다. 5차 재난지원금 지급은 선별지급으로 최종 결정됐으나, 재난지원금 보편지급·선별지급을 둔 갑론을박은 쉽사리 사그라지지 않을 것으로 보인다.

변이 바이러스가 기승을 부리며 확진자 수가 폭증하고 있다. 예측할 수 없는 코로나19 상황에 따라 재난지원금 지급이 앞으로 더 있을 수 있다. 그때마다 소모적인 갑론을박을 벌이기보다는 보편지급·선별지급에 대해 명확한 기준을 세우는 논의가 이뤄져야 할 것이다.

코로나19 재난지원금

코로나19 재난지원금은 코로나19라는 재난 상황에서 경기를 극복하기 위해 정부가 국민에게 나눠주는 일정 금액의 돈이다. 정부는 2020년 5월부터 전 국민을 대상으로 ▲1차 재난지원금을 지급했다. 당초 정부는 소득 하위 70%에 4인 가구 기준으로 100만원의 재난지원금을 지급한다고 밝혔으나, 이후 당정 협의 등을 통해 지급 대상을 전 국민으로 변경했다. 이때 지원 금액은 가구당 가구원 수를 기준으로 차등 지급했는데, 1인 가구 40만원, 2인 가구 60만원, 3인 가구 80만원, 4인 이상 가구 100만원이었다.

▲2차 재난지원금은 소상공인·특수고용직 및 프리랜서·위기 가구 등 코로나19로 피해를 본 계층에 대해 선별적으로 지급했으며, ▲3차 재난지원금은 소상공인과 고용 취약계층(긴급 피해지원), 감염병 대응 공공의료체계 신속 보강(방역 강화), 소상공인·중소기업과 근로자·실직자, 생계 위기 및 육아 부담 가구(맞춤형 지원) 등에 선별적으로 지급됐다. ▲4차 재난지원금은 코로나19로 인해 매출 감소가 발생한 소상공인, 특수형태근로종사자, 프리랜서 등을 지원하기 위해 마련돼 선별적으로 지급됐다. ▲5차 재난지원금은 소득 기준에 따른 선별 지급으로, 고액자산가 등을 제외한 88% 국민에게 1인당 25만원씩 지급한다.

이슈의 논점

선별지급이 옳다 ① : 손실 보상에 초점 맞춰 지급

코로나19 재난지원금은 무엇보다 코로나19로 발생한 손실을 보상하는 기능에 초점을 맞춰야 한다. 보편지급은 실효성을 의심받고 있다. 전 국민에게 재난지원금을 지급한 1차 재난지원금의 효과가 미미한 것으로 알려졌기 때문이다.

국책연구기관인 한국개발연구원(KDI)이 발표한 '1차 긴급재난지원금 정책의 효과와 시사점' 보고서에 따르면 1차 재난지원금에 따른 신용·체크카드 매출액 증가 효과는 약 4조원으로 나타났다.

이는 중앙정부와 지방자치단체가 지급한 1차 재난지원금 중 매출 파악이 어려운 상품권, 선불카드를 제외했을 때의 지원 금액인 11조1000억~15조3000억원의 26.2~36.1% 수준으로, 전 국민에게 지급한 재난지원금의 30%가량만 실제 소비로 이어진 셈이다. KDI는 소비로 이어지지 않은 나머지 재난지원금은 채무 상환이나 저축에 사용됐을 것으로 파악했다.

재난지원금 보편지급은 업종별로도 소비 효과에서 큰 차이를 보였다. 가구, 의류 등 내구재·준내구재의 카드 매출은 전년 대비 10%가량 상승했지만, 코로나19로 보다 큰 피해를 본 사우나, 목욕탕, 음식업 등 대면 서비스는 3%가량 상승했다.

보편적으로 지급한 재난지원금의 소비 진작 효과가 크지 않고, 취약 계층을 효과적으로 돕지 못했다는 사실이 수치로 보인 만큼 향후 지급할 재난지원금은 코로나19로 피해가 큰 계층을 정밀하게 식별해 선별적으로 지원하는 것이 바람직할 것이다.

선별지급이 옳다 ② : 국가 재정 보호

최근 부동산과 주식 거래가 활발하게 이루어지며, 양도소득세와 증권거래세 등이 증가해 올해 세금이 정부 예상보다 더 걷혔다. 5차 재난지원금 전국민 지급 주장 역시 올해 보다 많이 확보된 세수를 기반으로 하여 힘을 얻은 것으로 보인다.

그러나 올해 세수는 코로나19가 확산되기 전인 2019년과 비교하면 소폭 증가한 것에 그친다. 또한, 지난 2020년에 코로나19로 세수가 크게 줄어 올해는 작년보다 세수가 많이 늘어난 것 같은 착시 효과가 있을 뿐이다.

주목할 점은 그간 국가 채무가 눈덩이처럼 불어났다는 사실이다. 올해 1차 추경 이후 국가채무는 965조9000억원으로 예상된다. GDP 대비 국가채무비율이 48.2%까지 높아진 상태다. 이번 정부가 출범할 당시에는 국가채무가 660조원을 조금 넘었는데, 4년간 300조원 이상이 늘어난 셈이다.

따라서 확보한 세수를 전 국민에게 그대로 지출하는 것은 적절하지 못한 처사다. 피해를 본 국민에게 선별적으로 지급하고, 남는 금액은 나라의 곳간을 채워 국가의 재정건전성을 보호해야 한다.

나아가 올해 우리나라의 성장률은 4% 이상일 것으로 예상된다. 코로나19 방역을 타 국가보다 성공적으로 이루어내며, 경제도 상당 부분 회복한 현재 시점에서 전 국민에게 재난지원금을 지급해 소비를 진작시킬 이유가 마땅히 존재하지 않는다.

문재인 대통령은 국민 88%에게 재난지원금을 지급하게 된 것을 두고 "국민 다수가 힘겨운 시기를 건너고 있고 많은 분들이 생계에 어려움을 겪는 상황에서 상대적으로 좀 더 여유가 있는 분들에게 양해의 말씀을 구한다"고 밝혔다. 재난지원금이 코로나19로 더 어려운 상황에 놓인 사람을 지원하는 복지의 개념이라는 것을 이해하고, 필요한 곳에 선별적으로 지급해 현재의 재난 상황을 현명하게 대처해 나가야 한다.

보편지급이 옳다 ① : 소득 경계선에 따른 형평성 문제

정부가 발표한 재난지원금 지급 기준에 따르면 건보료 30만8000원을 낸 4인 가구는 재난지원금을 100만원 받을 수 있다. 그러나 건보료를 30만

9000원 낸 4인 가구는 재난지원금을 1원도 받지 못한다.

소득 기준의 경계 선상에서 불과 건보료 1000원 차이로 재난지원금을 받지 못한다면 상대적으로 더 여유가 있어 지원금을 받지 못한 가구가 지원금을 받은 가구보다 연간 소득이 적어지는 소득 역전 현상이 발생할 수 있다.

고액 자산가도 제외한다고 했지만, '고액'만 아니면 자산가에게도 재난지원금이 지급된다. 소득은 높지만 재산이 적은 가구는 재난지원금을 받지 못하는데, 당장 소득은 없지만, 물려받은 재산이 많은 이른바 금수저 가구는 재난지원금을 받는 셈이다.

5차 재난지원금 선별지급은 열심히 일해서 번 많은 월급을 전·월세를 내는 데 충당하는 가구는 재난지원금을 받을 수 없지만, 10억원대의 집을 갖고 상대적으로 편안한 생활을 누리는 자산가는 재난지원금을 받는 불합리한 상황을 발생시킨다.

복잡한 이해관계를 명료하게 정리할 수 없다면, 전 국민에게 지급하여 형평성 논란이 없게 하거나, 혹은 코로나19로 명백하게 피해를 본 취약계층에 지원을 집중하는 게 옳다. 88%라는 대부분의 국민에게 재난지원금을 지급하고, 12%의 국민에게 무작정 양보와 희생정신을 요구하며 억울한 마음을 심어주는 것은 옳은 방식이 아니다.

보편지급이 옳다 ② : 국민 갈라 세워 분열 야기

5차 재난지원금은 전 국민 지급에 가까운 선별지급 방안을 선택하며, 사실상 선별지급이나 보편지급 어느 쪽의 장점도 살리지 못했다. 전 국민의 80%를 대상으로 선별지급을 주장하는 정부와 보편지급을 주장하는 여당이 협의하는 과정에서 지급 기준은 우왕좌왕하다가 결국 88%로 정해졌다.

납득할 수 있는 원칙이나 명쾌한 기준 없이 결정한 탓에 재난지원금을 받지 못한 12%의 불만이 터져 나오는 것은 당연하다. 내년 대선을 앞두고 표심을 고려한 표퓰리즘(populism : 인기를 좇아 대중을 동원하여 권력을 유지하려는 정치적 태도나 경향)성 현금 살포로 국민을 88 대 12로 갈라 분열케 하는 결과를 초래했다.

5차 재난지원금은 문 대통령이 지난 2월 "코로나에서 벗어날 상황이 되면 온 국민이 으쌰으쌰 힘을 내자는 차원에서 국민 위로지원금 지급을 검토하겠다"고 말한 지 5개월 만에 현실화됐다.

정말 온 국민이 힘을 내 재난 상황을 이겨내길 바랐다면, 보편지급으로 전 국민이 힘을 합칠 수 있게 만들어야 했다. 그게 아니라면 정말 힘든 사람들을 세심하게 선별해 지원을 집중했어야 했다. 명분도 기준도 모호한 선별지급으로 국민을 갈라 세우는 재난지원금은 반복돼서는 안 된다.

연습문제(2021 머니투데이)

지급 때마다 선정 기준을 두고 논란이 되는 코로나19 재난지원금을 보편적으로 지급하는 것이 바람직한지, 선별적으로 지급하는 것이 바람직한지 논하시오. (1000자, 50분)

※ 논술대비는 실전연습이 필수적입니다. 반드시 시간을 정해 놓고 원고지에 직접 써 보세요.

200

400

600

800

1000

게임 셧다운제를 없애야 하는가

"자유를 통제하는 악법"–"질병 예방은 정부의 의무"

이슈의 배경

게임(game)이란 단어는 인도유럽어족에서 '흥겹게 뛰놀다'라는 의미의 어원인 'ghem'에서 파생됐다. 오늘날 게임은 뛰놀기보다 PC나 휴대전화로 하는 정적인 취미의 대명사가 되었다. 정신적·육체적 성장기의 아동·청소년이 오랜 시간 게임에 빠져 있는 것은 바람직하지 못하다는 인식이 지배적이다.

청소년의 게임 과몰입이 사회 문제로 떠오르면서 이명박 정부는 2012년부터 청소년들이 늦은 시간에 PC 게임을 하지 못하도록 차단하는 이른바 강

제적 셧다운제(청소년보호법 제26조)를 시행했다. 청소년들의 온라인 게임 과몰입을 예방하고 수면권을 보장하기 위해 16세 미만 청소년을 대상으로 자정부터 오전 6시까지 게임을 할 수 없도록 한 것이 골자다. 이후 약 10년이 지난 현재까지 그 효과와 부작용을 둘러싸고 공방이 지속되고 있지만 셧다운제는 건재하다.

2014년 헌법재판소는 게임회사 네오위즈가 청구한 헌법소원을 기각하고 셧다운제를 합헌으로 결정했다. 당시 헌재는 게임 자체를 부정적이라고 볼 수 없지만, 우리나라 청소년에게 미칠 부정적 결과와 인터넷의 특성 등을 고려할 때 셧다운

제가 과잉금지 원칙에 위반되지 않는다고 봤다. 2016년에는 친권자 요청이 있으면 게임 접속을 차단하도록 하는 부모 선택제가 제출됐지만 여성가족부 등에서 기존 강제적 셧다운제를 고수해 받아들이지 않았다.

여가부는 2017년 강제적 셧다운제를 2019년까지 연장했고 2년 뒤에도 수면권 보장을 이유로 유지하고 있다. 여가부와 문화체육관광부는 셧다운제 완화는 고사하고 모바일, 콘솔게임 등까지 셧다운제를 적용하는 방안을 논의하기로 한 상태였다.

그러던 지난 7월 마인크래프트 게임 사건이 셧다운제 존폐 논쟁에 다시 불을 붙였다. 마이크로소프트(MS)가 서비스하는 마인크래프트는 3차원 가상세계인 **메타버스** 공간에서 블록을 이용해 자유롭게 건축물을 지으며 활동하는 12세 이상 연령가 게임이다. 이는 초등학생들로부터 엄청난 인기를 끌었고 창의성 개발에도 도움이 되는 건전한 게임이라고 평가받았다.

메타버스 (metaverse)

메타버스란 가공·추상을 의미하는 메타(meta)와 현실 세계를 의미하는 유니버스(universe)의 합성어로 3차원 가상세계를 의미한다. 가상현실(virtual reality)보다 진보된 개념으로 웹과 인터넷 등의 가상세계가 현실 세계에 흡수된 형태다. 메타버스라는 개념은 1992년에 발표된 닐 스티븐슨의 SF 소설 『스노우크래쉬(Snow Crash)』에서 처음 등장했다. 이 소설은 메타버스라는 가상의 나라에 들어가기 위해 사람들이 아바타라는 가상의 신체를 빌려 활동한다는 내용을 담았다. 메타버스는 코로나19로 보편화된 비대면 추세에서 온라인 공간을 넘어 현실을 대체하는 산업 플랫폼으로 주목을 받고 있다. 공장이나 도시를 그대로 메타버스에 축소해 시뮬레이션하는 등 활용 가치가 무궁무진할 것으로 기대된다.

MS는 셧다운제가 적용되는 한국만을 위한 별도의 서버를 만들 수 없다는 이유로 마인크래프트의 한국인 이용자 가입 연령을 19세 이상으로 한정했다. 한국은 '전 세계에서 유일하게 청소년이 마인크래프트를 플레이할 수 없는 이상한 나라'로 낙인찍혔다. 청와대 홈페이지에는 "낡은 규제가 아이들의 행복권을 앗아간다"며 셧다운제 폐지를 주장하는 청원이 등장했다.

이에 여야를 막론하고 셧다운제를 손보자는 법안을 쏟아냈다. 7월 한 달간 6개의 셧다운제 폐지 법안이 발의됐다. 셧다운제를 전면 폐지하는 방안부터 부모, 법정 대리인 등에게 심야 시간 게임이용에 대한 선택권을 줘야 한다는 선택적 셧다운제까지 다양하다. 그간 셧다운제를 고수해 온 여가부도 셧다운제를 개선하겠다고 입장을 선회함에 따라 10년간 이어진 셧다운제 논쟁이 종지부를 찍을지에 관심이 쏠린다.

이슈의 논점

셧다운제 폐지해야 : 자유를 통제하는 악법

여가부 등이 셧다운제가 필요하다고 내세우는 근거는 첫째, 청소년의 게임 중독 방지이며 둘째, 청소년의 수면권 보장이다. 하지만 이는 청소년의 건강한 삶을 염려하기보다 게임이 무조건 나쁘다고 보는 편견에서 비롯된 주장이 아닌가란 의심을 거두기 어렵다.

뇌 신경전달물질인 도파민의 분비를 유도하는 행동이나 물질은 모두 중독을 일으킬 수 있다. 중독이라고 하면 으레 술이나 담배, 마약 등 유해 물질

을 떠올리지만 공부나 독서, 운동도 중독을 일으
킨다. '미치지 않으면 미칠 수 없다(不狂不及)'라고
하듯 탁월한 업적을 남긴 학자나 운동선수, 예술
가 등은 그 분야에 중독된 사람들이다. 과식, 과
한 학습, 과한 운동 등 모든 것이 지나치면 부작
용을 낳는다. 셧다운제 유지를 주장하는 사람들은
그러한 중독 그 자체를 문제로 접근하기보다 게임
중독을 '더 나쁜 중독'으로 몰아가는 데 더 관심이
많아 보인다.

공부 부담과 입시 경쟁은 청소년들의 심리적·육
체적 건강에 게임보다 훨씬 큰 부담을 준다. 청소
년의 수면권 보장을 위해 게임 서비스를 자정에
강제 종료해야 한다면, 밤을 새워 공부하는 청소
년들의 수면권을 보장하기 위해서 공부를 금지할
것인가. 물론 '게임에 몰입한들 무엇이 남는가'라
는 반문이 있을 수 있다. 하지만 그것은 청소년의
자율권과 부모의 교육권에 따라 판단할 문제이지
공권력이 간섭할 영역이 아니다. 한국을 제외하면
강제적 셧다운제를 유지하는 국가는 중국, 베트남
2곳뿐이다. 개인의 선택권을 통제하는 이 같은 제
도는 공산권 국가에서나 가능한 것이다.

게임에 몰입하는 청소년은 프로 게이머나 게임 개
발자 등 게임 유관 업종 진출을 꿈꾸는 학생일수
도 있고 자정까지 공부하다가 잠깐 시간을 내 스
트레스를 풀려고 접속했을 수도 있다. 이러한 각
자의 사정을 정부가 일괄 통제할 권리는 없고 통
제하려 한들 실효성이 떨어진다. 청소년이 부모의
계정으로 게임에 접속하거나 셧다운제가 면제되
는 모바일 게임을 하면 셧다운제는 아무런 효력도
가지지 못한다.

게임은 장점도 많다. 적당히 게임을 하면 뇌 활성

화와 시력 향상에 도움이 된다는 연구 결과가 있
다. 그럼에도 셧다운제는 게임을 술, 담배, 마약
과 동일하게 취급하는 부정적인 이미지를 10년간
대중에게 주입하며 게임에 대한 낙인효과를 고착
했다. 게임에 대한 부정적 인식이 커지고 많은 사
람이 게임 업계에 반감을 갖게 함으로써 게임 산
업의 미래를 위축시켰다

전 세계에서 K팝이나 한국 영화, 드라마 등 한류
콘텐츠 열풍이 거세지만 K게임의 시장 규모에 비
하면 찻잔 속 미풍에 불과하다. 2018년 한국 게임
수출액은 연간 8조원에 육박하며 만화, 음악, 등
11개 콘텐츠 산업 분야 가운데 가장 컸다. K팝의
11배, 한국 영화의 154배에 달한다. 셧다운제가 없
었다면 한국산 게임은 더욱 크게 성장했을 것이다.

한국경제연구원의 2018년 연구에 따르면 2012년
셧다운제 시행을 기점으로 국내 게임 산업의 성장
세가 한풀 꺾였다. 2007년부터 2012년까지 국내
게임시장은 연평균 13.7% 성장했지만 셧다운제
도입 직후인 2013년 마이너스 0.3%로 역성장했
다. 셧다운제는 청소년의 행복추구권과 자유를 심
각하게 훼손할 뿐 아니라 미래 핵심 먹거리인 게
임 산업까지 옭죄는 백해무익한 악법으로서 조속
히 폐지돼야 한다.

셧다운제 유지해야 : 질병 예방은 정부의 의무

게임중독은 정신·행동·신경발달 장애와 같은 질
병이다. 의학계에 따르면 게임중독자는 코카인 중
독자처럼 뇌 안와전두피질에 이상이 생겨 합리
적 결정과 충동성 조절이 어려워져 미래를 생각하
지 못하고 당장의 이익만 추구하게 된다. 게임으
로 인한 단기적인 자극에 중독되면 성격이 조급해

지고 폭력적으로 변하다가 주의력 결핍 행동장애(ADHD)로 이어질 수 있다는 것이다.

2019년 세계보건기구(WHO)는 게임중독을 치료가 필요한 질병으로 분류하고, 게임이용장애라는 병명을 국제질병분류기준(ICD-11)에 포함시켰다. WHO는 게임이용장애를 '다른 일상생활보다 게임을 우선시해 부정적인 결과가 발생하더라도 게임을 지속하거나 확대하는 게임 행위의 패턴'이라고 정의했다.

청소년들이 게임 과몰입으로 성적이 떨어지거나 건강이 나빠져도 게임을 멈추지 못하는 사례가 바로 게임이용장애다. 게임 때문에 범죄의 길로 빠지는 사례도 많다. 셧다운제 통과의 결정적인 계기도 2011년 대구 중학생 집단 괴롭힘 자살사건이었다. 당시 가해 학생은 피해 학생에게 억지로 게임을 시키며 게임 캐릭터 레벨을 올릴 것을 강요했고 아이템을 사기 위해 돈을 빼앗았다.

정부는 질병으로부터 국민을 보호하고 예방해야 할 의무가 있다. 셧다운제는 게임중독으로부터 청소년을 보호하는 최소한의 규제다. 코로나19 백신 접종 순서를 고령자에게 우선하듯, 감수성이 민감한 시기에 폭력·선정적인 게임 속 자극에 더 취약할 수 있는 청소년을 셧다운제로 지켜야 마땅하다. 일각에서는 셧다운제의 실효성 부족을 이유로 폐지를 주장한다. 이는 몰래 술을 마시고 담배를 피우는 청소년이 있으니 음주·흡연 가능 나이를 만 19세 이상으로 정한 규제가 필요 없다는 논리와 마찬가지다. 청소년은 아직 미성숙하고 자기통제력이 부족한 존재로서 기본권을 일정 부분 통제할 필요가 있다.

셧다운제는 도입부터 미비했던 점과 10년간 달라진 현실을 고려해 오히려 더 강화돼야 한다. 셧다운제는 일반적인 인식과 달리 청소년의 게임중독을 예방하거나 중독자를 줄이기 위한 실질적 조치가 아니라 자정부터 오전 6시까지만이라도 청소년의 수면 시간을 보장하자는 데 초점을 맞춘 극히 제한적인 조치다.

청소년보호법상 보호 연령이 19세 미만으로 규정돼 있음에도 셧다운제는 다른 어느 법에서도 근거를 찾을 수 없는 16세 미만으로 적용 대상을 낮췄다. 셧다운제 적용 기준도 모호하다. 연간 50억원 미만 매출을 기록하는 게임은 적용 대상에서 배제됐고 수면권을 훨씬 더 침해하는 모바일 게임도 적용이 유예됐다. 셧다운제로 과연 누구를 무엇으로부터 보호하겠다는 것인지 묻고 싶다.

셧다운제가 게임 산업 성장에 악영향을 미쳤다는 주장도 과장됐다. PC 온라인 게임은 위축됐지만 이는 셧다운제의 영향이라기보다 모바일 게임으로 업계의 판도가 움직인 결과다. 세계 최대 게임 시장인 중국에서 자국 게임 보호를 위해 외국 게임에 판호(출판 허가)를 거부해 온 영향도 크다. 최근에는 비대면 추세로 국내 게임사가 실적 고공행진을 이어가고 있다. 셧다운제가 게임 업계에 미치는 영향은 미미하다. 낙인효과도 실체가 없다.

만에 하나 셧다운제가 게임 산업에 영향을 미치더라도 헌재의 셧다운제 합헌 판결에서 강조됐듯이 청소년 보호의 가치가 이익 추구 가치보다 우선한다는 입법 취지에 따라 셧다운제를 보완·확대해야 할 것이다.

여성가족부 소관의 게임 강제적 셧다운제에 대한 견해를 쓰시오. (1000자, 50분)

※ 논술대비는 실전연습이 필수적입니다. 반드시 시간을 정해 놓고 원고지에 직접 써 보세요.

200

400

600

800

1000

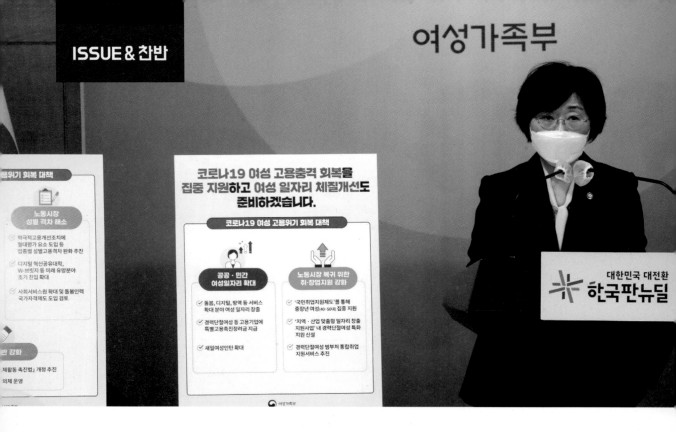

여성가족부 폐지 논란

"여가부 역할, 타 부서 대체 가능" vs "여성 문제 전담 부서 필요"

배경상식 셧다운제에 의한 마인크래프트 미성년자 이용 불가 사태로 주무부처인 여성가족부(여가부)의 지금까지 행보가 재조명받으며 실효성 논란에 휩싸였다. 야당 대권주자를 중심으로 여가부에 대한 '폐지론'이 불붙었다. 국민의힘 유승민 전 의원과 하태경 의원이 여가부 폐지 공약을 들고 나섰다. 여권은 폐지에 반대하며, 여가부의 존폐 여부가 새로운 쟁점으로 떠올랐다. 여가부는 2001년 1월 29일 출범한 1998년 김대중 정부 산하에 있던 대통령 직속 여성특별위원회가 개편된 부처다. 당시 여성특별위원회가 담당하던 기존 정책과 더불어 보건복지부가 시행하던 보육·가족업무를 이관 받아 규모를 키웠다.

여가부는 존폐 여부가 주기적으로 언급되는 사실상 유일한 정부 부처다. 여가부를 둘러싼 논쟁은 이번이 처음이 아니다. 지난해 7월 국회 입법 청원을 통해 10만 명의 동의를 얻은 '여가부 폐지' 안건은 올해 2월 국회 행정안전위원회에 오르기도 했다. 여가부 폐지 논란의 쟁점은 '여가부의 역할'에 있었다. 여가부 폐지를 찬성하는 측은 과거에도 여성 정책 집행은 보건복지부나 노동부 등 여러 부처가 나눠서 해왔는데, 굳이 여가부가 있어야 되는지에 대한 의문을 던진다. 반면 반대하는 측은 아직까지 한국 사회에는 남녀 불평등이 곳곳에 산재하고 있으며, 이를 해결하기 위해서는 여성 정책을 전담하는 부서가 필요하다고 주장한다.

여가부 역할, 타 부서 대처 가능해

여성 관련 업무는 정부의 모든 부처와 연관 돼 있으므로 여가부를 따로 둘 필요가 없다. 여성의 건강과 복지는 보건복지부가, 여성의 취업·직장 내 차별·경력단절여성의 취업 문제는 고용노동부가, 성범죄와 가정폭력, 데이트폭력 등의 문제는 법무부와 검찰·경찰이, 아동의 양육과 돌봄 문제는 보건복지부와 교육부가 담당하면 그만이다.

한국은 유엔개발계획(UNDP)의 2018년 국가별 성평등지수에서 경제협력개발기구(OECD) 국가 중 10위를 차지할 정도로 남녀평등 수준이 준수한 나라다. 여가부는 여성에 대한 사회적 권리 향상이 필수적으로 요구됐던 시대에 필요한 역할을 다했으니 이제 물러날 때가 됐다.

여가부 실효성 의문

여가부가 실효성이 있는지 의문이다. 여가부는 박원순 전 서울시장과 오거돈 전 부산시장의 성추행 사건 당시 피해 여성을 '고소인'으로 지칭했고 이정옥 당시 여가부 장관은 "수사 중인 사건"이라며 침묵했다. 정의기억연대 회계부정의혹 사건과 관련해 여가부의 소극적인 태도도 비판을 받았다.

여가부 폐지론은 제 기능도 못하는 현재의 여가부를 없애고 더 나은 방식으로 나아가자는 뜻이지 여성 정책과 양성 평등 노력이 필요 없다는 이야기가 아니다. 여가부 폐지에 대한 국민의 호응은 국민 일각의 여성혐오가 아니라 그간 여가부가 보인 불공정과 부조리에 대한 분노에서 비롯된 것이다.

양성 평등을 위해 전담 부서 필요

예전보다 양성 평등이 많이 이루어진 것은 사실이나, 아직까지 남녀임금 격차가 존재하며 여러 성평등 지표들에서도 한국의 여성 지표가 상대적으로 낮다. 세계경제포럼(WEF)이 지난 3월 발표한 '글로벌 젠더 격차 2021' 보고서를 보면 한국은 156개국 중 102위로, 정치와 경제 측면으로 봤을 때 젠더 격차가 매우 높은 나라로 나타났다.

2019년 기준 OECD 국가 중 한국은 젠더 임금 격차(32.5%) 1위를 차지했다. OECD 평균은 13%다. 그만큼 한국 사회의 젠더 불평등이 심하다는 얘기다. 한국 사회 전반적으로 여성이 극복해야 할 차별의 벽이나 장애가 곳곳에 널렸다. 여성 정책이 필요하고 전담 부처도 있어야 하는 이유다.

여성만을 위한 부서 아냐

여가부는 여성만이 아니라 아동, 청소년, 양성 평등, 가족 정책 등을 위해 활동하는 부처다. 여성계 숙원이던 호주제 폐지를 이끌어냈고 성폭력·가정폭력 피해자를 지원하는 해바라기센터 설립, 직장 내 성희롱 신고 및 구제 절차 법제화, 학교 밖 청소년 지원 체계 마련 등 기존에 없던 정책을 개발해왔다.

최근에 이르러 여가부의 기능이 제대로 작동하지 못하는 부분이 있는 것은 사실이다. 여가부의 역할 조정은 필요하다고 생각하지만, 부처 폐지를 주장하는 것은 옳지 못하다. 청소년, 다문화가정, 성폭력 피해자 보조 같은 여가부 기능의 공백을 어떻게 할 것이냐에 대한 구상도 필요하다.

전체 취업자 중 자영업자 비중 20.19%...39년 만에 최저

우리나라 전체 취업자 중 자영업자가 차지하는 비중이 20% 선에 턱걸이하며 39년 만에 최저 수준을 보인 것으로 나타났다. 8월 5일 중소벤처기업연구원과 통계청에 따르면 올해 6월 자영업자는 558만 명으로 전체 취업자(2763만 7000명)의 20.2%에 그쳤다.

이 비중은 관련 통계가 있는 1982년 7월 이후 가장 낮은 수준이다. 기존 최저치는 2019년 12월의 20.2%다. 2019년 12월은 소수점 둘째 자리까지 하면 20.20%이고 올해 6월은 20.19%다.

자영업자 수는 고용원이 있는 자영업자와 고용원이 없는 자영업자의 합계다. 올해 6월 자영업자 중 고용원이 있는 자영업자는 128만 명으로 전체 취업자의 4.6%였고, 고용원이 없는 자영업자는 15.6%(430만 명)였다.

이처럼 자영업자 비중이 떨어진 데는 코로나19 영향이 큰 것으로 분석된다. 전체 취업자는 코로나19 사태로 지난해 3월부터 줄곧 감소세를 보이다 올해 3월부터는 증가세로 돌아섰다. 특히 임금근로자를 중심으로 전체 취업자는 3~6월 넉 달 연속 지난해 동월 대비 증가했다.

그러나 자영업자는 지난해 3월부터 올해 5월까지 15개월 연속 감소세를 보이다가 올해 6월 증가세로 전환할 정도로 고용 회복이 더뎠다. 올해 6월 전체 취업자는 지난해 동월보다 2.2% 증가한 반면 자영업자는 0.5% 늘어나는 데 그쳤다.

노민선 중소벤처기업연구원 미래전략연구단장은 "자영업자 중에서 고용원이 있는 자영업자는 30개월 넘게 감소세가 이어지고 있다"며 "이들의 감소 폭이 큰 것이 취업자 중 자영업자 비중을 낮추는 데 주로 작용했다"고 설명했다.

노 단장은 "코로나19 사태가 잦아들어 임금근로자가 대폭 증가할 때 자영업자는 고용 회복의 과실을 얻지 못했다"며 "이는 그만큼 자영업자의 경영 환경이 개선되지 못하고 있다는 것을 보여준다"고 덧붙였다.

졸업 후 열달은 백수...취업해도 4명중 3명 초봉 200만원 미만

청년들이 졸업 후 평균 10개월을 취업하지 못한 채 보내고 있다. 취업에 성공해도 초봉은 대부분 월 200만원 미만이다. 통계청은 이런 내용 등을 담은 '2021년 5월 경제활동인구조사 청년층(15~29세) 부가조사 결과'를 7월 20일 발표했다.

조사 결과를 보면 첫 일자리가 임금근로자인 경우 졸업(중퇴) 후 첫 취업까지 평균 10.1개월 걸렸다. 청년들은 대개 임금근로자로 첫 일자리를 시작한다. 첫 취업까지 평균 소요 기간은 고졸 이하가 1년 2.2개월로 대졸 이상의 7.7개월보다 길었다.

첫 직장에 취업할 당시 임금(수입)은 월 200만원에 미치지 못하는 경우가 73.3%에 달했다. 4명 중 3명꼴로 초봉 200만원 미만 일자리에 첫 취업한다는 것이다. 초봉 월급 200만원을 넘는 일자리에 취업한 비중은 26.7%에 그쳤다. 좀 더 구간을 세분화해보면 150만~200만원 미만이 37.0%로 가장 많고 200만~300만원 미만이 23.2%, 100만~150만원 미만이 20.0% 순이었다.

근로형태는 계약기간을 정하지 않았으나 계속 근무할 수 있는 일자리인 경우가 52.9%로 가장 많았다. 계약기간이 정해진 일자리는 33.5% 비중을 차지했다. 근무형태별로는 전일제 근로가 77.1%로 가장 많았다. 지난해의 76.9%보다 소폭 늘었다.

첫 직장에서 평균 근속기간은 1년 6.2개월로 0.7개월 늘었다. 첫 직장 근속기간은 2012년 이후 9년 만에 가장 높은 수준이다. 첫 직장을 그만둔 사유로는 보수나 근로시간 등 근로 여건에 만족하지 못한 경우가 46.2%로 가장 많았다. 건강이나 육아, 결혼 등 개인·가족적 이유가 14.5%, 임시·계절적인 일의 완료나 계약기간 종료가 13.2% 비중을 차지했다.

한눈에 보는 공채 일정

8월 (마감일 기준)
28일 : ▲한국저작권위원회
29일 : ▲고려아연
31일 : ▲한국전력공사 ▲KT

발표면접,
논리와 스토리로 설득하라 ①

발표면접의 목적

역량면접, 상황면접, 토론면접을 지나 드디어 취업의 마지막 관문인 발표면접에 도착했다. 이제 정상이 멀지 않았는데 마지막 관문인 만큼 발표면접의 난이도는 면접의 '끝판왕'이라 할 수 있다. 취업 성공을 눈앞에 둔 상황에서 발표면접은 무엇부터 어떻게 준비해야 할까?

발표면접을 통해 면접관은 특정 주제와 관련된 지원자의 발표와 Q&A(질의·응답)로 지원자의 역량을 평가한다. 발표면접 이전에 경험면접과 상황면접을 통해 자신이 어떠한 역량을 가지고 있고, 그 역량들이 해당 기업에서 요구하는 인재상과 일치한다는 것을 어필했다. 그렇다면, 발표면접에서 우리는 무엇을 보여주어야 할까? 발표면접을 통해 가장 중점적으로 보여줘야 할 대표 역량은 문제해결능력이다.

면접관은 발표면접을 통해 여러분이 조직생활을 하면서 발생하는 문제 상황 또는 의사결정의 상황에서 어떻게 대처할지를 확인하고 싶어한다. 즉, 발표면접은 지원자가 프레젠테이션이라는 상당히 부담되는 긴장상황에서 자신의 문제해결능력을 효과적으로 보여줄 수 있는지를 평가하기 위한 것이다.

발표면접의 프로세스

발표면접은 크게 세 단계의 과정에서 여러분의 역량이 평가된다. 발표 과제를 부여받아 과제를 파악하는 과정과 발표를 준비하고 발표하는 과정, 마지막으로 발표를 마친 후 Q&A(질의·응답)에 대처하는 과정으로 진행된다. 이 과정에서 여러분은 과정별로 논리력, 순발력, 직무분야의 전문성 등을 평가받기도 한다.

- 발표 과제 : 분석력
- 발표 준비와 발표 : 문제해결능력, 논리력, 설득력, 직무지식
- Q&A : 설득력, 논리력, 대응능력

문제해결능력, 논리력, 설득력, 직무지식, 분석력

우선, 발표면접에서는 직무와 관련된 주제가 나온다. 이는 지원자의 직무 적합도를 평가하는 요소로, 지원자가 평소 해당 직무에 얼마나 관심이 있는지, 그리고 얼마나 준비했는지를 파악할 수 있다. 또한 회사생활을 하다 보면 프레젠테이션을 할 일이 종종 생기는데 그럴 경우를 대비해서 지원자가 가진 발표 능력도 자연스레 평가하게 된다.

문제해결능력, 대응능력

더불어 발표면접을 하다 보면 수많은 질문을 받게 되는데 질문을 통해 지원자가 질문의 의도를 잘

파악할 수 있는지, 위기상황이 닥쳤을 때는 어떻게 대처하는지 등의 대응능력을 확인할 수 있다.

논리력, 설득력

다음으로는 발표면접에서 사용하는 문장이나 발표내용의 흐름을 통해 지원자의 논리력을 평가할 수 있다. 올바른 문장을 사용하는지, 그리고 발표 내용의 기승전결과 육하원칙 등을 유심히 보게 된다.

발표면접을 준비하면서 오해하지 말아야 될 부분은 발표력이 평가에 절대적 영향을 미친다고 생각하는 것이다. 말발이 좋은 달변가 스타일의 지원자보다는 주제의 핵심을 제대로 이해하고 메시지를 제대로 전달하는 것이 중요하다.

발표면접에서 면접관은 엄청난 개선안을 지원자에게 기대하지 않는다. 다만 지원자가 회사에 입사해서 일을 진행할 때 현재 상황을 올바르게 이해하고 해결책에 접근할 수 있는 기본적 역량을 갖추었는지를 알고 싶어한다.

그 기업에서 근무하는 수많은 직원들이 오랜 시간 동안 고민하면서도 풀지 못하는 문제들을 한 방에 해결할 수 있는 혁신적이고 비범한 대안을 신입사원에게 기대할 수는 없을 것이다. 다소 긴장해서

얼굴이 붉어지더라도 상황에 대한 올바른 이해를 바탕으로 차분하게 자신의 의견을 논리적으로 펼쳐 나가는 지원자가 훨씬 더 좋은 평가를 받을 수 있다. 즉 발표의 스피치 스킬보다는 발표의 내용이 더 중요하다.

마지막으로 발표면접의 준비를 위해 평소 취준생이 아니라 해당 기관이나 기업의 CEO라는 마인드로 회사 내외부의 상황을 좀더 심도 있게 들여다보는 자세가 필요하다. 현재 상황에 대한 정확한 분석 없이 세운 대안은 뜬구름 잡는 소리가 될 수 있기 때문에 평상시 그 기업이 속한 산업 전반과 경쟁사, 고객, 제품과 서비스에 대한 배경지식을 쌓는 것이 중요하다.

윤 지 연 cherry4248@naver.com
- 現) U&R PROJECT 교육PD
- 고용노동부 주관 NCS 직업기초능력 온라인 과정(의사소통능력) 내용전문가
- 한국생산성본부 PAC(Presentation Ability Certificate : 프레젠테이션 능력 자격) 전문교수
  → https://license.kpc.or.kr/nasec/qlfint/qlfint/selectPat.do
- 저서 : 「착한 언니들이 알려주는 NCS 취업 면접 성공비법」

진격의 카카오…
문어발 확장에
우려도

10년간 100만 배 성장 신화

2009년 아이위랩이라는 신생 벤처기업의 연 매출은 300만원이었다. 2010년 카카오로 간판을 바꿔 단 이 회사는 모바일 메신저 서비스 카카오톡으로 이름을 알렸다. 스마트폰 확산과 함께 무료 서비스를 내세운 카카오톡이 국민 메신저로 등극하는 데 오랜 시간이 걸리지 않았다. 그럼에도 이렇다 할 수익 모델이 없는 카카오의 미래를 반신반의하는 사람이 많았다.

10여 년 후 상전벽해(桑田碧海 : 뽕나무밭이 푸른 바다로 변한다는 뜻, 세상이 몰라볼 정도로 변함)가 일어났다. 카카오는 114개 계열사를 거느린 카카오 왕국으로 성장했다. 지난 5월 12일 실적 공시에 따르면 카카오는 2020년 연결매출 4조1567억원, 영업이익 4560억원을 기록했다. 10년간 약 100만 배가 성장한 것이다. 특히 최근 몇 년간 사업 확장 속도는 놀라울 정도다.

김범수 카카오 의장은 카카오 창업 초기 100인의 최고경영자(CEO)를 양성하겠다는 포부를 밝힌 바 있다. 성장 가능성이 높은 혁신 기업에 투자해 카카오와 함께 커가도록 지원하고자 한 것이다. 이 목표는 공격적인 인수·합병을 통해 실현됐다.

카카오의 계열사는 올해 1분기 기준으로 무려 114개에 달한다. 해외 계열사 포함 총 339개를 보유한 SK에 이어 국내 기업 중 두 번째로 많은 수치다. 카카오는 카카오톡을 포함해 광고, 게임, 쇼핑, 커머스, 모빌리티, 뮤직, 모빌리티, 지식재산권(IP) 등에 이르기까지 거침없이 진출했다. 미국, 일본, 중국, 홍콩, 자카르타, 영국, 네덜란드 등 계열사의 국적도 다양하다.

문어발식 확장에 골목상권 침해 논란

새로운 서비스의 최대 난관은 고객을 모으는 것이지만 카카오로서는 땅 짚고 헤엄치기다. 한국인이라면 누구나 아는 카카오톡에 새로운 서비스를 추가하고 4500만 이용자에게 푸시 메시지를 보내 알리기만 하면 된다. 카카오톡 이모티콘 캐릭터인 카카오 프렌즈(라이언, 어피치, 무지 등)로 친근한 브랜드 이미지는 덤이다.

이제 어떤 사업 분야에 라이언이 얼굴을 들이밀어도 어색하게 느껴지지 않는다. 카카오는 퀵서비스, 대리운전, 꽃 배달, 미용실, 네일숍, 영어 교육, 실내 골프장, 주차 대행 등 대표적인 골목 상권 업종까지 진출했다. 여성 쇼핑몰 지그재그, 영어 교육 업체 야나두, 국내 스크린 골프 2위 사업자 마음골프 등이 모두 카카오 자회사다. 삼성전자가 요식업에 진출해 동네 치킨 시장을 집어삼키고 있는 형국이다.

최근 1년 사이에 카카오 주가가 다섯 배나 급등하면서 김범수 의장은 삼성가의 대표 격인 이재용 삼성전자 부회장을 제치고 국내 최고 부자 자리에 올랐다. '흙수저' 출신 1세대 IT 창업자의 재산이 전통 재벌 상속자를 추월한 것은 상징적인 사건이지만 일각에선 거침없는 카카오의 성장 신화에서 독점과 포식으로 골목 상권을 침식하는 거대 재벌 기업의 그늘을 본다.

물론 카카오가 부가가치 증대와 공정하고 효율적인 자원 배분 달성에 기여한다면 어떤 업종이나 상권에 진출한다고 해서 문제 삼을 필요는 없다. 그러나 카카오의 월등한 협상력에 을(乙)의 처지로 전락한 기존 사업자의 불만이 터져 나오는 게 현실이다. 대표적으로 카카오는 앱으로 탑승을 예약하는 택시 서비스인 카카오T로 택시 호출 시장의 80%를 장악했다. 이 때문에 택시 기사들은 카카오 플랫폼을 이용할 수밖에 없다.

카카오는 운송가맹사업자 KM솔루션을 통해 직영 운수사인 카카오T 블루를 운영하고 있는데 카카오T 블루 소속 기사와 그 외 기사들을 차별한다는 의혹을 받고 있다. 승객이 카카오T로 택시를 부를 때 가까이 있는 일반 택시보다 먼 곳에 있는 카카오T 블루를 우선 배치하고 있다는 것이다. 이는 한국 재벌 기업의 고질적인 병폐로 지적되는 계열사 일감 몰아주기와 다르지 않다.

플랫폼 독점 종식법...한국도 예외 아냐

미국의 전설적 석유왕 록펠러의 스탠더드 오일은 석유 시장의 88%를 독점했다가 대법원의 반독점법 위반 결정에 따라 1911년 34개 기업으로 쪼개졌고 유선전화 시장의 지배자였던 AT&T는 1984년 8개 회사로 분할됐다. 독점을 죄악시하는 미국의 전통은 오늘날 빅테크에도 예외 없이 적용될 전망이다.

지난 6월 민주당과 공화당은 합심해 미국 4대 빅테크인 아마존, 구글, 애플, 페이스북의 분할을 초래할 수 있는 강력한 반독점법안인 플랫폼 독점 종식법 등 4개 법안을 발의했다. 법이 통과되면 이들은 회사를 쪼개거나 일부 핵심 사업을 포기해야 할 수도 있다. 잠재적 경쟁자를 인수·합병해 몸집을 불리는 것도 어렵게 된다. 구글이 검색 결과에서 유튜브를 우선해 보여주는 것이 금지될 수 있다.

국내 규제 당국도 대형 플랫폼의 불공정 행위를 예의주시하고 있다. 공정위는 카카오가 택시 콜 몰아주기를 했는지 조사하고 있고 무분별한 사업 확장을 막고자 플랫폼 기업에 특화된 인수·합병 심사 기준을 강화하는 법제도 추진 중이다.

글로벌 플랫폼 기업 구글의 창립 모토는 '사악해지지 말자(Don't Be Evil)'였다. 하지만 혁신보다는 인수·합병을 통한 몸불리기로 시장 지배적 지위를 남용하고 절세를 가장한 조세 회피도 서슴지 않는 구글에 초심을 기대하는 사람은 드물다. 적어도 국내에서는 네이버와 함께, 구글을 능가하는 시장 지배자인 카카오는 '초(超)갑(甲)'으로서 걸맞은 사회적 책임을 져야 한다.

중국공산당 100주년과 앞으로의 미래

중국공산당이 7월 1일로 창당 100주년을 맞았다. 이날은 공식적인 공산당 탄생 기념일이다. 공산당은 창당 이후 혁명 30년, 건설 30년, 그리고 개혁·개방을 통한 발전 30년을 지나 지금까지 100년의 여정을 거쳐 왔다. 1921년 7월 중국 상하이에서 13명의 대표와 50여 명의 당원으로 출발한 공산당은 100년이 지난 현재 약 9200만 명의 당원을 가진 세계 최대 집권 정당으로 거듭났다.

서구식 민주주의 개혁으로 중국 공산당 1당 독재가 무너질 것이라는 중국 붕괴설을 비웃듯 공산당은 중국 특색의 사회주의를 공고히 하면서 강력한 리더십을 이어가고 있으며, 옛 소련과 동유럽의 현실 사회주의 체제가 무너진 와중에도 강력한 집권 경쟁력을 보여주고 있다. 당원이 인구 6.5%에 불과한 공산당이 14억 인구를 1당 체제 아래 이끌어 갈 수 있는 배경은 무엇이며, 공산당이 100년 동안 생존할 수 있었던 요인은 무엇일까?

'공산당 1당 체제'가 가능한 이유

공산당이 100년 동안 이어진 비결로는 경제 정책에서의 실용주의가 꼽힌다. 중국은 정치적으로 사회주의를 주창하면서도 경제적으로는 그 대척점에 있는 것으로 여겨지던 자본주의를 받아들였다. 이러한 정경분리의 정책은 세계에서 유례가 없는 중국식 사회주의를 탄생시켰다.

결과는 대성공이었다. 1978년 1495억달러에 불과하던 중국의 국내총생산(GDP)은 2020년 14조 7200억달러를 기록하며 세계 최대 경제국인 미국 GDP의 70%를 넘었다. 중국 관영 방송사인 CGTN에 따르면 1978년 이후 7억7000만 명이 빈곤에서 벗어나 세계 빈곤 감소의 70%에 기여했다고 말한다.

국민의 절대빈곤을 해결해, '샤오캉(小康 : 의식주를 걱정하지 않는 물질적으로 안락한 사회)'를 건설하겠다는 공산당의 목표가 기본적으로 달성됐다. 고도의 성장을 바탕으로 일반 국민들의 생활수준이 극적으로 개선되니 1당 독재도 받아들일 수 있는 환경이 조성된 셈이다.

이와 더불어 공산당의 단속과 통제 역시 공산당 1당 체제를 공고히 하는데 큰 역할을 했다. 공산당은 체제에 반하는 세력을 강경 억압하면서 권력을 유지해왔다. '천안문 사태', '홍콩 민주화운동'

등 공산당 체제에 걸림돌이 된다고 판단하면 바로 무력으로 제압했다.

공산당의 강력한 통제는 온라인 공간에서도 진행 중이다. 이른바 '만리방화벽'으로 알려진 인터넷 감시·검열 시스템을 통해 외부의 목소리를 차단한다. 웨이보나 위챗 같은 중국 소셜미디어에 공산당을 비판하는 글이 올라오면 즉각 삭제된다. 얼굴 인식 같은 첨단 감시 기술까지 동원해 통제를 강화하고 있다는 지적도 나온다.

한때 젊은이들의 우상으로 추앙받던 기업인도 단속에서 예외는 아니다. 중국 정부의 관행에 쓴소리를 냈던 마윈 알리바바 창업자는 당국의 눈 밖에 나면서 자취를 감추다시피 한 상태다. 최근 중국 정부가 기술 공룡들에 대한 단속 고삐를 죄는 것 역시 사회적으로 영향력이 커지는 민간 기업들을 공산당 권력에 대한 잠재적 위협으로 보고 있기 때문이다.

공산당 앞으로의 미래

공산당의 이 같은 통치 방식이 얼마나 지속될 수 있을지 전 세계의 이목이 집중된다. 성장 위주 정책과 맞물린 빈부격차 확대와 둔화되는 경제성장률, 단속과 억압으로 누적된 불만이 체제를 뒤흔드는 불안의 씨앗이 될 수 있어서다. 서방과의 끊임없는 충돌 속에 공산당이 가진 경쟁력의 한계가 노출될 가능성도 있다.

중국 경제는 과거와 같이 고도성장을 달성하기가 어렵다. 저출산·고령화로 생산가능인구(15~64세)가 이미 줄기 시작했고, 유엔(UN)의 인구 추계에 따르면 앞으로 30년간 1억7000여만 명이 감소한

다. 투자 수익률도 하락했으며, 생산성 증가도 정체됐다.

중국의 중앙집권적 발전모델이 앞으로도 효율적으로 작동할지 의문이다. 민간 부문이 커져서 정부가 경제를 과거처럼 주도하기 쉽지 않다. 중국 정부가 지시를 따르지 않는 마윈과 차량공유업체 디디추싱을 처벌했지만, 국가의 민간 경제 통제력은 점점 약화될 것이다.

국제기구는 여전히 자유 민주주의 서방 세계가 주도하고 있으며 중국을 최대 적으로 꼽는 미국을 중심으로 대중 견제도 심화하는 추세다. 미국은 중국의 거대 경제권 구상인 '일대일로—帶一路'에 대응해 개발도상국 기반시설을 지원하는 글로벌 인프라 펀드인 '더 나은 세계재건(B3W)' 프로젝트도 추진키로 했다. 중화민족의 위대한 부흥을 통해 세계 패권을 장악하겠다는 '중국몽'도 불확실해질 수밖에 없다.

중국은 공산당 창당 후 100년과 신중국 건국 후 100년인 '두 개의 백년'을 내세우고 '백년변국(百年變局)'의 역사의식으로 현재와 미래를 준비하고 있다. 창당 100주년이 되는 올해 샤오캉 사회건설이라는 목표를 달성한 중국은 신중국 건설 100주년이 되는 2049년 부강하고 민주적이며 문명을 갖춘 사회주의 강국 건설을 목표로 하고 있다. 국내외 장애물을 넘고 중국의 염원인 팍스 시니카(Pax Sinica : 중국이 주도하는 세계평화)를 완성할 수 있을지 앞으로 지켜봐야할 일이다.

가야伽㑰郁

한국사韓國史의 시대를 구분 지을 때는 일반적으로 역사상 큰 전환기를 기준 삼아 고대·중세·근대·현대로 나누고 있으며, 이와 함께 삼국시대·고려시대·조선시대 등 왕조의 변화를 같이 사용하곤 한다. 이중 삼국시대三國時代는 고대에 고구려·백제·신라의 세 나라가 정립하였던 시기를 일컫는다.

『삼국사기三國史記』를 기준으로 고구려는 기원전 37년 건국되어 668년까지 존속하였고, 백제는 기원전 18년 부여족 계통의 온조 집단이 건국하여 660년까지 존재하였다. 삼국을 통일하여 최후의 승자가 되는 신라는 기원전 57년 건국되어 935년 경순왕敬順王(신라 제56대 왕, 재위 927~935)이 고려의 태조太祖 왕건王建(고려 제1대 왕, 재위 918~943)에게 항복할 때까지 무려 992년을 존속하였다.

고구려·백제·신라는 몇 세기에 걸쳐 강력한 주변국과 동예·옥저 등의 작은 소국들을 굴복시키며 세력을 확장하였고, 종국에는 세 나라만이 남아 패권을 다투었다. 그러나 우리가 결코 '삼국시대'라는 명칭에 갇혀 간과해서는 안 되는 국가가 있다. 바로 기원전 1세기경부터 서기 6세기 중엽까지 긴 시간을 고구려·백제·신라와 함께 존재했던 가야伽㑰郁이다.

가야의 위치는 현재의 경상남도 대부분과 경상북도 일부 지역으로 파악하고 있다. 가야는 삼국시대 이전 한반도 중부이남 지역에 존재했던 삼한三韓(마한馬韓·진한辰韓·변한弁韓) 중 변한에서 기원하였다. 당시 변한은 미리미동국彌離彌凍國·접도국接塗國·고자미동국古資彌凍國·고순시국古淳是國·반로국半路國·낙노국樂奴國·미오야마국彌烏邪馬國·감로국甘路國·구야국狗邪國·주조마국走漕馬國·안야국安邪國·독로국瀆盧國 등의 12개 소국小國으로 구성되어 있었다. 이중 김해 지역에 위치했던 구야국이 가장 발전하여 다른 소국보다 우월한 지위를 가지며 우리가 익히 알고 있는 금관가야金官伽㑰의 모체가 되었다. 구야국은 한때 신라의 모체였던 진한의 사로국斯盧國보다도 높은 위상을 가졌다.

▲ 금관가야 시대의 고분군인 김해 대성동 고분군 (자료:문화재청)

이처럼 2~3세기 김해 구야국(금관가야)을 중심으로 가야 제국諸國들이 뭉친 시기를 전기 가야 연맹이라 부른다. 김해는 가야의 다른 여러 나라보다 해상으로 통하는 지리적 이점을 가지고 있었으며, 김해를 중심으로 한 전기 가야 연맹은 앞선 철기 생산 능력을 가지고 낙랑·왜 등과 교역하며 그 세력을 떨쳤다. 그러나 한때 가야 제국 중 여덟 개 나라가 전란을 일으키는 혼란(이른바 포상팔국의 난)을 한 차례 겪은 뒤 연맹의 분열이 한동안 지속되었고, 4세기 말 고구려의 정복군주 광개토왕廣開土王(고구려 제19대 왕, 재위 391~412)의 등장 후 신라의 요청을 받은 광개토왕이 보낸 5만 고구려군이 가야를 공격하면서 전기 가야 연맹은 급격히 축소되어 결국 와해되고 말았다.

침체기에 빠졌던 가야는 5세기 중반이 지나면서 해양과 인접한 곳을 중심으로 발전했던 전기 가야 때와는 달리 경상도 내륙 산간 지방에서 다시금 결집하며 재기의 날개를 펼쳤다. 이 지역 세력 중 맹주의 지위를 획득한 것이 고령의 대가야大伽耶였다. 이때 대가야를 맹주로 형성된 세력을 전기 가야 연맹과 구분하여 후기 가야 연맹이라 한다.

▲ 대가야 시대의 고분군인 고령 지산동 고분군 (자료:문화재청)

후기 가야 연맹은 5세기 후반부터 6세기 초 크게 번성하여 중국과 직접 교역을 하고, 고구려가 말갈과 함께 신라 변경을 침범하자 백제와 더불어 신라를 도와 고구려를 격파하기도 하였다. 이 당시 후기 가야 연맹은 영남 지역의 12개 소국과 호남 지역의 6개 소국 등 22개 소국을 아우르는 등 전성기를 맞고 있었다.

그러나 6세기 초 백제와 신라가 모두 가야에 대한 압박을 강화하면서, 후기 가야 연맹은 위기에 봉착하였다. 대가야는 이를 타개하기 위해 신라와 결혼 동맹을 맺기도 하였으나 결국 532년 금관가야가 신라에 항복하였고, 554년 백제 성왕聖王(백제 제26대 왕, 재위 523~554)이 주도한 백제·가야·왜 연합군이 관산성 전투에서 신라에게 대패한 뒤 신라 진흥왕眞興王(신라 제24대 왕, 재위 540~576)의 가야 정벌이 본격화되면서 대가야 세력은 크게 위축되었다. 결국 562년 이사부가 이끄는 신라군의 공격에 대가야는 제대로 된 저항도 해보지 못한 채 항복하였고, 그렇게 가야는 사라져 갔다.

가야는 고구려·백제·신라에 비해 전하는 기록이 극히 적어 그만큼 고고학적 발굴 성과에 기대야 하는 안타까운 실정이다. 그나마 다른 나라에 비해 가야계 고분의 도굴 피해가 덜하여 고고학적 연구 성과로 기록의 한계를 부족하나마 채우고 있다.

현 정부의 100대 국정과제 중에는 '가야사 복원'이 포함되어 있다. 역대 최대 규모의 가야사 복원 사업이다. 또한 가야고분군의 유네스코 세계유산 등재를 위하여 '가야고분군 세계유산등재추진단'이 설립되어 내년 등재를 목표로 총력전을 펼치고 있다. '잊혀진 역사'로까지 불렸던 가야사에 대한 복원 작업이 성급한 성과내기로 인한 '왜곡' 없이, 그 실체가 올바르게 규명될 수 있기를 희망한다.

신 민 용
에듀윌 한국사교육연구소 연구원

脣亡齒寒

입술 **순**　망할 **망**　이 **치**　차가울 **한**

입술이 없으면 이가 시리다

출전 : 『춘추좌씨전春秋左氏傳』

'순망치한脣亡齒寒'은 입술이 없으면 이가 시리다는 뜻으로, 이해관계가 서로 밀접하여 한쪽이 망하면 다른 한쪽도 보존키 어렵다는 것을 의미한다. 이 용어는 '춘추좌씨전春秋左氏傳'에서 유래됐다.

춘추시대 진晉나라 헌공獻公은 괵虢나라를 공격할 야심을 품고 우虞나라 우공에게 길을 열어달라고 요청했다. 진나라와 괵나라 사이에 우나라가 있어 우나라 땅을 통과하지 않고는 괵나라 공격이 불가능했기 때문이다.

우나라 현인 궁지기宮之奇는 헌공의 속셈을 꿰고 "괵나라와 우나라는 한 몸이나 다름없어 괵나라가 망하면 우나라도 망할 것입니다. 입술이 없어지면 이가 시리다고 했습니다. 결코 길을 빌려줘서는 안 될 것입니다"라고 말했다.

그러나 우왕은 그 말을 듣지 않고 길을 열어줬고, 궁지기는 가족과 함께 우나라를 떠났다. 궁지기의

말대로 괵나라를 정복한 진나라는 돌아오는 길에 우나라를 정복하고 우왕을 사로잡았다.

순망치한의 고통을 받지 않으려면 서로 의지하며 살아가야 한다. 이는 동물의 세계에서도 잘 나타난다. 개미는 진딧물을 먹으려는 무당벌레를 퇴치해 주고 진딧물은 개미에게 영양소를 공급해 주며, 할미새는 물소 등에 있는 벌레를 먹고 물소는 할미새가 날개를 퍼덕이거나 머리를 쪼면 위험한 일이 올 것을 알고 대피한다.

사람은 상대방이 없어지거나 주변의 장애물이 무너지면 모든 것이 나의 뜻대로 될 것이라는 착각에 빠지기 쉽다. 나의 부족함이 있듯이 상대방에 부족함도 있음을 인정하면서 서로가 협력해야 한다. 인간은 함께 모여 서로 의지하며 살아가는 사회적 동물이며, 어느 한쪽이 무너지면 다른 한쪽도 따라서 무너진다. 입술이 없으면 이가 시린 법이다.

한자 돋보기

입술 **순**
月 총11획

脣은 조개를 형상화한 辰과 신체 부위를 뜻하는 月의 합성어로, 조개가 입술을 닮았다고 하여 '입술'이라는 뜻을 가졌다.

- 丹脣皓齒(단순호치) : 여자의 아름다운 얼굴
- 徒費脣舌(도비순설) : 보람 없는 말을 늘어놓음

망할 **망**
亠 총3획

亡은 칼날이 부러졌다는 뜻으로, 적과의 싸움에서 졌다는 의미로 '망하다', '잃다'라는 뜻을 가졌다.

- 敗家亡身(패가망신) : 가산을 탕진하고 몸을 망침
- 讀書亡羊(독서망양) : 다른 일에 정신을 뺏겨 중요한 일이 소홀하게 됨

이 **치**
止 총15획

齒는 크게 벌린 입과 치아의 모습을 표현한 글자로, '이빨', '치아'를 뜻한다.

- 切齒腐心(절치부심) : 치아가 부러질 정도로 매우 화난 상태
- 角者無齒(각자무치) : 한 사람이 모든 복을 얻을 수 없음

차가울 **한**
宀 총12획

寒은 얼음(冫)같이 차가운 집(宀) 안에 사람(人)이 풀(卄)을 깔고 있는 모습을 형상화한 글자로, '춥다'라는 뜻을 의미한다.

- 歲寒三友(세한삼우) : 소나무, 대나무, 매화나무를 일컬음
- 歲寒孤節(세한고절) : 추운 계절에도 혼자 푸르른 대나무

동의어

순치보거脣齒輔車

보거상의輔車相依

조지양익鳥之兩翼

가도멸괵假道滅虢

한자 상식+

'말(言)'과 관련된 사자성어

용어	의미
구무택언口無擇言	하나도 버릴 것이 없는 좋은 말
언중유향言中有響	내용 이상의 깊은 뜻이 있음
지자불언知者不言	지식이 있는 사람은 재능을 깊이 감추고 함부로 말을 하지 아니함
교언영색巧言令色	다른 사람의 환심을 사려고 아첨하며 마음에 없는 말
구밀복검口蜜腹劍	겉으로는 친한 척 말은 정답게 하나 속으로는 해칠 생각을 지님
도청도설道聽塗說	길거리에 퍼져 떠도는 뜬소문

문화산책

Books

『밤의 여행자들』

윤고은 저 | 민음사

2013년 출간된 윤고은 작가의 장편소설 『밤의 여행자들』은 재난과 재건의 한복판에서 벌이는 괴이한 모험을 담은 작품이다. 지난 7월 세계 추리문학계 최고 권위를 자랑하는 대거상에서 번역 추리소설상을 아시아인 최초로 수상하며, 다시 한번 주목을 받고 있다.

『소크라테스 익스프레스』

에릭 와이너 저·김하현 역 | 어크로스

마르쿠스 아우렐리우스, 소크라테스, 루소, 소로, 쇼펜하우어부터 니체. 몽테뉴까지 역사상 가장 위대한 철학자들의 삶과 작품 속에 담긴 지혜를 통해 우리 인생을 개선하고, 윤색하게 만드는 방법을 탐색한다.

『약속의 땅』

버락 오바마 저·노승영 역 | 웅진지식하우스

미국의 제44대 대통령 버락 오바마가 퇴임 후 처음 선보이는 회고록이다. 역대 대통령 회고록 중 최고의 선인세를 받은 것으로 알려진 이 책은 예약판매 즉시 아마존 종합 1위를 기록하는 등 전 세계의 주목받고 있다.

Exhibition

「DNA: 한국미술 어제와 오늘」

국립현대미술관 덕수궁 | 2021. 07. 08.~2021. 10. 10.

「DNA: 한국미술 어제와 오늘」은 한국의 문화재와 근현대 미술품을 한 공간에서 감상하고, 또 비교하며 동시대 안에 생동하는 한국 미의 과거와 현재를 총체적으로 조감할 수 있는 전시다. 전시는 '성聖, 성스럽고 숭고하다', '아雅, 맑고 바르며 우아하다', '속俗, 대중적이고 통속적이다', '화和, 조화로움으로 통일에 이르다'라는 네 가지 키워드로 19C까지의 미술과 20C 미술의 관계성을 살펴본다. '성聖'에서는 박노수의 「수렵도」, 이중섭의 「봄의 아동」을, '아雅'에서는 겸재 정선의 「박연폭」, 도상봉의 「라일락」, '속俗'에서는 오윤의 「마케팅 Ⅴ : 지옥도」, 장욱진의 「팔상도」, '화和'에서는 백남준의 「반야심경」, 이수경의 「달빛 왕관_신라 금관 그림자」, 황인기의 「방금강전도」 등을 감상해볼 수 있다. 한편, 성聖·아雅·속俗·화和 네 가지 키워드는 동아시아 미학의 핵심으로 작동하며, 근현대 미술가들이 전통을 인식하는 데 이정표 역할을 해온 키워드들이다.

DRAMA

▲ 「더 수어사이드 스쿼드」 스틸컷 (자료 : 워너 브러더스 코리아㈜)

「더 수어사이드 스쿼드」

제임스 건 감독 | 마고 로비, 이드리스 엘바, 존 시나, 비올라 데이비스 출연

전작 「수어사이드 스쿼드」보다 '더' 팀플레이가 어려운 최악의 *안티히어로들이 최강 우주 빌런에 맞서 '더' 대책 없는 작전을 수행한다. 마블 영화 「가디언즈 오브 갤럭시」 시리즈 각본과 감독, 「어벤져스: 인피니티워」, 「어벤져스: 엔드게임」을 기획한 제임스 건 감독이 각본과 감독을 맡아 화제가된 DC 영화 「더 수어사이드 스쿼드」는 제임스 건 감독 특유의 스타일로 이야기를 전개해 관객들의 기대감을 충족시킨다. 한편, 「더 수어사이드 스쿼드」는 청소년 관람 불가 등급인 'R등급' 영화 사상 최고의 제작비가 투입된 초대형 액션 블록버스터로 알려지며 관객들의 많은 기대를 모았다.

*안티히어로(antihero) : 전통적인 주인공과는 달리 비영웅적이고 나약하고 소외된 인물로 그려지는 주인공 유형이다. 대개 타락한 사회에서 개인적인 윤리나 고결성 때문에 고통과 갈등을 겪는다.

MUSICAL

「하데스 타운」

LG아트센터 | 2021. 09. 07.~2022. 02. 27.

「하데스 타운」은 그래미 어워즈에서 최고 뮤지컬 앨범상을 받고, *토니 어워즈에서 최우수 작품상을 포함해 8관왕을 달성하는 등 브로드웨이를 뜨겁게 달군 뮤지컬이다. 젊은 몽상가 오르페우스, 그의 뮤즈 에우리디케, 여름의 태양을 환하게 만드는 페르세포네, 그리고 지하 세계의 왕 하데스가 무대를 이끌어 간다. 절묘한 음악과 이야기가 만들어낸 걸작인 「하데스 타운」은 지난 2019년 3월 브로드웨이에서 초연한 뮤지컬로, 한국이 전 세계에서 첫 번째로 라이선스 공연(해외에서 이미 무대에 올린 공연을 라이선스 계약을 맺고 해당 국가의 언어로 바꾼 공연)을 진행하게 됐다.

*토니 어워즈(tony awards) : 미국 최고 권위를 자랑하는 연극·뮤지컬 시상식으로, '뮤지컬·연극계의 아카데미상'이라고 불리며 미국 브로드웨이에 큰 영향력을 미치고 있다.

누적 다운로드 수 34만 돌파*
에듀윌 시사상식 앱

81개월 베스트셀러 1위 상식 월간지가 모바일에 쏙!*
어디서나 상식을 간편하게 학습하세요!

매월 업데이트 되는
HOT 시사뉴스

20개 분야 1007개
시사용어 사전

합격에 필요한
무료 상식 강의

에듀윌 시사상식 앱 설치
(QR코드를 스캔 후 해당 아이콘 클릭하여 설치
or 구글 플레이스토어나 애플 앱스토어에서 '에듀윌 시사상식'을 검색하여 설치)

에듀윌 취업 아카데미에서
제대로 공부하세요!

공기업·대기업 2/3/6개월 맞춤 커리큘럼
상상 이상의 온종일 학습 관리

고품질 영상 및 음향 장비를 갖춘 최고의 강의실

언제나 전문 학습 매니저와 상담이 가능한 안내데스크

1:1 대면 첨삭 및 전문 컨설팅이 가능한 일대일 상담실

공용 PC, 프린터, 충전기 등 편의시설을 갖춘 휴게실

강남 캠퍼스	운영시간 [월~금] 09:00~22:00 [토/일/공휴일] 09:00~18:00 주 소 서울 강남구 테헤란로 8길 37 한동빌딩 1, 2층 상담문의 02)6486-0600

취업 아카데미
바로가기

매달, 최신 NCS를
배송 받으세요!

NCS 학습서의
패러다임을 바꿉니다!

업계 최초
NCS 월간지 탄생

- 커피 한 잔 값 5,500원
- 매달 최신 채용 트렌드를 담은 제철 콘텐츠
- 매달 100% 새 문항
- NCS 영역별 최신 문항 + 실전모의고사
- 매달 업데이트! 월간 NCS 무료특강

베스트셀러 1위
에듀윌 취업 교재 시리즈

공기업 NCS

쏟아지는 100% 새 문항*

월간 NCS

공기업 NCS
통합 기본서

NCS BASIC
기본서

NCS 모듈형
통합 기본서

PSAT형 NCS
자료해석 실전 380제

공기업 NCS 통합
봉투모의고사

NCS 피듈형 | 행과연
봉투모의고사

한국철도공사
기본서

한국철도공사
봉투모의고사 | 최최종 마무리

부산교통공사
봉투모의고사 | 시험변경 증보판

서울교통공사
봉투모의고사 | 신규채용 특별판

국민건강보험공단
기본서 | 봉투모의고사

국민건강보험법
법률 문제집

한국전력공사
기본서 | 봉투모의고사

한국전력+7대 에너지공기업
봉투모의고사

5대 철도공사·공단
봉투모의고사

한수원+5대 발전회사
봉투모의고사 | 한수원 최최종 마무리

한국수자원공사
봉투모의고사

한국토지주택공사
봉투모의고사

IBK기업은행
봉투모의고사

인천국제공항공사
봉투모의고사

NCS 모듈학습 2021 Ver.
핵심요약집

NCS 6대 출제사 기출PACK
| 결정적 기출문제집

NCS, 59초의 기술
의사소통 | 수리 | 문제해결

매일 1회씩 꺼내 푸는 NCS

대기업 인적성

온라인 시험도 완벽 대비!

대기업 인적성
통합 기본서

GSAT 삼성직무적성검사
기본서

온라인 GSAT
봉투모의고사

GSAT 파이널
봉투모의고사

SKCT SK종합역량검사
기본서

LG그룹 인적성검사
기본서

롯데 L-TAB
실전모의고사

농협은행 6급
기본서

지역농협 6급
기본서

취업상식

월간 시사상식

상식 통합대비
문제풀이집

多통하는 일반상식

공기업기출 일반상식।
언론사 기출상식

기출 금융경제 상식

자소서부터 면접까지!

면접관이 말하는
NCS 자소서와 면접
사무·행정 직렬

면접관이 말하는
NCS 자소서와 면접
전기 직렬

NCS 자소서&면접
22대 공기업
기출분석 합격서

끝까지 살아남는
대기업 자소서

* 에듀윌 취업 공기업 NCS 통합 봉투모의고사, 코레일 봉투모의고사, 서울교통공사 봉투모의고사 교재 해당 (2021년 상반기 출간 교재 기준)
* YES24 국내도서 해당 분야 월별, 주별 베스트 기준

에듀윌 취업 교재
바로가기

취업, 공무원, 자격증 시험준비의 흐름을 바꾼 화제작!

에듀윌 히트교재 시리즈

에듀윌 교육출판연구소가 만든 히트교재 시리즈!
YES 24, 교보문고, 알라딘, 인터파크, 영풍문고 등 전국 유명 온/오프라인 서점에서 절찬 판매 중!

공인중개사 기초서/기본서/핵심요약집/문제집/기출문제집/실전모의고사 외 13종

주택관리사 기초서/기본서/핵심요약집/문제집/기출문제집/실전모의고사

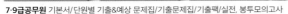

7·9급공무원 기본서/단원별 기출&예상 문제집/기출문제집/기출팩/실전, 봉투모의고사

공무원 국어 한자·문법/영어 단어·문법·독해/한국사 모의고사·흐름노트/행정학 요약노트/행정법 판례집

7급공무원 PSAT 기본서/기출문제집 계리직공무원 기본서/문제집/기출문제집 군무원 기출문제집/봉투모의고사 경찰공무원 기본서/기출문제집/모의고사/면접 소방공무원 기출문제집/실전, 봉투모의고사 맞춤형 화장품 조제관리사

검정고시 고졸/중졸 기본서/기출문제집/실전모의고사총정리

사회복지사(1급) 기본서/기출문제집/핵심요약집

직업상담사(2급) 기본서/기출문제집

경비 기본서/기출/1차 한권끝장/2차 모의고사

전기기사 필기/실기/기출문제집

전기기능사 필기/실기

※ YES24 수험서 자격증 공인중개사 베스트셀러 1위 (2011년 12월, 2012년 1월, 12월, 2013년 1월~5월, 8월~12월, 2014년 1월~5월, 7월~8월, 12월, 2015년 2월~4월, 2016년 2월, 4월, 6월, 12월, 2017년 1월~12월, 2018년 1월~12월, 2019년 1월~12월, 2020년 1월~12월, 2021년 1월~8월 월별 베스트, 매월 1위 교재는 다름)

2021 에듀윌 한국사능력검정시험 2주끝장 심화
1위 21.2월

32개월 베스트셀러 1위
3,250개 기출선지 완벽 분석

한국사능력검정시험 기본서/2주끝장/기출600제/우선순위50

2021 에듀윌 조리기능사 5종목 통합 필기끝장
1위 21.8월

47개월 베스트셀러 1위
한식·양식·중식·일식 전 분야 1위

조리기능사 필기/실기

2021 에듀윌 제과·제빵기능사 필기끝장
1위 21.8월

20개월 베스트셀러 1위
혼자서도 초단기 합격!

제과제빵기능사 필기/실기

2021 에듀윌 SMAT 모듈A 1주끝장
1위 21.5월

SMAT 베스트셀러 1위
시험 주관처 공식인증 교재

SMAT 모듈A/B/C

2021 에듀윌 ERP 정보관리사 인사 1급
1위 21.8월

10개월 베스트셀러 1위
핵심만 모아 단번에 합격

ERP정보관리사 회계/인사/물류/생산(1, 2급)

2021 에듀윌 전산세무 1급
1위 21.8월

52개월 베스트셀러 1위
독학으로 6주 합격

전산세무회계 기초서/기본서/기출문제집

2021 에듀윌 상공회의소 2주끝장
1위 22개월 연속 21.8월

진흥회 한자 3급 | 상공회의소한자 3급

2021 에듀윌 ToKL 2주끝장
1위 21.8월

ToKL 한권끝장/2주끝장

2021 에듀윌 KBS 한국어능력시험 2주끝장
1위 21.8월

63개월 베스트셀러 1위

KBS한국어능력시험 한권끝장/2주끝장/문제집/기출문제집

2021 에듀윌 한국실용글쓰기
1위 59개월 연속 21.8월

한국실용글쓰기

2021 에듀윌 매경TEST 2주끝장
1위 21.6월

39개월 베스트셀러 1위
꼭 나올 핵심테마로 2주합격

매경TEST 기본서/문제집/2주끝장

2021 에듀윌 TESAT 한권끝장
1위 21.8월

29개월 베스트셀러 1위
이론+기출 한권으로 올킬!

TESAT 기본서/문제집/기출문제집

2021 에듀윌 스포츠지도사 필기 한권끝장
1위 21.8월

42주 베스트셀러 1위
한권으로 5종 자격증 보장!

스포츠지도사 필기/실기구술 한권끝장

2021 에듀윌 산업안전기사 필기 한권끝장
1위 21.8월

前 출제위원 검증!
기출기반 한달 합격

산업안전기사 | 산업안전산업기사

2021 에듀윌 위험물산업기사 필기 2주끝장
1위 21.8월

前 출제위원 검증!
무료특강+기출로 초단기 합격

위험물산업기사 | 위험물기능사

2021 에듀윌 국제무역사 1급 한달끝장
1위 21.8월

25주 베스트셀러 1위
독학 한달합격 프로젝트

무역영어 1급 | 국제무역사 1급

2021 에듀윌 답만 보는 운전면허 1종·2종 공통 필기시험
1위 21.8월

17개월 베스트셀러 1위
이 책에서 100% 출제!

운전면허 1종·2종

2021 최신판 에듀윌 ROTC 학사장교 통합기본서
1위 21.8월

52개월 베스트셀러 1위
이론부터 실전까지 2주 끝장!

ROTC·학사장교 | 부사관

에듀윌 시사상식 09
1위 20.2월

월간시사상식 | 일반상식

에듀윌 월간 NCS 09
1위

월간 NCS

에듀윌 공기업 NCS 통합 기본서
1위 21.8월

공사공단 NCS 베스트셀러 1위
모듈/피듈/PSAT형 한권 완성!

NCS 통합 기본서/모듈형 기본서/봉투모의고사

2021 에듀윌 PSAT형 NCS 자료해석 실전 380제
1위 20.7월 1주

베스트셀러 1위
PSAT형 자료해석 1권 끝장!

PSAT형 NCS 자료해석 380제

2021 신간 에듀윌 NCS 6대 출제사 기출PACK
1위

최근 3개년 기출패턴 분석
어떤 출제패턴도 이 책으로!

NCS 6대 출제사 기출PACK

에듀윌 공기업 코레일 NCS+전공 봉투모의고사
1위 21.4월

6·2회

한국철도공사 기본서/봉투모의고사

2021. 5월 NCS+별책 에듀윌 공기업 국민건강보험공단 NCS+별책 봉투모의고사
1위 21.5월 2주

4·3회

국민건강보험공단 기본서/봉투모의고사

2021년 상반기 기출 에듀윌 공기업 한국수력원자력+5대 발전회사 NCS+전공 봉투모의고사
1위 21.6월

6·2회

한국전력공사 | 한수원 | 수자원

2021 에듀윌 서울교통공사 부산교통공사 NCS+전공 봉투모의고사
1위 21.6월

4회+한권

서울교통공사 | 부산교통공사 | 철도공사·공단

2021 에듀윌 GSAT 삼성직무적성검사 봉투모의고사
1위 20.11월

4·1회

GSAT 기본서/봉투모의고사/파이널

2021 최신판 에듀윌 LG그룹 인적성검사 온라인 특화 통합 기본서
1위 21.8월

47주 베스트셀러 1위
확 바뀐 온라인 100% 반영

LG | SKCT | CJ

2021 최신판 에듀윌 끝까지 살아남는 대기업 자소서
1위 21.3월

최종 합격을 만든!
자소서 멘토링

NCS | 대기업 자소서&면접